Le SAMOURAÏ COMPATISSANT

Catalogage avant publication de Bibliothèque et Archives nationales du Québec et Bibliothèque et Archives Canada

Klemmer, Brian, 1950-

Le samouraï compatissant : se révéler extraordinaire dans un monde ordinaire
(Collection GoTopShape)
Traduction de: The compassionate samurai.
Comprend des réf. bibliogr.
ISBN 978-2-89436-198-6
1. Engagement. 2. Responsabilité. 3. Motivation d'accomplissement. I. Titre.
BF619.K5314 2008 158.1 C2008-940610-9

Ce livre a été publié initialement en anglais sous le titre *The Compassionate Samurai* (ISBN 978-1-4019-2045-6) par Hay House en 2008.

Nous reconnaissons l'aide financière du gouvernement du Canada par l'entremise du Programme d'aide au développement de l'industrie de l'édition (PADIÉ) pour nos activités d'édition.

Nous remercions la Société de développement des entreprises culturelles du Québec (SODEC) pour son appui à notre programme de publication.

Traduction : Richard Ouellette
Révision : Marcelle Boisvert
Infographie : Marjorie Patry
Mise en pages : Marjorie Patry
Correction d'épreuves : Amélie Lapierre

Éditeur : Les Éditions Le Dauphin Blanc inc.
6655, boulevard Pierre-Bertrand, local 133
Québec (Québec) G2K 1M1 CANADA
Tél. : (418) 845-4045 Téléc. : (418) 845-1933
Courriel : dauphin@mediom.qc.ca
Site Web : www.dauphinblanc.com

En collaboration avec Expérience GoTopShape International inc.
www.gotopshape.com

ISBN : 978-2-89436-198-6

Dépôt légal : 2e trimestre 2008
Bibliothèque nationale du Québec
Bibliothèque nationale du Canada

Imprimé au Canada

Brian Klemmer

Le Samouraï compatissant

Se révéler extraordinaire dans un monde ordinaire

Le Dauphin Blanc
Collection GoTopShape

Autres titres de Brian Klemmer

Eating the elephant one bite at a time :
52 weekly lessons in Leadership

If how-to's were enough, we would all be skinny, rich and happy!

When Good Intentions Run Smack into Reality :
Twelve lessons to coach yourself and others to peek performance

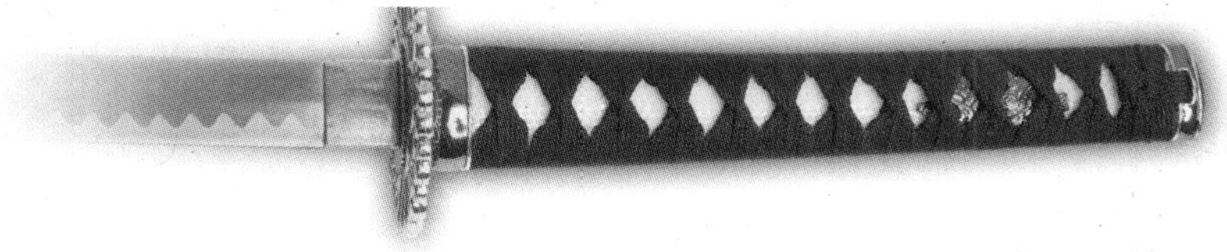

Ce livre est dédié à tous les vrais samouraïs compatissants qui aspirent à vivre de manière courageuse sur le plan éthique, en vue de créer un monde qui offre à tous une chance égale. Ce livre est aussi dédié à tous les samouraïs compatissants qui nous ont précédés sur le chemin et qui nous ont laissé tant de richesses, notamment l'exemple de leur vie, pour qu'ainsi nous ayons aussi le privilège d'apporter notre contribution à la cause.

TABLE DES MATIÈRES

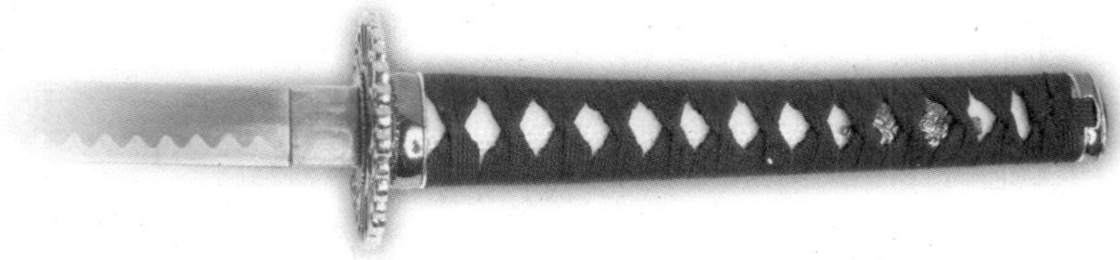

INTRODUCTION

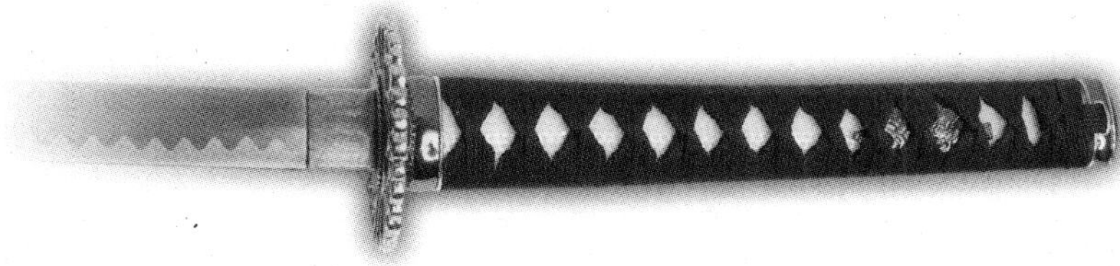

Je souhaite que le présent ouvrage éveille en vous une vibration semblable à celle d'un diapason et que son intensité soit telle qu'elle vous pousse à passer rapidement à l'action. En général, les gens se trouvent dans l'une ou l'autre des catégories suivantes : ou bien ce sont des individus gentils et attentionnés qui sont incapables de contribuer à l'émergence de quoi que ce soit; ou bien ce sont des gens sans cœur et égocentriques qui n'ont aucun sens des valeurs, mais qui sont les artisans de grandes choses.

Réfléchissez à vos années du secondaire. Sans doute cela vous demandera-t-il un effort de concentration, mais pensez-y un moment. Qui avait le privilège d'inviter la plus belle fille de l'école? La plupart du temps, n'était-ce pas le rustre sportif à l'attitude choquante et à la démarche irréfléchie? De leur côté, les garçons les plus gentils, doux et attentionnés n'arrivaient même pas à avoir une copine. Qui sortait avec les plus beaux garçons? N'étaient-ce pas les filles aux mœurs plutôt légères?

Voyez dans les journaux la liste effarante des gens cupides et sans scrupules chez Tyco International, Arthur Andersen et Enron, qui ont amassé des sommes d'argent colossales, ont été accusés de fraude et se sont retrouvés en prison. Malheureusement, ils étaient sans compassion pour les personnes qu'ils sont responsables d'avoir ruinées au cours du processus. Réfléchissez aux dirigeants de l'industrie du tabac qui refusent de reconnaître à quel point l'usage du tabac est, de toute évidence, néfaste pour la santé des individus. Et combien de blagues n'avez-vous pas entendues déjà qui tournent en dérision les avocats parce qu'ils sont si nombreux à considérer d'abord leur profit personnel au détriment de la justice?

Nous entendons souvent l'expression « ceux qui sont gentils arrivent bons derniers ». Celui qui est compatissant, qui a un grand cœur, ne semble jamais obtenir ce qu'il désire dans la vie, au contraire de celui qui traite les autres avec rudesse. Malheureusement, il est tragique de constater combien nous sommes nombreux à accepter ce paradigme comme un fait inéluctable de la vie et une manière acceptable pour quelqu'un de se comporter. Pour la plupart, nous avons tendance à croire (qu'on le reconnaisse ou pas) que les gens véritablement bien disposés ne réussiront jamais à faire beaucoup d'argent, à exercer une influence sur les autres ou à atteindre les honneurs qu'ils méritent dans la vie.

Au fond, nous trouvons difficile de croire que les gens compatissants feront une différence au bout du compte. C'est un problème d'envergure, qui n'existe pas seulement aux États-Unis : la corruption est endémique dans de nombreux pays en voie de développement. Les individus égoïstes et sans scrupules semblent jouir du meilleur de la vie, et nombreux sont ceux qui croient que c'est l'attitude qui s'impose pour y parvenir. Toutefois, j'ai rédigé ce livre pour affirmer que vous pouvez faire bouger les choses en affaires ou en politique, que vous pouvez jouir de relations formidables et du meilleur de ce que la vie peut apporter, tout en demeurant une personne attentionnée.

Si vous examinez la situation attentivement, vous trouverez dans l'histoire de nombreux exemples de personnes engagées, de toutes les cultures et à tous les niveaux des rapports humains. Certaines me viennent spontanément à l'esprit : le général Robert E. Lee, leader des Confédérés durant la guerre de Sécession; Saladin, guerrier musulman de l'époque des croisades, au douzième siècle; et Nelson Mandela, activiste antiapartheid et ancien président de l'Afrique du Sud. C'est également possible pour vous de devenir ce que j'appelle un « samouraï compatissant ».

Les samouraïs appartenaient à une caste de guerriers japonais qui ont gravi les échelons du pouvoir au cours du douzième siècle. Ils ont exercé une influence déterminante sur le gouvernement jusqu'en 1868. Ils étaient réputés pour être les guerriers les plus terrifiants et respectés de leur époque, et étaient reconnus pour leur attitude stoïque et résolue devant les événements, quels qu'ils soient. Ces guerriers vivaient selon un code de valeurs très strict, connu plus tard sous le nom de *bushidô,* qui mettait l'accent sur la bravoure, l'honneur et la loyauté personnelle.

Le mot *bushidô* signifie littéralement la « voie du guerrier ». Le concept du samouraï au cœur tendre peut sembler contradictoire, mais le mot *samouraï* signifie « servir ». Fondamentalement, l'objectif suprême d'un tel individu devrait être d'aider les autres. C'est pour souligner cet aspect que j'ai accouché de l'expression *samouraï compatissant,* qui vise à définir une personne avec de solides valeurs, capable de relever n'importe quel défi et dont la vie se caractérise avant tout par une attitude de service.

Avec un tel équilibre, je crois que vous pouvez établir des relations extraordinaires, atteindre les plus hauts sommets sur le plan professionnel, jouir de la prospérité matérielle et contribuer à améliorer la vie des autres, tout en jouissant d'une satisfaction personnelle profonde. L'équilibre entre guerrier et compassion reflète sans doute l'union la plus parfaite, qui combine la joie de la réussite extérieure et un sentiment profond d'intégrité et de paix intérieure.

Quel que soit le domaine où vous voulez réussir, servez-vous de cet ouvrage comme d'un guide afin que votre vie soit orientée vers les autres en vue de les aider aussi à réussir. WorldCom, Arthur Andersen et Enron seraient toujours des sociétés prospères si les cadres de ces entreprises avaient eu en main un exemplaire de *Le samouraï compatissant* et l'avaient non seulement lu, mais en avaient retenu les vérités et les principes pour les intégrer à leur culture d'entreprise.

L'excitation provoque un certain dynamisme sur le moment, mais *faire preuve de caractère est la seule chose qui assure des résultats durables.* Montrez-moi une entreprise, un pays ou un individu sans caractère, et je vous montrerai une entité éphémère. C'est bien ce qui me préoccupe aujourd'hui concernant tout ce qui se passe aux États-Unis. Nous souffrons d'une érosion lente du caractère. Si nous ne faisons pas attention, ses effets se feront sentir sous la forme d'un gigantesque glissement de terrain qui provoquera notre destruction soudaine, au lieu de la lente érosion de la pierre au fil des ans.

L'énorme prospérité dont nous jouissons, issue de la force de caractère dont nos pères ont fait preuve, risque de bientôt disparaître. Nous nous préoccupons essentiellement de notre sécurité financière du moment alors que la sécurité sociale de nos enfants fond à vue d'œil. Certains parents répondent au problème actuel de la qualité de l'enseignement en inscrivant leurs enfants dans des écoles privées, qui coûtent très cher, tandis que le système public est réduit au rôle d'immense service de garde et produit des élèves incapables de vraiment réussir sur le plan international.

Les États-Unis débloquent des crédits pour le financement des prisons à un rythme plus rapide que n'importe quelle dictature, et pourtant nous n'arrivons même pas à mettre en œuvre les programmes de prévention à grande échelle. Nous laissons la Terre être violée par des entreprises essentiellement préoccupées par les profits immédiats qu'elles peuvent en tirer. Les sentiments anti-américains répandus dans de nombreuses parties du monde ne sont pas qu'un produit de la situation nantis et démunis, bien que la jalousie existe certainement. Ils sont davantage le résultat de la juxtaposition de cette incroyable prospérité, qui fait cruellement défaut aux peuples démunis, et de l'indifférence des Américains à leur égard.

Ne croyez pas que je prenne plaisir à taper ainsi sur les États-Unis. J'aime mon pays, mais je sens qu'il y a urgence, qu'il faut sonner le clairon afin de ressusciter notre grandeur et envoyer le message suivant : ce qui marche pour vous individuellement pourrait être efficace aussi sur les plans national et international. Le samouraï compatissant ne cherche pas son seul intérêt. Il croit fermement à l'importance de servir les autres même s'il doit se sacrifier au cours du processus. Je vous en prie, ne prenez pas ceci comme un appel au martyre. Être disposé à donner aux autres ne signifie pas nécessairement qu'il faille se dépouiller.

Presque toutes les organisations emploient des gens dominants, qui assument de lourdes responsabilités. Malheureusement, ces employés sont trop souvent les plus négatifs et égocentriques. Mon but n'est pas de les changer en mauviettes. J'aimerais plutôt leur montrer qu'ils ne sont pas obligés d'être de mauvais leaders qui cherchent avant tout leur intérêt au détriment de celui des autres. Les individus dominants peuvent réussir tout aussi bien en aidant leur entourage. Quelle que soit la première impression, faire preuve de dureté n'est pas une approche propice à la réussite dans le monde des affaires.

Par ailleurs, les gens qui ont un cœur compatissant, mais qui manquent de cran pour réussir, sont aussi des êtres égocentriques. Ils cachent tout simplement leur insécurité derrière une apparente noblesse. À la vérité, ils se préoccupent davantage de leur propre confort que de la souffrance d'autrui. C'est une attitude qui les conduit également à juger les autres et à ne pas vouloir rendre des comptes à personne. Mon objectif est donc d'aider ces âmes compatissantes à puiser dans leur nature de guerrier, de manière à ce qu'elles puissent aussi remporter des batailles dans la vie et ne pas se laisser neutraliser par leur tempérament qui les pousse à la passivité.

Dans cet ouvrage, j'ai dressé la liste des dix normes de conduite qui inspirent le samouraï compatissant : *l'engagement, la responsabilité personnelle, la contribution personnelle, la capacité de fixer son attention sur un point précis, l'honnêteté, l'honneur, la confiance, l'abondance, l'audace* et *le savoir.* Ces traits de caractère font de lui un guerrier expérimenté au combat, un lutteur et un créateur compatissant. Nous verrons chacun de ces aspects en détail, mais vous devez comprendre que ces traits de caractère ne sont pas des attitudes à avoir à l'occasion : ce sont des vertus à cultiver au quotidien, jusqu'à ce qu'elles deviennent des habitudes de vie.

Vous remarquerez que chacune de ces normes reflète un trait de caractère en particulier. Ce qui est excellent pour vous, c'est qu'au fur et à mesure que vous intégrerez ces vertus à votre démarche personnelle, votre croissance se produira de façon exponentielle. La plupart des livres traitent de la manière de faire les choses. Ce n'est pas mauvais en soi. Mais enseigner une manière de faire ne mène qu'à des progressions *incrémentielles,* c'est-à-dire que le changement s'effectue à petits pas progressifs. Cependant, des transitions beaucoup plus importantes – des changements déterminants et exponentiels – se produisent lorsque le caractère d'une personne est changé. Prenons l'exemple d'une entreprise : vous pouvez faire des progrès incrémentiels d'une année à l'autre en travaillant simplement plus fort. Cependant, si vous intégrez les dix traits de caractère du samouraï compatissant, vous créerez le contexte d'une transformation exponentielle et durable qui ira bien au-delà de ce que pourraient vous apporter des bons conseils sur la manière de procéder.

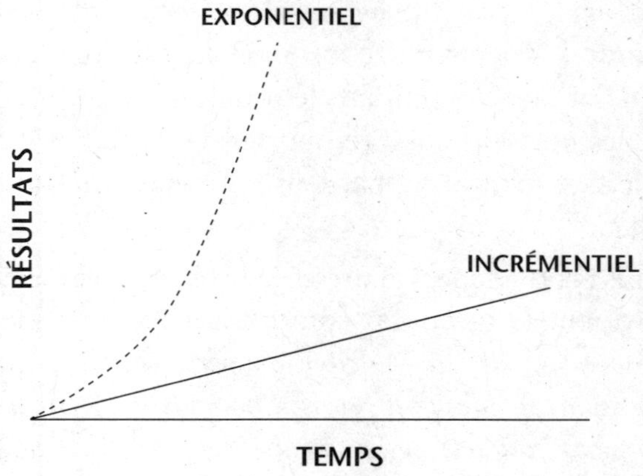

La plupart des gens croient qu'il faut choisir entre richesse et spiritualité ou qu'il faut être pauvre et humble pour faire l'expérience du divin. Vous n'êtes pas tenu de faire ce choix : vous pouvez connaître les deux à la fois. Vous pouvez être riche et spirituel, fortuné et généreux, un guerrier dans le monde des affaires et un ami déterminé et compatissant pour les autres, y compris les membres de votre famille et vos bien-aimés. Si vous avez déjà expérimenté ces deux pôles, en faisant preuve de compassion d'un côté et en étant imperturbable de l'autre (le véritable guerrier en vous), ce livre vous indiquera comment combiner stratégiquement les deux, de manière à faire de vous le vainqueur que vous avez été appelé à être par vocation.

Brian Klemmer, Klemmer & Associates

Note de l'auteur : Tout au long du présent ouvrage (et plus particulièrement au chapitre 11), j'ai rédigé pour vous une liste de questions. Je vous invite à noter vos réponses sur une feuille à part ou dans votre journal personnel.

Aussi, je tiens à souligner qu'un samouraï compatissant peut être aussi bien un homme qu'une femme; cependant, pour simplifier les choses sur le plan de l'écriture, j'ai utilisé le masculin pour désigner l'un et l'autre à la fois.

Les samouraïs compatissants disent ce qu'ils pensent et font ce qu'ils ont dit. Ils promettent de faire des choses audacieuses et tiennent leurs promesses.

Les gens moyens font ce qu'ils disent seulement lorsque cela leur chante.

Chapitre un

L'ENGAGEMENT

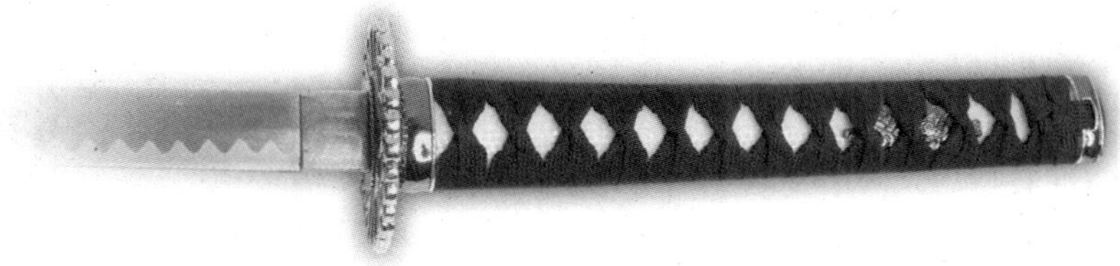

S'engager signifie qu'il est possible pour un homme d'assujettir le centre névralgique de son consentement à un objectif ou à une cause, à un mouvement ou à un idéal, qui peuvent lui paraître plus importants que de vivre ou de mourir.

Howard Thurman, *Disciplines of the Spirit*, 1963

Parler d'engagement suscite généralement différentes réactions. Le samouraï compatissant croit, pour sa part, que s'engager signifie faire ce que l'on a dit. L'individu moyen adhère à ce principe... de temps en temps. Il croit qu'il devrait faire ce qu'il a dit lorsque les conditions sont optimales ou propices à ce qu'il tienne parole. Mais à la vérité, l'engagement a quelque chose d'inconditionnel. Un samouraï compatissant doit faire ce qu'il dit, qu'il se sente bien ou non en le faisant. Les gens moyens font plutôt ce qu'ils ont envie de faire.

Les samouraïs de l'époque respectaient leur engagement, même si cela devait leur coûter la vie. Ce n'est pas qu'ils croyaient n'avoir que peu de valeur personnelle; ils considéraient tout simplement le fait de respecter leur parole et de vivre selon certaines normes de conduite comme plus important. Les samouraïs avaient pour principe de respecter la tradition de l'honneur, une des dix caractéristiques que j'ai mentionnées précédemment. S'il arrivait que l'un d'eux perde la vie en défendant un principe tel que donner sa parole, alors sa mort était honorable.

Pour un samouraï compatissant, la mort n'est pas la pire chose qui puisse arriver. La véritable tragédie est de vivre une vie sans but ou sans principes directeurs. Le samouraï de l'époque aurait préféré mourir plutôt que de déshonorer son nom et la confrérie dont il faisait partie.

Les temps ont changé. De nos jours, la plupart des gens ne pensent plus de cette façon. Nous vivons dans une société qui fonce plutôt dans la direction opposée. Mon objectif – de même que celui qui sous-tend ce livre et les ateliers de formation organisés par Klemmer & Associates – est de changer la mentalité qui prévaut de nos jours.

L'individu moyen ne se préoccupe pas de respecter ou non ses engagements, et la parole donnée n'a tellement plus de valeur pour lui qu'il lui arrive presque tous les jours de ne pas faire ce qu'il a dit. Le vendeur moyen fait des promesses qu'il ne pourra pas remplir, simplement pour sceller la vente. Le parent moyen promet à ses enfants de venir les border ou de les accompagner au parc, et il ne ressent aucun remords lorsqu'il ne tient pas sa parole. Trop d'entrepreneurs qui travaillent à domicile font des promesses irréalistes pour avoir des clients, et cela nuit à l'ensemble de cette industrie.

Lorsque les gens sont en retard à un rendez-vous, ils ne considèrent pas, règle générale, qu'ils ont brisé un engagement. Le taux de divorce atteint actuellement des sommets, les scandales au sein des entreprises font la une des journaux, les amitiés de longue date s'étiolent, l'endettement personnel pousse un grand nombre d'individus à la faillite, la confiance semble perdue à jamais, et les gens craignent de faire affaire avec les solliciteurs – tout cela à cause d'engagements non tenus. La liste pourrait s'allonger jusqu'à la fin de ce chapitre, mais je crois que vous avez compris mon point : l'engagement est le fondement de la confiance, sur laquelle repose toute relation. Ainsi, ne pas respecter un engagement équivaut à détruire la confiance.

Lorsque la confiance est brisée, inévitablement, les relations sont ébranlées. De plus, lorsque les engagements ne sont pas valorisés ou tenus, le processus sain des interactions personnelles et des relations d'affaires est renversé. Lorsque quelqu'un ne respecte pas sa parole, les autres ne voudront plus faire affaire ou poursuivre des relations personnelles avec lui (ce qui entraîne la mise à l'écart de celui qui s'est montré déloyal). Cela coûte énormément de temps et d'argent, et détruit par le fait même des amitiés, la santé des individus et à peu près tout ce qui compte dans la vie.

Cessez de chercher des excuses : faites donc tout simplement ce que vous dites

Nombreux sont ceux qui cherchent des excuses ridicules pour justifier le fait qu'ils ne veulent pas s'engager. Ils sont des Jean Moyen et Marie Médiocre dans la vie. Pour résumer, s'engager veut dire faire ce que l'on a dit. C'est aussi simple que cela. Toutefois, peut-être que je m'avance un peu trop ici. L'individu moyen n'a aucun problème avec le fait de faire ce qu'il a dit... parce qu'il ne dit jamais rien! Il a tout simplement une peur bleue de s'engager.

Pensez au nombre de gens que vous connaissez qui n'osent jamais prendre des résolutions du Nouvel An. Pourquoi se montrent-ils si timides? Tout simplement parce qu'ils veulent à tout prix bien paraître en ne brisant aucune promesse. Ils mènent leur vie au gré de leur convenance. Et l'énorme prix à payer pour cela est qu'ils n'accompliront rien qui vaille la peine. Ils acceptent de perdre ainsi tout pouvoir sur leur vie parce que rien ne se produit sans un engagement préalable. Malheureusement, les individus qui se contentent de ce genre de compromis sont nombreux.

Aspirez-vous à devenir un samouraï compatissant? Si c'est le cas, alors vous devrez prendre de réels et coûteux engagements, et respecter ensuite votre parole. La vie semble progresser en fonction de la grandeur des promesses que nous nous faisons et de la volonté que nous mettons à les accomplir. Si vous êtes en train de réfléchir à la manière de mettre à exécution votre volonté de respecter votre parole, je vous demande un peu de patience, nous allons aborder ce sujet dans un moment. D'abord, vous devez exprimer clairement vos intentions. Déclarez-les sans crainte ni doute; ou dites-les avec crainte et en doutant, mais déclarez-les de toute manière.

Comme vous le savez, des millions de personnes prennent au jour de l'An la résolution de perdre du poids, de s'engager dans une nouvelle relation ou de dénicher un boulot plus payant. Mais la majorité n'y parvient pas. Ces « rêveurs éveillés » ne sont pas des samouraïs compatissants. Les vrais samouraïs compatissants obtiennent des résultats et continuent à se montrer motivés. Pour les autres, le découragement s'installe dès qu'ils oublient leurs belles résolutions.

Exprimez clairement vos intentions. Déclarez-les sans crainte ni doute; ou dites-les avec crainte et en doutant, mais déclarez-les de toute manière.

Lorsqu'ils ne perdent pas les kilos en trop, ne trouvent pas la personne de leurs rêves, n'obtiennent pas le poste convoité ou l'augmentation de salaire souhaitée, les gens abandonnent la partie. Au lieu de faire un inventaire honnête des raisons pour lesquelles ils n'ont pas atteint leur but (ce qu'un samouraï compatissant aurait l'habitude de faire), ils échangent leur belle confession publique et leur engagement contre de piètres excuses. Vous avez sans doute déjà entendu la litanie d'excuses que donnent les gens pour justifier le fait qu'il leur est impossible d'être des gagnants dans la vie. Peut-être les avez-vous aussi utilisées vous-même une ou deux fois.

- « Je n'ai pas vraiment besoin de tout ça de toute façon. »
- « Je ne suis pas du genre à posséder des tas de trucs. »

- « Les gens qui veulent les meilleures choses dans la vie ne sont que des matérialistes. »
- « La clé du bonheur réside dans le fait de n'avoir aucun désir. »
- « C'est tout simplement la volonté de Dieu. »
- « On ne peut pas avoir du succès et être une personne profondément spirituelle. »
- « Les gens riches sont cupides et ils sont sans cœur devant la misère des autres. »

La vérité, c'est que ce sont de belles excuses pour ne pas vous trouver là où vous le désirez dans la vie, pour ne pas vous rendre aux endroits où vous êtes appelé à vous trouver et pour ne pas exercer les responsabilités qui vous incombent dans la société. La médiocrité est le summum de l'égoïsme, et les excuses ne sont qu'un moyen de plus d'être malhonnête. Pensez-y un moment : bien sûr, il y avait beaucoup de trafic, mais vous auriez pu vous lever un peu plus tôt; et pour votre maman, vous auriez pu lui dire que vous ne pouviez pas parler plus longtemps parce que vous aviez un rendez-vous important. Peut-être que votre patron ne considérerait pas la vérité comme une raison valable (pas même vous, en réalité), c'est pourquoi vous inventez une excuse quelconque.

La médiocrité est le summum de l'égoïsme.

Généralement, les excuses paraissent logiques et raisonnables. Mais elles font de vous un esclave sous la tyrannie de la raison au lieu d'une personne libre qui agit et parvient à des résultats tangibles. Vince Lombardi, célèbre entraîneur de football américain, avait l'habitude de dire ceci à ses joueurs avant une partie : « Dans quelques heures, nous serons tous revenus dans ce vestiaire, et vous aurez soit des raisons soit des résultats. Le choix vous appartient... » Ce n'est pas le fruit du hasard s'il a été entraîneur pour des équipes qui ont fait le Super Bowl. Peu importe qu'il neige ou que le quart-arrière-vedette se fracture le bras : ce n'étaient que des raisons. Les joueurs étaient des samouraïs compatissants et ils aspiraient à obtenir des résultats au lieu d'être des joueurs ordinaires qui se contentent de faire ce qui semble raisonnable.

Qu'allez-vous choisir, au bout du compte? Les gens ordinaires trouvent des excuses valables pour à peu près tout ce qu'ils ne réussissent pas à accomplir, ce qui leur permet de rencontrer chez les autres une forme d'acceptation, d'accueil et de compréhension, et les exempte aussi de l'obligation d'essayer de nouveau. Il est triste de constater qu'ils abandonnent si facilement la vie extraordinaire d'un samouraï compatissant capable d'atteindre des résultats. Je vous invite à vous engager dans des enjeux qui comptent vraiment, parce que vous avez été créé pour faire une différence autour de vous. La seule manière de voir cela se réaliser dans votre vie est de commencer à prendre des engagements et de vous y tenir.

En 1972, j'ai obtenu mon diplôme de l'Académie militaire de West Point, aux États-Unis. Dans les cinq premières minutes qui ont suivi mon arrivée à l'école militaire, j'ai appris une précieuse leçon. Il n'y avait que quatre réponses possibles à donner à *n'importe quelle* question. Aucune autre réponse n'était acceptée ou considérée comme valable de la part de nos leaders. On pouvait dire :

1. « Oui, Monsieur. »
2. « Non, Monsieur. »
3. « Je n'ai aucune excuse, Monsieur. »
4. « Monsieur, je ne comprends pas. »

Si j'arrivais en retard à un cours, je ne pouvais donner que l'une de ces quatre réponses. Peu importe que j'aie eu un accident de voiture ou que je me sois levé en retard, la seule réponse possible était : « Je n'ai aucune excuse, Monsieur. » Je n'ai pas vraiment saisi les enjeux de tout cela à l'époque, mais le but poursuivi était de nous apprendre à rejeter d'emblée toute excuse. Même lorsque la raison nous semblait justifiée, comme sauver la vie d'une personne en arrêt cardiaque, par exemple, la réponse demeurait inévitablement la même : « Je n'ai aucune excuse, Monsieur. »

Cela ne signifie pas pour autant qu'une autre décision aurait dû être prise dans la circonstance. Selon le cas, c'était peut-être la chose à faire pour un samouraï compatissant, ne pas respecter un engagement pour sauver la vie de quelqu'un. Néanmoins, nous ne cherchions pas à nous esquiver en cherchant des raisons, valables ou non. Nous vivions tout simplement de manière responsable devant les choix que nous avions à faire.

La plupart des gens qui ont ce livre entre les mains n'ont jamais reçu d'entraînement militaire et ne sont pas nécessairement familiers avec le genre de discipline dont je parle. J'invite néanmoins ces personnes à comprendre qu'elles sont actuellement en formation en vue de quelque chose de grand. Chercher des excuses et se contenter de ce qui semble raisonnable ne vous permettra jamais d'atteindre le niveau extraordinaire que vous désirez.

Les gens moyens font de valeureux efforts pour réussir là où les samouraïs compatissants persévèrent. Adoptez le profil du samouraï compatissant : prenez des engagements sérieux et tenez-vous-y, et cessez de chercher des raisons quand vous n'arrivez pas au résultat promis. Mon ami Jim Stovall, qui est souvent invité à parler dans nos ateliers de formation Cœur de samouraï, est un exemple éloquent de samouraï compatissant. Il est l'auteur du *best-seller, Le don ultime*[1], qui a inspiré une production cinématographique d'envergure. Jim est propriétaire d'un réseau de télévision par satellite, il a reçu un Emmy Award[2], s'est mérité une médaille d'or olympique en haltérophilie et a remporté le titre d'entrepreneur de l'année décerné par le President's Committee

1. Disponible aux Éditions Trésor caché.
2. Une récompense prestigieuse de la télévision américaine (NDT).

on Equal Opportunity (Comité présidentiel américain pour une répartition égale des chances).

C'est la seule personne que je connaisse à avoir été désignée personnalité humanitaire de l'année (un honneur également accordé à mère Teresa). Sachant tout cela, il est difficile de croire que Jim est devenu aveugle au début de la vingtaine. Il avait de très bonnes raisons de n'offrir qu'une performance médiocre – du moins il aurait eu de meilleures raisons que bien des gens. Sa condition aurait pu lui servir d'échappatoire, mais au lieu de cela, il s'en est servi pour fortifier les autres en devenant un samouraï compatissant, capable d'influencer positivement des centaines de milliers d'individus. Vous pouvez en savoir davantage sur Jim et son histoire à l'adresse www.theultimategift.com. Cet homme a pris l'engagement de faire une différence dans sa vie.

Cela ne signifie pas nécessairement que vous devriez vous fixer comme objectif d'acquérir la chaîne d'hôtels Four Seasons ou de posséder une douzaine de restaurants McDonald's (bien que ces deux options ne soient pas mauvaises en soi). Vous devez commencer où vous en êtes en ce moment et progresser à partir de là. Peut-être pourriez-vous d'abord tenir vos engagements envers votre patron ou votre famille, ou arriver *toujours* à l'heure à vos rendez-vous. Vous pourriez peut-être vous inscrire à des cours du soir ou à une fin de semaine de formation pour apprendre à mieux gérer votre temps et votre argent. Peut-être devriez-vous prendre la résolution d'inviter quelqu'un à sortir un soir, si vous êtes veuf ou que vous n'êtes plus dans le coup depuis longtemps pour ce qui est des rendez-vous amoureux.

Peu importe où vous en êtes en ce moment, c'est le temps de commencer. Dites ce que vous avez l'intention de faire et avancez concrètement dans cette direction. Quand vous convertissez vos idées en paroles, vous mettez en mouvement des rouages qui vous rapprocheront de vos objectifs. Vous n'êtes pas vraiment conscient de ces rouages, mais votre subconscient, lui, l'est.

Une question de vie ou de mort

« Jusqu'à ce que la mort nous sépare », « Pour le meilleur et pour le pire », « Dans la santé et la maladie ». Nous avons tous entendu ces paroles au cours de mariages. Que veulent-elles dire, au juste? Si l'on regarde le taux de divorce actuel, force est de conclure qu'elles ont peu de poids pour les gens en général. Mais pour un samouraï de l'époque, des vœux de ce genre étaient une question de vie ou de mort. Avez-vous déjà considéré vous engager à ce point? Ces guerriers vivaient comme s'ils étaient déjà prêts à mourir; c'était pour eux une attitude fondamentale dans la vie. Cela vous paraîtra morbide sans doute, mais, en réalité, c'est plutôt libérateur. Quand quelqu'un se comporte comme s'il était déjà mort, il n'a pas grand-chose à perdre au change.

Avez-vous déjà vu un guerrier qui n'a rien à perdre? Il se révèle incroyablement féroce; il se donne entièrement. Quand on cherche à préserver sa vie, toutefois, on compromet ses chances. En général, l'individu moyen agit en vue de ne pas perdre, mais le samouraï compatissant le fait en s'engageant totalement. Un individu ordinaire met un pied sur l'accélérateur et garde l'autre sur le frein, au cas où les choses viendraient à ne pas fonctionner. C'est de cette manière que les gens en général abordent le mariage, les affaires, ou quoi que ce soit d'autre. Ils s'y aventurent en essayant de ne pas perdre ce qu'ils ont déjà – et c'est une des raisons pour lesquelles ce sont des personnes dans la moyenne. Il a été dit quelque part que si un individu n'est pas prêt à mourir pour quelque chose, il ne mérite pas vraiment de vivre.

- Y a-t-il une chose dans la vie pour laquelle vous seriez prêt à mourir?
- Quelles sont les valeurs que vous chérissez au point de vous montrer prêt à tout perdre plutôt que de les compromettre?
- Y a-t-il quelque chose, dans le présent, qui mérite que vous offriez votre vie en échange?

- Jusqu'où seriez-vous prêt à aller pour prouver votre attachement envers l'objectif le plus profond et passionné de votre cœur?

Réfléchir à ces questions me rappelle tous ces gens qui se sont révélés si engagés qu'ils ont fait ce qu'il fallait pour défendre la cause qui leur tenait à cœur. Un de mes héros favoris est Martin Luther King, fils, qui fut à l'origine du plus grand mouvement pour la défense des droits civils jamais vu aux États-Unis. Il avait une ravissante épouse, quatre beaux enfants et était pasteur au sein de l'Église baptiste Eben-Ezer, à Atlanta, en Géorgie. Il avait beaucoup à perdre, et pourtant il s'est comporté comme un samouraï compatissant en s'engageant à fond dans la lutte.

Je n'aurai pas beaucoup d'argent à laisser derrière. Je n'aurai pas de ces choses raffinées et luxueuses de la vie à laisser derrière. Toutefois, ce que je désire vraiment laisser derrière est l'exemple d'une vie caractérisée par l'engagement.
Martin Luther King, fils

Il ne faudrait pas conclure que le samouraï compatissant *doive* perdre la vie; cela veut simplement dire qu'il doit être disposé à renoncer à la plupart des choses que les gens trouvent valables et précieuses en général. Nelson Mandela est un exemple incroyable du samouraï compatissant. Il n'a pas eu à donner sa vie dans le processus, mais il a effectivement passé 27 ans dans une prison d'Afrique du Sud avant de finalement libérer une nation entière. Warren Buffett, un des plus grands investisseurs de notre époque, s'est révélé lui aussi un samouraï compatissant. Bien qu'il jouisse d'une fortune colossale, il a aussi fait la preuve de son engagement pour une cause qui lui tenait à cœur en donnant presque toute sa fortune, évaluée à quarante milliards de dollars, pour faire une différence au sein de l'humanité.

Considérez à quel point les terroristes responsables des événements horribles du 11 septembre 2001 ont fait preuve de détermination en détournant des avions de lignes commerciales pour les diriger vers les tours du World Trade Center et l'édifice du Pentagone, tuant ainsi des milliers de personnes. Ils ont démontré un engagement indéfectible. Non seulement ont-ils sacrifié leur vie, mais ayant échoué dans la tentative de détruire ces tours huit ans auparavant, ils ont finalement réussi – après huit années de persévérance. Ces terroristes se sont donnés à leur cause. À l'évidence, on ne peut pas les qualifier de samouraïs compatissants parce qu'ils ne possédaient pas, pour dire le moins, un esprit de service et un désir de contribuer au bien-être d'autrui, qui sont des traits de caractères essentiels au samouraï.

Dans le monde actuel, ce sont les gens les plus engagés qui se méritent la victoire.

Les causes pour lesquelles les gens sont prêts à donner leur vie ne sont pas toujours les plus honorables. Il est important de comprendre que, dans la vie, les gentilshommes et les gens honorables ne sont pas toujours ceux qui remportent la victoire. La moralité ne l'emporte pas toujours sur l'immoralité; le bien ne triomphe pas toujours du mal ici-bas. *Dans le monde actuel, ce sont les gens les plus engagés qui se méritent la victoire.* C'est la raison pour laquelle il est si important pour les gens qui souhaitent une société où chacun a des chances égales de réussir – un milieu propice pour tout le monde – de s'investir toujours plus sur le plan personnel.

En ce moment, des milliards d'individus sont marginalisés : cinquante pour cent des habitants de cette planète n'ont pas accès à l'eau potable, vingt pour cent n'ont pas d'endroit convenable où habiter et soixante-dix pour cent sont analphabètes; trente-trois pour cent de la population mondiale s'endort l'estomac vide et trois pour cent meurt de faim chaque année. Il existe de nombreuses autres façons d'être marginalisé, comme le fait d'occuper un emploi que vous détestez ou de vivre seul alors que vous souhaiteriez être en couple.

Les samouraïs compatissants considèrent que c'est un honneur et un privilège de faire une différence dans la vie des autres, tout en jouissant eux-mêmes d'une vie passionnante. Un besoin énorme pour des individus de ce genre se fait sentir de nos jours. C'est la raison pour laquelle l'équipe que nous formons chez Klemmer & Associates souhaite se consacrer à former des leaders intrépides, prêts à s'engager pour créer un monde qui offre à chacun une chance égale de réussir et où personne ne se trouve marginalisé.

Les raisons pour lesquelles les gens évitent de s'engager

Pour quelles raisons la plupart des gens font-ils tout ce qu'ils peuvent pour *ne pas* s'engager? Nous avons déjà parlé de ceux qui s'y refusent parce qu'ils préfèrent bien paraître que de manquer à leur promesse. C'est un modèle répandu, sans conteste – et plusieurs vous diront également que c'est un penchant qu'ils cultivent depuis toujours. Il existe aussi d'autres comportements compulsifs que les gens choisissent d'adopter, qui les empêchent de prendre des engagements bénéfiques ou d'atteindre des résultats extraordinaires. Certains de ces compromis coûteux sont liés aux besoins suivants :

- Bien paraître
- Se sentir bien
- Avoir raison
- Se sentir accepté

Certaines personnes cherchent à bien paraître, c'est pourquoi elles ne passent jamais d'ententes qu'elles risquent de ne pas pouvoir tenir. D'autres mettent en priorité leur besoin de bien se sentir. Elles refusent de pousser plus loin ou de dépasser les limites qu'elles se sont fixées dans le présent. Connaissez-vous quelqu'un de votre entourage dont le but est d'être simplement bien dans la vie? La plupart du temps, ces personnes fourniront des raisons comme les suivantes pour tenter de se justifier : « Pourquoi assister à cette conférence sur l'amélioration de soi? Je me trouve très bien comme cela. » Et il est possible qu'elles aient raison. Toutefois, ne perdent-elles pas l'occasion, ce faisant, de devenir de meilleures personnes, ce qui serait autant à leur avantage qu'à celui de leur entourage? Elles se contentent du *bien,* alors qu'elles pourraient offrir quelque chose de *spectaculaire.*

En fait, de tels individus ont tendance à mépriser quiconque les met au défi ou les pousse à se dépasser. Si vous devenez *meilleur,* il va de soi que vous serez inévitablement en mesure de *faire* davantage pour les autres, ce qui implique que par votre refus de progresser, vous privez tous ceux qui vous entourent de ce que vous avez de meilleur à leur offrir. C'est une attitude égoïste et égocentrique. D'autres personnes sont si résolues à avoir raison qu'il leur est impossible de s'entendre avec quiconque risque de les mettre dans une situation où elles pourraient avoir tort. Elles n'aspirent à rien d'autre dans leur vie que d'avoir raison, point final. Il nous est arrivé, chez Klemmer & Associates, d'agir à titre de consultant auprès d'entreprises dont les gestionnaires – des individus moyens – s'entêtaient à croire que les choses ne pouvaient vraiment pas changer, au lieu de se montrer disposés à apporter les changements qui aurait rendu le milieu de travail meilleur et plus lucratif.

Vous est-il arrivé d'être en désaccord avec un proche, de lui reprocher de se tromper au sujet d'une chose aussi banale que le moment où un événement s'est produit? Un malentendu si banal, mais qui n'en risquait pas moins de mettre votre relation en péril. Puis, pour avoir raison, vous n'avez pas adressé la parole à cette personne durant deux jours, peut-être même durant plus d'une semaine. J'en ai fait moi-même l'expérience. Le divorce résulte souvent du fait que chacun des partenaires est davantage résolu à avoir gain de cause qu'à trouver un terrain d'entente. Un samouraï compatissant a le sens des priorités, il n'accorde pas trop d'importance à des banalités lorsque cela n'est pas nécessaire.

Même s'il n'y a rien de foncièrement mauvais dans le fait d'avoir raison, cela crée parfois des situations où quelqu'un doit avoir tort. Dans certains cas, plus d'une personne peut avoir raison. Par exemple, supposons que la couverture d'un livre est bleue sur le devant et rouge au dos. En fonction de l'angle où est vu le livre, de face ou de dos, une personne peut affirmer que la couverture est bleue alors qu'une autre affirmera qu'elle est rouge. Ce malentendu pourrait provoquer un désaccord entre ces deux personnes, le cas échéant. Les samouraïs compatissants se promettent à eux-mêmes de vivre sans idées préconçues, autant qu'il est possible.

D'autres individus hésitent à s'engager envers autrui parce qu'ils veulent par-dessus tout se sentir acceptés. Les gens moyens sur le plan professionnel craignent de se donner de grands objectifs de carrière parce qu'ils ont peur de perdre l'assentiment des personnes qui détestent travailler fort. Il arrive fréquemment que les enfants refusent d'avoir de bons résultats scolaires simplement parce qu'ils craignent d'être mis à l'écart par leurs camarades de classe. Au fond, le samouraï compatissant ne cherche pas à fuir ses engagements, peu importe les exigences. Au contraire, il y aspire parce qu'il sait que de lui dépendent la vie et la productivité.

La peur de s'engager

L'hésitation des gens à prendre des engagements vient essentiellement des peurs qu'ils nourrissent. Ils craignent de ne pas pouvoir tenir leurs promesses ou ils croient que de s'engager risque de les empêcher de faire ce qu'ils ont envie. Une perception pour le moins intéressante veut que toute obligation nous restreigne dans nos choix. C'est vrai que nous perdons alors l'option de faire ce que nous voulons à ce moment-là, mais il y a tellement plus à gagner quand nous tenons parole. Au risque de paraître simpliste, je dirais que beaucoup d'hommes ont peur de s'engager dans le mariage exactement pour cette raison. Ils passent leur temps à se demander : *Et si une meilleure option se présentait?*

Mon mentor m'a enseigné que ce sont *les règles de vie qui procurent la liberté.* Considérez pour l'instant les règles comme étant des *ententes.* S'il n'existait aucune loi régissant la conduite automobile, vous et moi pourrions faire à notre guise. Nous pourrions nous arrêter ou démarrer lorsque le feu de circulation passe au vert, et les automobilistes qui voyagent dans l'autre sens pourraient faire de même. Et que se passerait-il si aucune règle ne dictait de quel côté de la route il faut rouler? Et s'il n'y avait aucune limite de vitesse? Vous pourriez rouler à 2 km/h alors que l'automobiliste derrière roulerait à 160. Peu importe le scénario choisi, auriez-vous plus de liberté ou encore moins? La réponse est moins, principalement parce que vous pourriez y perdre la vie. Les règles assurent ainsi la liberté.

Les samouraïs compatissants se montrent clairs dans leurs attentes lorsqu'ils embauchent quelqu'un dans leur entreprise. Ils se montrent également très clairs quant aux règles entourant le mariage lorsqu'ils font officiellement leur demande. La plupart des gens tiennent pour acquis que tout le monde jouera le rôle qui lui incombe, même lorsque ce rôle n'a pas été clairement défini au préalable. Une telle vision des choses est un danger public! Imaginez que vous et moi jouions au football, mais que j'observe les règles du football américain alors que vous adoptez plutôt celles des pays européens (le soccer aux États-Unis)? Aucune liberté ne serait possible dans un tel cas. Ce malentendu ne provoquerait que chaos et confusion, un terrible gaspillage de temps. Apprenez à établir des ententes qui vous assureront, ainsi qu'aux autres, beaucoup plus de liberté.

Trop s'engager

Les gens qui ont tendance à trop s'engager le font pour être valorisés et être perçus comme étant gentils. Dans la plupart des cas, ceux qui souffrent de ce penchant ont simplement peur du rejet. J'ai souvent vu cette attitude dans le milieu professionnel. Des gens s'engagent à faire un travail pour lequel ils n'ont ni le temps ni le personnel requis, parce qu'ils ont peur de perdre de l'argent en ne l'acceptant pas. Et pourtant, la situation risque de prendre une tournure qu'ils n'avaient pas vraiment imaginé. Ils risquent ainsi de plaire à leur client à court terme, mais de le perdre à plus long terme.

Un vieil adage en affaires veut que vous fassiez de l'argent en refusant certains mandats. Il y a plus d'un sens à ce bout de sagesse. Admettons que vous acceptiez un mandat ou un travail par gentillesse, par exemple, ou parce que vous craignez de perdre une occasion d'affaires, vous risquez de ne pas pouvoir tenir vos engagements si vous êtes incapables de respecter certaines échéances, et il vous en coûtera davantage de devoir refiler le travail à des sous-traitants.

Le sentiment d'abondance est un autre trait de caractère qui définit la démarche du samouraï compatissant. Ce sujet sera traité vers la fin de ce volume. En conservant une mentalité d'abondance, vous aurez le courage de dire non. Vous êtes déjà en train de payer le prix de vous être trop engagé, et il est habituellement supérieur à ce qu'il vous semblait au départ. Un samouraï compatissant paie le prix à court terme de l'inconfort qui résulte du fait de dire non, mais il récolte les joies à venir et à long terme d'être un homme de parole.

Tout le monde s'engage, consciemment ou non

Si vous m'avez suivi le moindrement jusqu'ici, vous commencez sans doute à comprendre que tout le monde s'engage à quelque chose. Simplement, les gens ne sont pas nécessairement conscients dans quoi ils s'engagent. C'est la raison pour laquelle l'affirmation si répandue « j'ai un problème avec l'engagement » me semble ridicule. Vous avez peut-être choisi de ne jamais vous engager envers qui que ce soit, de ne faire confiance à personne et de miser petit, il n'en demeure pas moins que vous êtes néanmoins engagé dans ce sens. Un samouraï compatissant vise à obtenir des résultats et à cultiver les dix traits de caractère mentionnés précédemment dans cet ouvrage. Les gens moyens luttent avec des obligations conflictuelles qui s'opposent dans leur conscient et leur inconscient.

Un samouraï compatissant voit les choses avec clarté et fait preuve d'intégrité parce qu'il y a une réelle harmonie entre sa pensée consciente et son inconscient. Souvent, notre stratégie dans la vie nous procure ce que nous voulons, mais elle peut être nuisible à la longue parce qu'elle nous empêche de connaître une réussite plus grande. Elle devient alors une faiblesse. C'est à cela que je faisais référence en parlant d'obligations conflictuelles. Voici quelques questions qui vont vous permettre de déterminer quelles sont vos obligations conflictuelles.

1. De quelle manière ai-je tendance à agir pour donner une image de moi valable et utile?
2. En quoi j'excelle dans la vie? Quel est mon point fort, celui sur lequel j'ai l'habitude de m'appuyer?
3. De quelle façon je me présente aux autres pour évaluer ma valeur personnelle?
4. Si j'atteignais une réussite incontestable, quelles seraient mes craintes concernant les relations que j'entretiens avec mes amis et ma famille?
5. Dans quel domaine m'a-t-on toujours affirmé que j'étais vraiment doué?
6. Quel est le masque ou le personnage que j'utilise qui m'empêche de vraiment entrer en relation avec les autres?

Pour ma part, ma valeur personnelle repose sur mon éthique professionnelle et la confiance dans mes propres capacités, qui m'ont aidé à réussir mes études. Je n'étais pas le garçon le plus futé au lycée ou à West Point. Toutefois, j'ai travaillé plus fort que la plupart de mes collègues pour entrer à l'Académie, et je me suis souvent retrouvé sur la liste des doyens, une fois là-bas. Ces qualités m'ont aidé aussi dans les sports. Au lycée, j'étais plutôt petit, je mesurais à peine 1,70 m et je pesais environ 75 kg. Toutefois, ma détermination sur le terrain, ma confiance et mon éthique professionnelle m'ont permis d'occuper un poste au sein de l'équipe de football du collège. J'ai même obtenu le titre du joueur défensif le plus utile à son équipe pour la partie de l'Action de grâces, durant ma dernière année.

Je n'étais pas très doué, mais la détermination dont j'ai fait preuve en matière d'éthique professionnelle m'a aidé à faire de Klemmer & Associates une entreprise prospère qui atteint les dix millions de dollars annuellement. Toutefois, pour atteindre les cent millions annuellement, j'aurai certainement besoin d'évoluer. Lorsque cet ouvrage a été imprimé, nous n'avions pas encore atteint cet objectif, mais c'est néanmoins l'engagement que nous avons pris. J'en ai fait mention ici de manière à ce que le personnel de l'entreprise et moi-même ne l'oublions pas. J'ai découvert que ma force était devenue une faiblesse. Le fait de travailler plus fort que la plupart des employés et de démontrer une confiance inébranlable dans mes capacités m'ont empêché d'établir de véritables liens avec plusieurs de mes collègues et de profiter pleinement de leur engagement et de leur potentiel.

Il eut mieux valu qu'à l'occasion ils me voient rempli de doutes ou complètement vulnérable. Il aurait fallu qu'ils sachent que je n'avais pas toutes les réponses, pour ne pas se sentir inutiles. Ainsi, mes obligations conflictuelles ont évolué de la manière suivante : mon besoin d'établir ma valeur par mon dur labeur et ma totale confiance en moi s'est mué en détermination à voir l'entreprise grandir. *Tout le monde* a des obligations conflictuelles. Mais les samouraïs compatissants voient clairement à quels principes ils doivent obéir, et cela transcende toujours toute obligation conflictuelle.

Pour en savoir davantage sur ce sujet, je vous invite à lire l'ouvrage de Eliyahu Goldratt, *Theory of Constraints (La théorie des contraintes)* ou celui de Robert Kegan et Lisa Laskow Lahey intitulé *How the Way We Talk Can Change the Way We Work (Comment notre manière de nous exprimer peut changer notre manière de travailler).* À titre d'exemple, lorsque les artisans fabriquent de vraies épées de samouraï (et non des copies), ils doivent chauffer, plier et marteler deux types d'acier quatre-vingt mille fois. Ce procédé procure à l'arme une solidité et un tranchant extraordinaires. L'habitude de prendre des engagements sérieux et de les respecter est justement cela : une habitude à cultiver. Après l'avoir pratiqué un millier de fois, vous aurez appris et intégré le premier trait de caractère qui fait de quelqu'un un samouraï compatissant.

1. Quel est le plus grand engagement que vous ayez pris et respecté?
2. Quels sont les nouveaux engagements plus grands encore que vous êtes en mesure de prendre et de respecter?

Jeté par terre sept fois. Se tenir debout une huitième.
Proverbe samouraï

Les samouraïs compatissants choisissent d'agir comme ils le font.

Les autres gens n'ont pas le choix d'agir comme ils le font.

Chapitre deux

La responsabilité individuelle

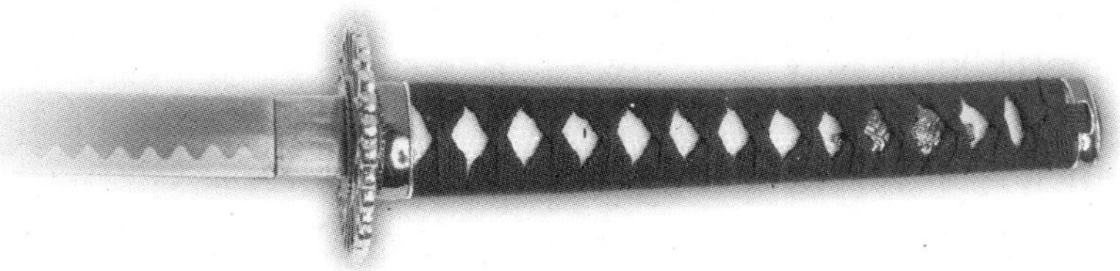

Un homme peut échouer de nombreuses fois,
mais il ne devient un raté
qu'à partir du moment où il met le blâme sur
quelqu'un d'autre.
Auteur inconnu

Un point de vue, que la plupart des gens détestent et se refusent à accepter, veut que *tout ce que vous avez, ce que vous n'avez pas et ce que vous aurez un jour dans la vie résulte des choix que vous faites*. C'est exactement l'attitude adoptée par les samouraïs compatissants, même s'ils n'appuient pas cette affirmation. Ils croient que l'endroit où ils se trouvent a un lien direct avec les choix qu'ils font. Les gens moyens se campent d'ordinaire dans un rôle de victimes – je veux dire dans ce qui leur arrive dans la vie.

Cela me rappelle la vieille histoire d'un ouvrier de chantier qui apportait son casse-croûte du midi dans une boîte de métal noire. Chaque fois qu'il ouvrait la boîte, il se plaignait de son sandwich au beurre d'arachide et à la gelée de fruits. Chaque midi, c'était la même rengaine. Jour après jour, il exprimait la même insatisfaction pour son sandwich au beurre d'arachide. Après un moment, ses collègues ont commencé à en avoir assez d'entendre ses jérémiades et l'un d'eux lui a alors demandé : « Pourquoi ne dis-tu pas à ta femme de te faire un sandwich à la viande fumée ou au thon à la place? »

Et l'homme de répondre : « Je ne suis pas marié, je prépare mon casse-croûte moi-même. » Cette histoire vous paraîtra sans doute ridicule, mais elle illustre bien le fait qu'en général les gens agissent de la même manière concernant le « sandwich » qu'est leur vie. Et ils sont les premiers à se plaindre ensuite. Alors, examinons ensemble les arguments qui pourraient nous amener à conclure que tout ce que nous avons, n'avons pas et aurons un jour résulte des choix que nous faisons. Adopter cette perspective dans votre vie vous amènera à agir en toutes circonstances comme un véritable samouraï compatissant. Personne n'agit vraiment sans raison. Chacun veut y trouver ses intérêts.

Voici quels sont les avantages de vivre sa vie selon le principe que nous sommes responsables de tout ce qui nous arrive :

1. Cela élargit notre expérience et améliore ce que nous ressentons, même lorsque les circonstances demeurent les mêmes.
2. Cela nous offre la possibilité d'obtenir des résultats différents.
3. Cela nous replace au volant de votre vie. Nous maîtrisons la situation.

Le choix vous revient entièrement

Chaque moment apporte son lot de choix à faire, et chacun de ces choix entraîne une conséquence, autant en ce qui concerne les coûts que les bénéfices. C'est ainsi que nous commençons chacune de nos formations en leadership jeunesse chez Klemmer & Associates. Les jeunes ont tendance à argumenter au début. Ils rétorquent quelque chose comme : « Non, je n'ai pas vraiment le choix d'aller à l'école. » Notre formateur répond alors : « Non, ce choix vous appartient. » S'ensuit une série de « Non, je ne l'ai pas » et de « Si, tu l'as » très amusante. Mais au bout du compte, un des adolescents finit toujours par reconnaître qu'il a plus ou moins le choix de la manière suivante : « Si je ne vais pas à l'école, ils vont m'envoyer dans un centre pour jeunes délinquants. » Le formateur manifeste son accord en disant : « Tu as raison, et cela s'appelle une conséquence. Tu choisis d'aller à l'école au lieu d'aller dans un centre pour jeunes délinquants. » Et ainsi, l'adolescent commence à comprendre que le choix lui appartient à chaque moment, et que chaque décision qu'il prendra entraînera une conséquence.

Le fait de réaliser que chaque moment nous offre un choix à faire devrait révolutionner notre manière de vivre. Faites-en l'essai en disant « Je n'ai pas le choix » pour n'importe quelle situation dans votre vie, par exemple « Je n'ai pas le choix d'aller travailler ». Comment vous sentez-vous alors? Il y a de fortes chances que vous ressentiez une baisse d'énergie, de la frustration et même un peu de déprime. Mais si vous dites plutôt « Je choisis d'aller travailler », quel est le résultat? Sans doute vous sentirez-vous plus d'attaque et plein d'énergie.

L'activité demeure la même, mais choisir un autre point de vue change votre expérience. Vous retirez un bénéfice considérable en décidant de croire que vous pouvez choisir au lieu de faire la victime, parce que vous devenez le principal artisan de vos expériences. Être personnellement responsable vous permet de décider des expériences que vous voulez vivre à cause des choix que vous décidez de faire. Vous deviendrez un samouraï compatissant dès l'instant où vous choisirez de voir que vous êtes personnellement responsable de tout ce qui se passe dans votre vie.

Vous êtes responsable de la qualité de vos relations interpersonnelles.

Examinons les choses d'un peu plus près. La somme d'argent que vous gagnez chaque semaine, chaque mois ou chaque année est directement rattachée aux choix que vous faites; vous êtes ainsi responsable personnellement de votre niveau de revenu. Pourtant, j'ai entendu tant de personnes se plaindre continuellement, et durant des années, de leur emploi sans vouloir le quitter – bien souvent jusqu'à la retraite. Ce sont des Jean Ordinaire et des Marie Médiocre. Cela peut paraître insensé, pourtant des tas de gens vivent ainsi au quotidien. La qualité des relations que vous entretenez avec votre conjoint, vos enfants, vos parents ou vos beaux-parents ou le simple fait que vous soyez marié ou célibataire, tout cela résulte directement des choix que vous avez faits.

Vous êtes responsable de la manière dont les choses se passent dans vos relations en ce moment même. Certaines personnes se plaignent de quelqu'un durant des années et prétendent qu'elles n'ont pas préparé elles-mêmes ce sandwich. Elles veulent ignorer qu'elles ont choisi de fréquenter cette personne et qu'elles n'ont pas fait preuve de suffisamment de discernement avant de s'engager dans cette relation. Elles nient leur part de responsabilité qui découle de leur attitude ou de leur refus de pardonner, et qui influence les actions du partenaire. Pourquoi quelqu'un s'entêterait-il à demeurer dans une voie sans issue? Simplement parce qu'en général cette personne est persuadée qu'elle n'a pas d'autre choix.

Les gens tendent à croire qu'ils n'ont d'autre choix que d'accepter ce que la vie leur réserve. Si vous croyez que vous valez plus que ce que l'on vous paie, et que vous avez les arguments pour le prouver, alors il faut demander une augmentation. Toutefois, nombreux sont ceux qui se contentent de se plaindre et ne passent jamais à l'action. Si vous demandez une augmentation et que l'on vous la refuse, cela ne signifie pas nécessairement que vous ne méritez pas la somme d'argent que vous avez demandée. Cela veut plutôt dire que votre employeur ne voit pas les choses de la même manière pour ce qui est de votre valeur. La solution la plus simple est de trouver une entreprise qui reconnaîtra votre valeur réelle ou de démarrer votre propre entreprise.

Beaucoup de gens ont tellement peur de ne pas trouver un autre emploi qu'ils choisissent la sécurité plutôt que de saisir les occasions favorables, et ils prétendent qu'ils n'ont pas vraiment le choix. Si vous choisissez de garder un emploi mal rémunéré, où votre contribution n'est pas appréciée à sa juste valeur, alors, c'est votre choix. Au bout du compte, vous êtes responsable de votre avenir financier. J'imagine que vous vous dites : *Ce gars ne connaît pas ma femme* ou *Brian n'a aucune idée à quel point mon patron est un imbécile.* Écoutez, ce que j'essaie de vous communiquer, c'est que ces choses ne comptent pas vraiment.

Je ne désire pas savoir ce que font ou ne font pas ces personnes. Ce qui compte, c'est la manière dont vous choisissez de *répondre* à ce qu'ils font et si vous souhaitez continuer à vivre dans les mêmes conditions. Ce choix vous appartient entièrement. C'est comme lorsqu'un navire lève les voiles : c'est la manière dont les voiles ou le gouvernail répondent qui compte peu importe dans quelle direction souffle le vent ou va le courant.

Je devine que vous pensez à toutes ces choses tragiques qui vous sont arrivées dans la vie et combien tout cela est vraiment injuste. Tout cela est bel et bien arrivé, et vous ne le méritiez pas. D'accord. Quand vous aurez fini de vous lamenter, poursuivez votre lecture. Il est clair que vous avez eu pas mal de problèmes jusqu'ici. Quel est le samouraï compatissant qui n'en a pas eu? N'importe quel guerrier peut partager une liste similaire de difficultés avec vous. Plus longtemps vous vivrez, plus votre liste sera longue. Depuis votre naissance, vous avez dû affronter des défis : comment vous alliez être nourri, qui allait changer vos couches, qui allait jouer avec vous et qui allait vous faire faire le rot après votre boire. En grandissant, vous avez rencontré des problèmes différents. Vous avez dû aller à l'école et affronter les petites brutes; les sobriquets sont devenus un véritable problème, parce que personne n'aime être pris en grippe.

Puis vous êtes entré dans l'adolescence et avez fait l'expérience de la puberté. Vos hormones se sont mises à fonctionner à plein régime et vous avez été complètement dépassé par ce qui se produisait dans votre corps. Ces filles ou ces garçons que vous détestiez avant vous semblaient maintenant si beaux, des anges désirables. Paraître *cool* et être séduisant est devenu une préoccupation constante parce qu'il fallait trouver votre place; voilà que la pression des pairs a commencé à montrer son horrible face. Puis vous avez fréquenté le collège, où vous avez étudié plus fort que vous ne l'aviez jamais fait auparavant. Vous avez cru que votre professeur avait perdu la raison parce qu'il vous donnait 15 livres – de 10 cm d'épaisseur chacun – à lire durant le trimestre. Ensuite, il y a eu les examens, et cela s'est avéré un problème pour vous parce que vous n'aviez pas suffisamment étudié. Vous avez néanmoins persévéré et obtenu votre diplôme. Vous étiez très fier d'avoir réussi. Cependant, après trois mois de vains efforts pour trouver un emploi, vous étiez complètement découragé. Malgré votre diplôme, vous n'aviez pas encore d'emploi. Et c'était un véritable problème parce que votre prêt étudiant allait parvenir à échéance dans quelques mois.

Vous avez finalement trouvé un emploi. Dorénavant, il n'allait plus y avoir de problème, n'est-ce pas? Faux... Vous deviez trouver la bonne personne avec qui passer les années à venir. C'est une tâche qui peut s'avérer très pénible dans un monde si grand et qui offre autant de possibilités. Un jour, vous avez trouvé la personne de vos rêves... et ce rêve est devenu un véritable cauchemar. Alors, vous avez dû remanier vos aspirations autrement, en tenant compte des enfants à élever et à entretenir, sans oublier les frais pour leurs études et leur mariage. Enfin, ils sont partis de la maison et vous étiez maintenant prêt à commencer à vivre...

Vous avez toujours la possibilité de choisir dans la vie.

Toutefois, vous avez maintenant pris de l'âge et l'arthrite a commencé à faire ses ravages. Alors, vous vous inscrivez à l'AARP[3] pour découvrir comment les personnes du troisième âge composent avec de telles réalités. Et puis vous mourez! Là, vos difficultés sont terminées! Mais en êtes-vous certain? Peut-être ne font-elles que commencer pour vous?

Je viens de vous résumer la trame possible de votre vie pour vous montrer que vous ne cesserez jamais de rencontrer des problèmes sur tous les plans dans l'existence. Le seul moment où ils vont disparaître est au jour de votre mort. Selon les convictions religieuses que vous avez, cependant, même après avoir quitté ce monde, il est possible que vous éprouviez de sérieuses difficultés, selon l'endroit où vous allez aboutir.

Les problèmes ne sont pas une mauvaise chose en soi. Ils nous aident à grandir et à devenir des personnes phénoménales, et ils stimulent notre capacité de choisir. *Nous avons toujours la possibilité de choisir dans la vie.* Je sais bien que des choses horribles se produisent dans la vie des gens, mais la manière dont nous choisissons de répondre à ces sombres événements fait toute la différence du monde. Même dans des situations extrêmes d'abus, nous avons toujours un certain choix. Surtout, n'allez pas croire que je fais preuve d'insensibilité ici. J'ai beaucoup d'empathie pour quiconque s'est trouvé dans une relation vraiment malsaine, et je condamne toute forme d'abus, quelle qu'elle soit. Cependant, la vérité demeure que même dans de telles situations extrêmes, nous avons toujours certaines options. Elles ne sont pas faciles. Chacun de ces choix entraîne de lourdes conséquences, mais on peut toujours décider avec qui nous choisissons d'entrer en relation et de la manière dont nous allons réagir aux événements.

En l'an 68 après J.-C., les Machabées, une famille d'origine juive, décidèrent de défier l'Empire romain. Était-ce une bonne ou une mauvaise décision, était-ce bien ou mal, l'opinion que vous en avez ne compte pas, c'était un choix qui comportait et des

3. Association américaine des personnes à la retraite (NDT).

avantages et des coûts. Les Maccabées ont tenu le coup durant à peu près trois ans, retranchés dans le palais que le roi Hérode avait fait construire à Massada. J'ai eu le privilège de visiter cet endroit, qui est véritablement spectaculaire. Imaginez un immense pouce s'élevant à plus de 365 mètres dans les airs, au beau milieu du désert. Au sommet, se trouve une forteresse : c'est Massada. Il a fallu trois ans aux Romains pour ériger un monticule jusqu'au haut de la falaise, et il devint évident qu'ils allaient se rendre bientôt maîtres de la forteresse.

C'est pourquoi les Maccabées se réunirent pour explorer les choix qu'ils avaient. Pour éviter que leurs enfants ne deviennent des esclaves et que leurs femmes ne soient violées, ils ont décidé de dépouiller les Romains du plaisir de déterminer la manière dont ils allaient mourir. Un millier de personnes se sont donc volontairement donné la mort. Une fois de plus, je vous invite à mettre de côté les sentiments que vous inspire une telle décision. C'est simplement un exemple extrême pour illustrer le fait que nous avons toujours la possibilité de choisir. Bien sûr, je ne suis pas en train de suggérer que le suicide est une solution aux situations intenables. Cette histoire ne fait qu'illustrer une décision qui comportait des avantages et un prix à payer.

Comme vous pouvez le constater dans l'histoire des Maccabées et de Massada, même lorsque vous ne voyez aucune solution, cela ne veut pas dire que vous n'en avez pas. La capacité de cerner les choix qui s'offrent à vous vous procure une expérience très différente de celle de ne pas en voir du tout, même si les options retenues sont mauvaises et ont des avantages limités.

Avez-vous déjà entendu parler de Viktor Frankl? Neurologue et psychiatre autrichien, il a survécu à l'Holocauste et a été témoin des pires sévices possibles envers un être humain. Pourtant, il a survécu à cette horreur. Ses deux parents sont morts dans un camp de concentration, et sa femme a été assassinée. Frankl a vu des gens mourir de faim et se battre pour trouver un bout de pain, faisant tout ce qui était en leur possible pour survivre. Il a été témoin de tortures infligées à ses camarades et il a vu des gens être sauvagement tués. La seule de sa famille à avoir survécu est sa sœur, qui a émigré en Australie. La plupart des gens auraient abandonné tout espoir après avoir enduré de telles atrocités, mais Frankl a dit qu'il avait choisi de découvrir quel était le sens des différentes formes d'existence, même celles qui étaient les plus sordides.

C'est dans ce but qu'il a rédigé son fameux ouvrage, *Découvrir un sens à sa vie avec la logothérapie,* dans lequel il raconte sa vie au quotidien dans les camps de concentration et comment il a utilisé ses forces intérieures pour survivre en redirigeant son attention ailleurs. Soumis à des conditions extrêmement défavorables, Frankl a pourtant continué à affirmer que la capacité de choisir avait été le facteur déterminant qui lui a permis de conserver la vie. Comme il l'explique dans son livre, il croit que le pouvoir de choisir a également aidé d'autres à rester en vie, même dans les moments les plus éprouvants :

> Nous qui avons vécu dans les camps de concentration pouvons nous rappeler des hommes qui passaient par les baraquements pour réconforter les autres, prêts à leur offrir leur dernier morceau de pain. Bien qu'ils aient été peu nombreux, ils sont néanmoins une preuve suffisante qu'on peut tout enlever à un homme, sauf une chose : la dernière des libertés humaines, celle de choisir quelle sera son attitude devant n'importe quelle série de circonstances, de choisir sa propre voie.

La qualité de notre vie résulte du choix que nous en faisons. Elle se résume à accepter la responsabilité personnelle de tout ce que vous faites. Elle concerne aussi la manière dont vous allez choisir de répondre aux actions des autres à votre égard.

Options et liberté

Voici une pensée novatrice : *tous les gens possèdent la liberté.* D'accord, me direz-vous, mais que faites-vous des gens qui vivent sous une dictature? Eux aussi ont la liberté. Pourquoi? Parce qu'ils jouissent de la capacité de choisir. Tous les humains ont cette capacité, comme l'a décrit si éloquemment Viktor Frankl, même lorsqu'ils doivent faire face aux plus terribles circonstances. Toutefois, les conséquences de leurs choix sont très différentes de celles qui ont trait aux circonstances normales. Et bien que tous les gens possèdent la liberté, peu jouissent vraiment de ce privilège.

La liberté est cette capacité de faire ce que vous voulez lorsque vous le voulez, d'aller où vous avez envie quand vous en avez envie. Et le plus important, c'est la capacité d'être la personne que vous voulez quand tel est votre désir.

Les samouraïs compatissants cherchent constamment les choix et les solutions qui s'offrent à eux, de même qu'un sens à leur vie, au lieu d'attendre que cela leur tombe tout cuit dans le bec. Ils essaient de faire grandir la liberté dont ils jouissent, eux et les autres. Ils ne s'esquivent pas devant les choix difficiles simplement parce qu'ils n'apprécient pas ce qu'ils perçoivent des résultats éventuels.

Je crois que, de tous les dons que Dieu nous accorde, le plus puissant est la capacité de choisir. C'est une qualité de grande valeur lorsqu'elle est utilisée avec sagesse. Elle recèle un pouvoir qui nous procure la possibilité d'être victorieux, quelles que soit les circonstances. Elle peut nous rendre vraiment libres. Tout cela vous semblera peut-être une approche irréaliste, mais il n'en est rien. Ce que vous choisissez aujourd'hui détermine ce dont vous jouirez demain. Ce que vous décidez de ne pas choisir, détermine également ce que vous n'aurez jamais dans cette vie.

Ainsi, à la fin de la journée – ou même à la fin de votre vie – peut-être serez-vous une personne moyenne qui jette le blâme sur les autres pour ce qui lui est ou ne lui est pas arrivé. Ou alors vous serez devenu un samouraï compatissant qui se réjouit d'être qui il est, même en face des circonstances difficiles, et qui s'est créé une vie de liberté, pour lui et pour les autres.

Si la liberté est un privilège formidable, pourquoi n'y a-t-il pas plus de samouraïs compatissants qui en font l'expérience?

La réponse est qu'il y a un prix à payer pour toutes choses. Rien n'est gratuit dans la vie. À chaque bienfait correspond un coût, ou quelque chose auquel il faut renoncer. Il y a un prix à payer pour découvrir que vous jouissez de la liberté de choisir (de même qu'il y a une série de conséquences associées au fait de prétendre que vous ne l'avez pas). Des coûts sont liés aux choix que doit faire un samouraï compatissant, et aussi quand on choisit le chemin le plus facile. À West Point, on nous a appris à choisir le bien, qui est toujours plus difficile, au lieu du mal, qui penche du bord de la facilité. Nous avons été formés pour devenir des samouraïs compatissants. Certains voudront sans doute remettre en question l'aspect compassion de cette formation, mais gardons ce sujet pour plus tard, si vous le voulez bien.

Lorsque nous nous dégonflons et que nous ne faisons pas des choix judicieux, nous perdons notre liberté.

Frankl a déjà suggéré que la statue de la Liberté sur la côte est des États-Unis devrait avoir son complément sur la côte ouest : une *statue de la responsabilité*. Sans doute était-ce une façon de dire que la liberté s'acquiert avec les bonnes décisions. Lorsque nous nous dégonflons et que nous ne faisons pas des choix judicieux, nous perdons notre liberté. Quand cela se produit, nous optons à l'évidence pour des bénéfices à court terme, qui entraînent des coûts moins évidents à long terme, plutôt que pour des coûts évidents à court terme, qui comportent des bénéfices à long terme qui ne sont pas très évidents. La véritable nature du samouraï compatissant l'amène à choisir la deuxième option.

Je suis très préoccupé par ce que j'observe dans la société nord-américaine. En fait, c'est ce qui a motivé la rédaction du présent ouvrage. Écoutez les gens se plaindre que leurs enfants ne pourront pas bénéficier des programmes de sécurité sociale. Pourtant, ils se rebutent à l'idée de changer leur style de vie d'aucune manière. Voyez combien les gens apprécient les bienfaits que leur procurent leurs conditions de vie actuelles, mais ne veulent pas penser aux conséquences environnementales qui vont résulter de leurs excès, des conséquences qui vont affecter leurs petits-enfants, au point d'entretenir de sérieux « doutes » quant à la véracité des informations véhiculées sur le réchauffement de la planète et autres questions connexes.

Considérez également ceux qui ont amassé de véritables fortunes dans les scandales de Enron, de Tyco et même d'Arthur Andersen sans se soucier le moins du monde des milliers d'investisseurs qui ont perdu leurs économies de retraite dans le processus, en plus des dommages causés à l'économie du pays et du cynisme à l'égard du monde des affaires que tout cela a engendré. Ce n'est pas nouveau. Des comportements de ce genre ont été observés au cours de l'histoire dans des nations ou des familles qui avaient hérité d'une certaine abondance sans l'avoir vraiment méritée. Une éthique différente et plus élevée est établie lorsqu'une chose est gagnée à la sueur de son front. Quand la vie est suffisamment douloureuse, avancer devient un choix plus évident et facile à faire pour l'individu moyen.

Pour un samouraï compatissant, faire l'expérience de l'inconfort dans l'immédiat n'est rien lorsque cela est contrebalancé par des avantages à long terme. Les samouraïs avaient la réputation de pouvoir supporter la douleur physique, particulièrement les blessures au combat. En dépit de cela, ils souffraient une agonie bien plus atroce s'ils violaient le code d'éthique du guerrier. Quand notre nation a été fondée, 56 braves individus ont apposé leur signature au bas de la Déclaration d'indépendance des États-Unis. En signant ce document, ils savaient qu'ils mettaient en jeu leurs familles, leurs fortunes et leurs vies pour le privilège de poursuivre leur quête de liberté, pour eux-mêmes comme pour les autres. Ces gens étaient, sans l'ombre d'un doute, de véritables samouraïs compatissants. Grâce à leur action courageuse, nous jouissons aujourd'hui de la liberté. Vous vous demandez peut-être s'ils ont payé un prix pour cela. La réponse est un oui assuré!

- Cinq des signataires ont été capturés par les Anglais, ils ont été accusés de trahison et torturés à mort.
- Douze d'entre eux ont vu leur demeure saccagée et incendiée.
- Deux d'entre eux ont perdu un fils à l'armée; un autre a vu deux de ses fils être capturés par l'ennemi.
- Neuf d'entre eux se sont battus et sont morts des blessures ou des difficultés résultant de la guerre pour la révolution.

Ce n'est qu'un petit aperçu du prix élevé que ces hommes ont dû payer. Être un samouraï compatissant ne rend pas nécessairement la vie facile ou confortable. Cela comporte des coûts considérables. Nous avons reçu la liberté en cadeau, mais il nous revient maintenant d'en reconnaître la valeur, sinon nos héritiers risquent de ne pas en profiter. Rappelez-vous : l'excitation du moment crée un certain effet, mais faire preuve de caractère est la seule chose qui assure des résultats durables.

Le véritable choix n'est plus désormais entre la violence et la non-violence; il est plutôt entre la non-violence ou la non-existence.

Martin Luther King, fils, Le rêve américain.
Discours prononcé le 6 juin 1961 à l'université Lincoln, à Oxford, en Pennsylvanie.

La liberté est plus précieuse que l'or et l'argent, et elle exige davantage de discipline pour l'obtenir et la garder. Dans son livre, *The Burden of Freedom (Le fardeau de la liberté),* le Dr Myles Munroe dit que le plus grand ennemi de la liberté est le manque de responsabilité. Il utilise le mot *liberté* en lui donnant le même sens que celui que je lui ai donné précédemment. Il affirme : « Vous êtes où vous vous trouvez en ce moment parce que vous avez inconsciemment choisi d'y être. » Cela veut dire que plusieurs de nos choix sont faits dans notre subconscient. Parlant de l'irresponsabilité, Munroe écrit :

> Le mot *irresponsabilité* signifie entre autres « manquer de conscience » ou « être incapable, refuser de réagir à la conscience ». C'est la conscience qui nous habite en tant qu'êtres humains qui nous permet de distinguer entre le bien et le mal. Lorsqu'une personne foncièrement irresponsable voit cette réalité prendre de l'ampleur dans sa vie, la voix de sa conscience se trouve graduellement réduite au silence. Certaines personnes ont un comportement absolument incroyable, et pourtant, elles n'ont aucun sentiment de culpabilité ni remords au sujet de leur conduite après coup. Des maris font violence à leur femme. Des pères ont un rapport sexuel avec leur propre fille, puis ils se lèvent, prennent une douche, avalent leur déjeuner et vont travailler comme si de rien n'était. La conscience a disparu dans la majorité des sociétés actuelles parce que nous avons hérité d'un esprit d'irresponsabilité.

Si ce que Munroe affirme est vrai – et je crois que ça l'est –, alors il nous est permis d'établir une corrélation directe entre liberté et responsabilité, d'une part, et aliénation et irresponsabilité, d'autre part. N'est-il pas vrai que nombre d'individus se retrouvent en prison parce qu'ils ont fait preuve d'irresponsabilité, et par conséquent, ils ont perdu la jouissance de leur liberté. Si vous roulez à 160 km/h dans une zone scolaire, par exemple, vous risquez fort de perdre votre liberté de conduire une voiture. Ou encore, si en tant qu'avocat, vous trempez dans des affaires louches et que vous êtes radié du barreau, vous perdrez alors tous vos privilèges d'exercer le droit.

La liberté est parfois retirée de manière permanente, à cause d'un comportement irresponsable. Elle est enlevée lorsque les gens moyens refusent d'agir de manière responsable. Si c'est le cas, alors la seule manière de protéger la liberté dans tous les domaines de notre vie est de devenir personnellement responsables de nos actions. Cela signifie que vous et moi devons devenir de véritables samouraïs compatissants. Il est important de comprendre que ce ne sont pas tous les choix, les avantages et les coûts qui sont grandioses. Les gens font des choix tous les jours. Le défi se présente sous la forme de deux séries de circonstances.

1. Lorsqu'il y a des avantages immédiats liés au mauvais choix et que les coûts à long terme demeurent cachés.
2. Lorsqu'il y a des coûts évidents liés au bon choix et que les bénéfices à long terme demeurent cachés.

Durant nos séances de formation chez Klemmer & Associates, il arrive souvent que nous aidions les participants à reconnaître les domaines où ils sont persuadés qu'ils n'ont aucun choix véritable, et que nous les aidions à voir les solutions qu'ils ont vraiment. Cela peut s'avérer un processus très ardu parce qu'ils doivent d'abord renoncer à tous les avantages qu'ils tirent à prétendre qu'ils n'ont vraiment aucune autre option et cesser de se présenter comme victimes des circonstances. Examinons ensemble certains des avantages qu'il y a à adopter le rôle de victime.

1. Cela vous évite de devoir passer à l'action.
2. Les gens vous prennent en pitié et ils vous expriment leur sympathie, ce qui vous aide à vous sentir mieux, désiré, accepté et aimé.
3. Vous n'avez jamais besoin de prendre des décisions pénibles.
4. Vous ne vous sentez pas tenu de faire quelque chose de grand et noble dans la vie. L'événement qui s'est produit est le principal responsable de la condition dans laquelle vous vous trouvez.
5 Pour le reste de votre vie, vous pouvez continuer tout bonnement à croire que la cause de vos échecs est directement attribuable à ce que quelqu'un d'autre vous a fait, alors vous pouvez lui jeter le blâme.

Les gens préfèrent se camper dans un rôle de victime à cause de ces avantages. Lorsqu'ils vivent de cette manière, ils n'ont jamais besoin de se sentir personnellement responsables pour tout ce qui leur est arrivé. Pensez à Oprah Winfrey, qui a subi des sévices sexuels de la part des membres de sa famille à plus d'une reprise durant sa jeunesse. Elle aurait très bien pu suivre le chemin emprunté par un nombre incalculable de gens, qui sont passés par des expériences similaires.

Au lieu de cela, elle s'est servie de ce qui aurait pu l'handicaper à vie pour faire avancer la cause qui lui tenait à cœur : aider les autres à s'en sortir. Croyez-vous que parce qu'elle a choisi de ne pas permettre aux violences sexuelles de l'arrêter, cela signifie qu'elle considère la chose sans importance? Certaines personnes le pensent. Elles croient que parce qu'elle ne partage pas ouvertement sa douleur sur les ondes, elle permet en quelque sorte au violeur d'échapper à la justice. Mais la justice n'est pas en question ici. Le véritable enjeu est celui de vivre une vie de plénitude. Il paraît déjà assez évident qu'un violeur ne vit pas d'une manière qui lui permet de goûter la plénitude personnelle; si c'était le cas, il n'aurait jamais perpétré un crime aussi horrible.

À l'heure qu'il est, étant devenue propriétaire d'une chaîne de télé, Oprah se trouve en bien meilleure posture pour dénoncer les abuseurs d'enfants en Amérique. Si elle avait choisi de se voir comme une victime, elle aurait eu alors bien moins d'influence et de pouvoir pour aider des millions de personnes à redécouvrir la liberté. Le fait de choisir de ne pas se voir comme une victime n'est pas seulement un défi qui vous concerne; il implique aussi tous ceux que vous avez la responsabilité d'aider à se libérer. Toutefois, certains individus préfèrent de beaucoup se faire passer pour des victimes parce que les avantages d'une telle situation sont immédiats.

Le Dr Ben Carson, neurochirurgien de renom, est devenu directeur du Département de neurochirurgie pédiatrique de l'hôpital John Hopkins lorsqu'il n'était âgé que de 33 ans. Il compte parmi les spécialistes les plus compétents au monde dans son domaine d'expertise. Le Dr Carson a atteint la célébrité à cause de son habileté à séparer, grâce à la chirurgie, les bébés siamois, un exploit que plusieurs de ses pairs ont été dans l'impossibilité de réussir. Toutefois, sa vie n'a pas été caractérisée par la réussite lorsqu'il était enfant.

Il est né à Detroit d'une mère célibataire. Celle-ci s'est mariée à l'âge de treize ans, mais lorsque Carson n'avait que huit ans, elle divorce d'avec son mari. Elle occupe alors trois ou quatre emplois afin de pourvoir aux besoins de ses fils. Bien qu'elle n'ait même pas terminé sa troisième année du primaire, elle voulait que Ben et son frère aîné, Curtis, puissent avoir la chance de poursuivre des études, privilège qu'elle n'avait jamais eu. Ben a été souvent raillé par ses camarades de classe, qui l'appelaient *andouille* lorsqu'il ne parvenait pas à répondre à une question en classe. Chaque fois qu'il entendait ce mot, il avait de la peine à maîtriser sa colère. Durant son adolescence, Ben a presque tué un autre garçon parce qu'il parvenait difficilement à contenir sa rage. Cet incident fut un moment décisif pour lui.

Au lieu de devenir une statistique, il a choisi d'exceller dans ses études, en dépit des affronts continuels dont il était l'objet. Ben a commencé à étonner ses camarades de classe par sa maîtrise hors du commun des sujets scientifiques. Plus tard, il a obtenu son diplôme en psychologie de l'université Yale et a reçu son doctorat en médecine de l'université du Michigan. Le Dr Carson aurait facilement pu choisir de devenir une victime des circonstances et jouir des avantages d'une telle situation. Fort heureusement, il a compris ce que tout véritable guerrier sait déjà : il n'y a aucun bénéfice durable, ou qui rende la vie meilleure à long terme, dans le fait de se poser en victime. Un tel choix vous maintient exactement là où vous êtes.

Je ne suis pas votre problème

Personne dans la vie n'est votre problème. Vous direz peut-être : « Ma mère n'a jamais été vraiment là pour me soutenir » ou encore « Mon père me parlait comme si j'étais un bon à rien ». Soit, mais ils ne sont pas votre problème. Votre patron, votre professeur, votre parrain de marketing de réseau, votre sergent de manœuvres, et même vos enfants ne sont pas votre problème. Ce sont là des gens, et non des problèmes. Les seules véritables difficultés qui existent dans la vie sont celles que vous considérez comme telles. Une autre manière de le dire est que les problèmes existent uniquement parce que vous ne les avez pas encore résolus.

Il m'est arrivé d'entendre des mères se plaindre qu'elles avaient eu des enfants trop tôt dans la vie pour justifier le fait qu'elles n'avaient pas pu faire des études poussées ou poursuivre une carrière. Elles mettaient le blâme sur leurs enfants lorsqu'en réalité la famille était une excuse pour ne pas aller de l'avant. Il est intéressant de voir comment les gens choisissent de faire de certaines choses un problème, alors que d'autres utilisent la même situation pour en tirer avantage.

La mère de Ben Carson, Sonya, a utilisé le fait qu'elle avait deux enfants et personne pour l'aider comme motivation pour offrir à ses garçons la meilleure vie possible et un exemple à suivre. Elle n'avait que peu d'instruction, mais elle a fait en sorte que ses fils puissent bénéficier de cet avantage. Sonya a demandé à Ben et à son frère de faire par écrit deux résumés de lecture par semaine, à lui remettre pour qu'elle puisse les lire et commenter. Une fois leur tâche accomplie, ils avaient alors la permission de sortir et d'aller jouer avec leurs amis. Elle ne savait pas très bien lire, et elle n'était même pas en mesure d'évaluer si les résumés étaient judicieux ou non. Mais cela n'avait pas vraiment d'importance. Elle savait que ses enfants n'étaient pas son problème. C'était le père de Carson (lequel avait quitté le foyer familial lorsque Carson avait huit ans) qui était son problème et celui des garçons. Les trois auraient facilement pu utiliser cette situation triste comme prétexte. Mais à quoi cela leur aurait-il servi? À pas grand-chose, en fait. Rappelez-vous, *personne* n'est votre problème. C'est vous qui êtes responsable. Votre destinée est entre *vos* mains. Vous êtes au volant de votre vie. Personne d'autre ne l'est.

Inutile de jeter le blâme sur quiconque

De toutes les habitudes, celle de jeter le blâme sur autrui constitue la plus grande perte de temps, parce que cela s'avère stérile et ne change rien à rien. Le fait de jeter le blâme sur vous-même ou sur quelqu'un d'autre est un gaspillage de temps pour ce qui est de résoudre les problèmes. Sur le moment, il est possible que cela vous aide à vous sentir mieux, mais rien ne va changer dans le processus.

Il y a des années, dans un de ses monologues, le comédien Bill Cosby se moquait des jeunes qui sont enfants uniques et des dilemmes auxquels ils doivent faire face parce qu'ils n'ont ni frères ni sœurs sur qui jeter le blâme. D'une certaine manière, l'humoriste américain soulignait qu'avoir des frères et sœurs encourageait la tendance à blâmer autrui. Il avait sans doute raison, mais une telle situation est loin d'être saine. Je sais, pour avoir élevé des enfants, que jeter le blâme sur ses frères et sœurs diminue la disposition du jeune à reconnaître sa responsabilité pour ses actions. Et étonnamment, ce penchant se manifeste très tôt dans la vie. À titre d'exemple, disons que quelqu'un renverse du lait sur le plancher. Le parent demande : « Qui a fait cela? » Et l'enfant pointe instinctivement vers quelqu'un d'autre, parce qu'il cherche à plaire à ses parents, même si la personne qu'il désigne n'est pas la véritable coupable. L'enfant règle le problème de la pression qui pèse sur lui en fournissant une mauvaise réponse. Une autre manière de réduire le stress est de se persuader qu'être responsable et être blâmé n'ont rien à voir l'un avec l'autre. Nous montrer personnellement responsables, c'est reconnaître les choix que nous avons faits, ce qui est très différent de porter le blâme.

Un samouraï compatissant comprend cela et il n'a pas, par conséquent, d'intérêt ou de temps à perdre à jeter le blâme sur quiconque. Imaginons que j'aie un différend avec ma femme. J'ai fait plus de mille choix conscients qui ont contribué à créer le contexte de ce malentendu : j'ai choisi de l'épouser, de soulever un certain sujet alors qu'elle était fatiguée et que sa pensée était ailleurs, et aussi de m'irriter devant sa réponse. Cela signifie-t-il que je sois fautif dans la dispute. Non! Un samouraï compatissant cherche à distinguer faute et blâme de la responsabilité personnelle, et ainsi, il se montre disposé à assumer la responsabilité pour tout.

Une raison très similaire pour ne pas agir d'une manière responsable est invoquée par de nombreux chrétiens. Je le sais parce que je suis moi-même un chrétien régénéré. Le paradigme *ou bien... ou bien* auquel ils adhèrent (je vais aborder cette question plus en détail au chapitre sur l'abondance) est le suivant : ou bien je suis responsable de ce qui m'arrive, ou bien c'est Dieu qui l'est. Cette « boîte » implique que, si je suis responsable, le fait que Dieu soit tout-puissant est remis en question. Ce raisonnement semble humaniste, c'est pourquoi le croyant fondamentaliste risque de le rejeter d'emblée. Cependant, si j'accepte que Dieu soit tout-puissant, je suis alors une victime parce qu'il m'est impossible d'échapper à la « volonté de Dieu ».

Malheureusement, c'est là où se trouvent nombre de chrétiens. Ils jettent le blâme sur le diable ou sur Dieu, et ainsi, ils n'ont pas à être responsables. À mon humble avis, ce ne sont là que des inepties. Dieu est tout-puissant, et nous sommes responsables. Ce n'est pas l'un ou l'autre mais les deux à la fois. Et c'est exactement ce sur quoi a porté le sujet jusqu'ici. Nous avons toujours une série de choix à faire, et cela n'a rien à voir avec qui a tort, ce qui n'a pas vraiment d'importance.

Les samouraïs compatissants donnent sans rien attendre en retour.

Les gens moyens donnent lorsqu'ils ont un certain avantage à le faire et que cela ne leur en coûte pas trop.

Chapitre trois

LA CONTRIBUTION

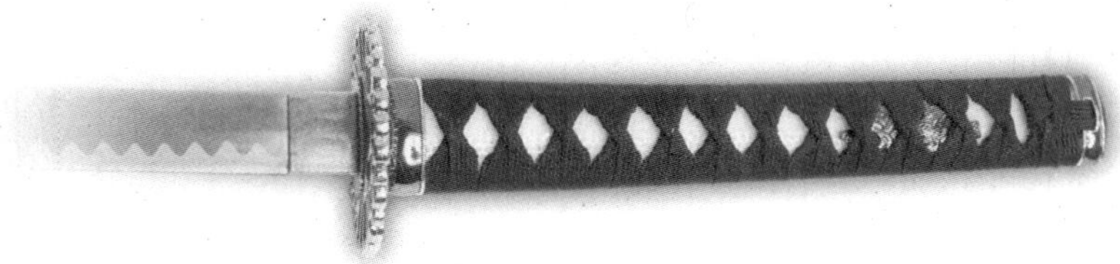

Nous gagnons notre vie avec ce que nous recevons.
Nous nous façonnons une vie par ce que nous donnons.
Winston Churchill

Comment avoir une vue d'ensemble dans la vie? Pour le samouraï compatissant, voir les choses d'un point de vue global conduit toujours à la question : *Comment suis-je appelé à servir telle personne, telle organisation ou tel pays?* En fait, la véritable signification du mot *samouraï* est « servir ». Les gens ont l'habitude de demander : *Oui, mais quel en est l'avantage pour moi?* L'homme d'affaires moyen mène une vie ordinaire; celui qui est exceptionnel réalise de grands profits et se positionne toujours en vainqueur sur le marché où il est actif. Toutefois, les hommes d'affaires qui sont des samouraïs compatissants choisissent, en plus d'être très prospères, de faire une contribution significative à leur communauté, à la société, aux gens avec qui ils travaillent et à ceux qui travaillent pour eux, de même qu'à leurs clients.

Aussi, les samouraïs compatissants donnent à ceux qu'ils ne verront jamais de leur vivant en leur laissant un héritage positif. Non seulement font-ils des contributions, ils *sont*, en fait, un don vivant. De tels individus ont compris que ce qu'ils possèdent n'est pas uniquement pour leur usage exclusif, mais pour le bien-être des autres également. Cela comprend leurs ressources financières, leur temps, leurs talents et la vie elle-même. Où qu'ils soient, les samouraïs compatissants sont toujours à l'affût d'occasions et de moyens de contribuer.

Il arrive que cela soit à leur avantage mais pas toujours. À certains égards, ils ont beaucoup à offrir, et à d'autres, non. Indépendamment des circonstances qui les entourent, leur vie est caractérisée par la générosité. En 1570, durant la guerre pour l'unification du Japon, la bataille d'Anegawa faisait rage. Les armées d'Asakura Yoshikage et de Tokugawa Ieyasu, deux grands daïmios, ou seigneurs de la guerre, avaient engagé le combat, et les soldats d'Asakura se virent encerclés. Pour procurer à Asakura une chance de battre en retraite et de réorganiser son armée, un de ses grands champions, Makara Jurozaemon, lança un défi à l'armée ennemie.

Un champion de l'armée de Tokugawa releva le défi. Makara remporta la victoire et, alors, un autre des champions de Tokugawa le combattit. Cela s'est poursuivi jusqu'à ce que Makara soit finalement défait et décapité. Son fils était resté à ses côtés durant les combats, tandis que le reste de l'armée d'Asakura se retirait. Le fils fut décapité à son tour. Makara a donné sa vie pour sauver l'armée, et son fils a donné la sienne pour soutenir son père. Non seulement ont-ils sauvé l'armée, ils se sont également mérité les honneurs et ils ont laissé un héritage qui demeure vivant aujourd'hui, quatre cents ans plus tard.

Les samouraïs compatissants sont disposés à offrir leur vie pour de grandes causes ou pour les principes qu'ils défendent. Un individu moyen accorde plus de valeur à sa propre vie qu'à toute autre chose; il tient à survivre à n'importe quel prix. Cela n'implique pas pour autant que les samouraïs compatissants soient des martyrs qui donnent sans cesse, jusqu'à ce qu'il ne leur reste plus rien. Certaines personnes adoptent, en effet, un tel point de vue. Elles consacrent tout leur temps à leurs enfants, à leur emploi et à la communauté, mais elles ne prennent jamais de temps pour elles-mêmes. Le résultat est l'épuisement total, et alors, il ne reste plus rien pour personne. Certains individus versent de l'argent à leur Église ou à d'autres causes humanitaires, mais ils n'investissent jamais dans quoi que ce soit pour eux-mêmes. Ainsi, ils n'ont généralement pas de grandes ressources financières à leur disposition pour soutenir telle ou telle cause. Ils sont prêts à tout donner si les circonstances l'exigent, mais les martyrs ont tendance à négliger leur propre personne sous le couvert de sentiments apparemment nobles.

Se donner à soi-même

Parlant de donner, quelle est la différence entre un martyr et un samouraï compatissant? La différence réside dans l'enjeu de la situation. Les samouraïs compatissants prennent soin d'eux-mêmes, tout en gardant une vie axée sur le service. Ils considèrent légitime de contribuer à leur propre bien-être et ils ne se sentent pas vraiment coupables de recevoir. Les martyrs, d'un autre côté, ressentent de la culpabilité lorsqu'ils gagnent quelque chose en retour, et ils sont persuadés qu'une telle réalité compromet en quelque sorte la pureté de leur intention. Être généreux à notre propre égard augmente notre capacité d'aider les autres. En réalité, cela fait partie d'un mode de vie caractérisé par la générosité. Être généreux à notre propre égard n'est pas acceptable, toutefois, si cela se fait au détriment des autres ou en les laissant pour compte.

Lorsque vous donnez tout votre argent, vous vivez comme un pauvre qui n'aura aucune réserve pour assurer sa subsistance, ni celle des autres, durant les temps de disette. Si vous ne vous accordez jamais de temps pour prendre soin de votre corps, vous ne pourrez pas donner de vous-même. N'allez pas croire que cette manière d'agir est égoïste; c'est plutôt une saine appréciation de soi et une manière de déclarer : « J'en suis digne, et les autres aussi. » Les samouraïs compatissants se montrent continuellement généreux, et cela inclut la générosité envers eux-mêmes. Ils apprécient la valeur de la vie et la bénédiction que celle-ci représente.

Six bienfaits liés à la générosité

Pourquoi donner, au juste? Adopter le mode de vie d'un samouraï compatissant signifie contribuer, que cela soit facile ou difficile à faire, que vous le vouliez ou non et que vous y trouviez un intérêt ou des avantages personnels ou non. Une telle situation peut s'avérer problématique. C'est pourquoi je veux faire la preuve qu'il vaut la peine de donner, et ainsi vous serez davantage disposé à relever un tel défi. Donner apporte six bienfaits évidents :

1. Cela nous fait du bien.
2. Quand vous donnez, vous obtenez en retour.
3. Cela favorise une plus grande loyauté.
4. Cela augmente le pouvoir que vous avez.
5. Donner de façon anonyme augmente encore plus votre pouvoir personnel.
6. Cela améliore votre vie spirituelle.

Le premier bienfait associé au don est que cela fait tout simplement du bien – et il n'y a rien de mal à se sentir bien. Même si ce n'est pas assuré à tous coups, en général, c'est ce qui arrive. Donner revient moins cher que consommer de la drogue, et cela n'a rien d'illégal. Avez-vous déjà reçu la visite d'une fillette qui vendait du chocolat pour les scouts et guides? Faites l'expérience de lui donner cent dollars pour une boîte complète la prochaine fois, et vous vous surprendrez à sourire toute la journée. Voici une chose que j'ai apprise de Bob Harrison, une personne que je considère comme un samouraï compatissant (www.increase.org) : comme lui, je garde toujours un billet de cent dollars sur moi, au cas où, et dès que l'occasion me semble favorable, je donne cet argent à quelqu'un. La joie de vivre se trouve dans le geste de donner.

Le deuxième bienfait associé au don est que vous recevez en retour. C'est une loi – mais qui n'a jamais été votée au Parlement;

elle est plutôt comme la loi de la gravité. Il est impossible de ne pas tirer de bénéfices à donner. Les fermiers savent cela par expérience. Ils déposent en terre des semences et s'attendent à récolter. Certaines entreprises offrent gratuitement la livraison et s'attirent ainsi la clientèle. La société Nordstrom est célèbre pour la qualité de son service : le personnel de vente accompagne les clients partout dans le magasin pour les aider à trouver exactement ce qu'ils désirent et ils bénéficient d'un traitement exceptionnel. Starbucks s'est acquis également une réputation d'excellence à cause de la qualité exceptionnelle de son service. On y enseigne aux partenaires (employés) à mémoriser le nom des clients habituels et leur boisson préférée.

Certaines personnes sont confuses à l'idée de donner. Elles s'attendent à ce que le donataire leur offre quelque chose en retour. Ce n'est pas toujours le cas. La récompense pourrait venir d'une autre personne ou d'un autre endroit. L'individu moyen qui se sent exploité par l'entreprise qui l'engage aura tendance à se relâcher dans son travail et à se dire : *Je ne suis pas payé pour gérer cette douleur.* Un samouraï compatissant continuera plutôt à offrir le meilleur de lui-même, sachant qu'une telle attitude lui procurera éventuellement l'occasion de trouver une autre entreprise, qui lui offrira de meilleures conditions de travail et un salaire plus élevé. Les gens versent des contributions aux politiciens en se disant qu'ils se méritent ainsi certaines faveurs. (Une telle démarche ressemble davantage à un échange qu'à un véritable don. Vous offrez des ressources financières en échange de quelque chose que vous attendez en retour.)

Le troisième bienfait associé au fait de donner est la loyauté. Si, par exemple, en tant que superviseur, vous offrez à vos subalternes des perspectives d'avenir, une sécurité, l'occasion d'être formés, et ainsi de suite, les chances sont fortes qu'ils vous démontrent une réelle loyauté. Lorsque vous apportez votre soutien à quelqu'un, cette personne aura le sentiment qu'elle vous doit quelque chose, et cette chose s'appelle habituellement la « loyauté ».

Le quatrième bienfait rattaché au geste de donner est le pouvoir qu'il procure. Et c'est encore plus vrai quand le don est fait de façon anonyme. Lorsque les gens apprendront que vous êtes le donateur, vous en tirerez une certaine reconnaissance. Pour un examen intéressant de ce concept, je vous invite à lire *The Magnificent Obsession,* par Lloyd C. Douglas, ou encore à regarder le film du même nom, mettant en vedette Rock Hudson et Jane Wyman.

> Les hommes et les femmes révèlent le pouvoir qu'ils ont, non pas tant par ce qu'ils amassent, mais par ce qu'ils donnent.

Lorsque vous donnez sans que personne ne le sache, quelque chose de surnaturel se produit alors : vous jouissez d'un pouvoir et d'une influence inexplicables. Les hommes et les femmes révèlent le pouvoir qu'ils ont, non pas tant par ce qu'ils amassent, mais par ce qu ils donnent. Contribuer sert nos intérêts, en réalité, mais le geste va presque à l'encontre de notre intuition. Nous avons grandi, pour la plupart, avec l'idée que nous vivons dans un monde où règne la loi de la jungle et que si nous ne pensons pas à nous-mêmes, personne d'autre ne le fera. Un tel concept est une philosophie à courte vue. Plus j'aurai tendance à penser à moi d'abord, et plus les autres autour de moi seront portés à faire de même; je finirai alors par vivre dans un monde très compétitif, au lieu d'un monde où la coopération apporte à chacun des possibilités additionnelles.

Le sixième bienfait est de nature spirituelle. Pensez aux gens que vous connaissez qui appartiennent à l'une ou l'autre des principales confessions de foi et que vous considérez comme des personnes spirituelles. Ce sont des gens généreux, n'est-ce pas? Par leur comportement, ils rejettent l'esprit de ce monde (*mammon*) et ils témoignent de l'Esprit de Dieu. C'est la raison pour laquelle le geste de donner constitue une habitude si formidable. Sur le plan émotionnel, chaque fois que vous donnez dix pour cent de tout ce que vous gagnez, vous affirmez haut et fort que ce n'est pas l'argent qui domine votre vie.

Lorsque vous contribuez au soutien des gens de qui vous recevez votre nourriture spirituelle, vous affirmez alors, ce faisant, combien cela est important pour vous. Les gens moyens sont obnubilés par la peur de manquer du nécessaire. Comme ils sont persuadés que tout dépend d'eux dans leur vie, ils craignent que donner ne leur enlève quelque chose. Même si vous n'adhérez pas personnellement au principe spirituel de donner, faire le geste peut quand même permettre d'améliorer votre situation économique. De tels bienfaits sont accessibles à quiconque pratique la générosité.

Voici quelle est la différence fondamentale entre les gens moyens et les samouraïs compatissants : les gens moyens ne donnent pas beaucoup. Et lorsque qu'il leur arrive de contribuer, ils sont motivés par l'un des six bénéfices mentionnés précédemment. Les samouraïs compatissants, par ailleurs, se préoccupent d'autrui *en priorité, au lieu de penser d'abord à eux-mêmes*. Ils croient que c'est une bonne chose de donner, et que la valeur du geste est augmentée lorsqu'il est accompli gratuitement. Les samouraïs compatissants sont souvent une source de bénédiction pour les autres, et ils n'attendent rien en échange.

Il n'y a rien de mal à donner et à s'attendre à obtenir quelque chose en retour. C'est la loi des semences et de la récolte, tout simplement. Mais donner sans se préoccuper de savoir d'où viendra la récolte est un principe encore meilleur. C'est en quelque sorte le concept de l'*agapè* (l'amour inconditionnel). Dieu nous bénit chacun de manière inconditionnelle, que nous lui donnions en retour notre amour ou non. Le défi, ici, est de réfléchir à notre contribution à un tout autre niveau. Il est facile de faire plus pour le client qui vous donne le plus. Après tout, une main donne mais l'autre reçoit, non? L'individu moyen a tendance à chercher son intérêt personnel en premier. Il n'a pas envie de donner s'il ne reçoit pas aussi.

Les samouraïs compatissants savent qu'ils vont en définitive obtenir quelque chose en retour, mais ce n'est pas pour cette raison qu'ils donnent. Ils considèrent que c'est un honneur et un privilège pour eux de servir les autres. C'est là leur véritable raison d'être. Ils reconnaissent les liens qui unissent tous les êtres humains et ils sont prêts à faire une différence dans la vie des autres. Ils ont compris que leur être physique n'est pas ce qui les définit, ultimement. En conséquence, ils se montrent intéressés à voir les choses d'un point de vue qui englobe l'ensemble de l'humanité.

Donnez aux autres ce qu'ils désirent, non ce que vous voulez leur donner

Lorsque les gens moyens pensent à donner aux autres, ils cachent à la vue toutes les choses qu'ils tiennent absolument à garder, ce qui leur permet alors d'offrir ce qu'ils sont disposés à donner et ont en grande quantité. Ce que nous pensons être le meilleur à donner ne l'est pas toujours aux yeux de ceux qui le reçoivent. Donner signifie offrir aux autres ce qu'ils demandent et estiment avoir besoin, et non ce que nous croyons qu'ils ont besoin. L'être humain est porté naturellement à donner ce qu'il croit que les autres ont besoin, plutôt que ce qu'ils demandent.

À certains égards, donner peut s'avérer un exercice plein d'arrogance. Notre ego nous communique régulièrement qu'il sait vraiment ce dont les autres ont besoin. La meilleure manière de découvrir les besoins réels d'une personne, d'une communauté ou d'une Église est de le leur demander! Souvent, ce n'est pas plus compliqué que cela. Durant les ateliers de formation que j'anime, j'ai entendu des maris en grand nombre dire combien ils travaillaient fort pour offrir à leur famille une belle maison, des vêtements griffés et un certain niveau de vie. Mais lorsque vous écoutez ensuite les commentaires des épouses, vous constatez qu'elles se contenteraient avec joie d'une maison plus modeste et de vacances moins longues si elles voyaient leur mari assister plus souvent aux joutes et aux concerts de leurs enfants.

Nombreuses sont les épouses qui sont des mamans et des ménagères accomplies, et pourtant, leur mari préférerait largement trouver une maison en désordre ou un repas commandé à l'extérieur en rentrant du travail si leur femme avait davantage d'énergie pour un peu d'intimité à la fin de la journée. Je ne suis pas en train de définir des stéréotypes ici. Mon point est qu'il arrive souvent que nous donnions aux autres ce que nous pensons qu'ils ont besoin sans jamais leur demander ce qu'ils voudraient vraiment.

Parfois, au travail, nous consacrons beaucoup de temps aux tâches que nous préférons, bien que cela n'augmente en rien la valeur de l'entreprise. Tout ce dur labeur ne sert à rien parce que ce n'est pas ce qui est exigé de nous. Vous êtes-vous déjà informé auprès de votre patronne pour savoir ce qu'elle attend de vous? Quand était-ce la dernière fois où vous avez demandé à votre partenaire de vie ou à votre enfant ce qu'ils aimeraient que vous fassiez pour eux? Une fois, mon fils Kelly et moi étions en vacances ensemble à Hawaii, et j'avais planifié des voyages de pêche et toutes sortes d'autres activités. Puis je me suis arrêté un moment, et j'ai pratiqué l'art du samouraï compatissant en lui demandant tout simplement ce qu'il avait envie de faire pour s'amuser.

Kelly m'a répondu que ce qu'il avait vraiment envie de faire était de visionner des films d'action que sa maman n'appréciait pas le voir regarder d'habitude, c'est pourquoi j'ai décidé que ce serait très à propos pour une de nos journées de vacances. Ainsi, durant les neuf heures qui ont suivi, nous avons regardé plusieurs films d'action, l'un à la suite de l'autre. Nous avons commandé de la pizza et n'avons pas quitté notre chambre d'hôtel. À ce jour, ce moment est pour nous deux l'un de nos meilleurs souvenirs. Kelly avait envie de passer du temps avec moi d'une certaine manière. Il ne voulait pas que je lui donne mon avis ou que je lui dise ce que je trouverais amusant à faire. Non seulement ai-je passé un moment formidable avec mon fils, mais après cette journée, quelque chose avait changé dans sa manière de m'écouter.

Il arrive parfois que les gens vous demandent de faire quelque chose que vous n'aimez pas ou que vous trouvez désagréable. Il y a trente ans, j'ai assisté à une rencontre pour hommes, animée par Tom Whilhite, mon mentor. J'ai même eu le privilège de l'aider dans la conception de certains éléments du programme. Au cours d'un des segments dont je n'étais pas l'artisan, il nous a fait combler des trous sur son ranch durant plusieurs jours. Nous avions tous déboursé une somme de 7500 $ pour assister à cet événement, c'est pourquoi vous pouvez imaginer quelles ont été certaines des réactions. De plus, nous savions qu'à la première pluie, les nids-de-poule que nous avions travaillé si fort pour remplir allaient simplement réapparaître. De notre point de vue, la route avait simplement besoin d'être asphaltée, et pas simplement comblée avec de la terre. Cependant, ce que nous désirions et l'avis que nous avions sur le sujet n'avaient pas vraiment d'importance. Ce qui comptait pour moi était de servir mon mentor et de lui donner ce qu'il souhaitait, que je comprenne sa logique ou non.

Il m'a fallu un bon moment avant de comprendre que servir signifie donner aux autres ce qu'ils veulent et non ce que j'aimerais leur offrir. Cette leçon m'a beaucoup aidé au fil des ans et elle est la marque du samouraï compatissant. Il n'est même pas nécessaire que vous compreniez la valeur ou le sens de ce que vous faites. Ce que vous avez besoin de savoir est ce qui compte vraiment pour l'autre personne, car c'est ce que veut dire contribuer. Développez l'habitude de demander à votre patron ce qu'il attend vraiment de vous, et faites-le aussi avec vos enfants, votre partenaire de vie, ou même avec un parfait étranger.

Vous découvrirez que certaines personnes ne savent pas vraiment ce qu'elles veulent. Certaines auront un réel embarras à vous répondre. D'autres accueilleront vos questions avec suspicion, concluant que vous avez probablement l'intention de profiter d'elles. Les samouraïs compatissants sont experts dans l'art de converser d'une manière qui aide les gens à s'ouvrir et à dire ce qu'ils désirent. Le statut d'expert dans ce domaine ne vient pas du jour au lendemain; il requiert beaucoup de pratique. C'est pourquoi je vous invite à commencer dès à présent à interroger ceux qui vous entourent.

Les raisons pour lesquelles les gens ne donnent pas

Il y a cinq raisons principales pour lesquelles les gens ne donnent pas :

1. Ils croient qu'ils n'ont pas assez de ressources.
2. Ils sont égocentriques.
3. Ils pensent que les autres ne méritent pas qu'on leur donne.
4. Ils croient qu'ils ont déjà suffisamment donné.
5. Leur ego leur dit que donner est quelque chose d'inférieur.

Une mentalité caractérisée par l'ambivalence

Une chose qui nous empêche souvent de devenir des contributeurs et des gens significatifs à long terme est ce que mon bon ami Bob, « Doctor Increase » (Docteur Augmentation), appelle une attitude « ambivalente » (*ou bien... ou bien*). C'est une mentalité entièrement enracinée dans la peur de manquer de quelque chose. Cette maladie affecte l'homme ou la femme ordinaires, et c'est dans le domaine des finances que son effet est le plus évident. Beaucoup de gens ont été conditionnés ou programmés à croire que l'on peut être spirituel ou avoir de l'argent, mais pas les deux à la fois. Une autre croyance du même ordre concernant les finances affirme que l'on peut être fortuné ou avoir des valeurs, avoir de l'argent ou un « cœur compatissant », mais pas les deux à la fois.

En résumé, selon ce préjugé, seulement une certaine somme d'argent serait disponible, ce qui fait en sorte que chacun peut prendre soin de lui-même ou prendre soin des autres, mais pas les deux à la fois. Ceux qui adhèrent à ce point de vue vous diront :

« J'ai le choix entre réussir ma carrière ou prendre soin de ma famille, mais pas les deux à la fois ». Ou bien vous avez raison, ou c'est moi qui ai raison, mais il est clair que l'un de nous a tort. Il y a du temps pour faire ceci ou du temps pour faire cela, mais il n'y en a pas assez pour les deux. Les gens qui ont peur de manquer de quelque chose croient qu'il faut choisir clairement entre telle ou telle option, car il n'y a pas assez de ressources pour les deux possibilités.

Un samouraï compatissant sait qu'il a tout ce dont il a besoin. Bien qu'il ne soit pas la Source, il est néanmoins « connecté » à elle, et son action repose sur la certitude qu'il y a suffisamment de tout ce qui lui est nécessaire.

Selon ce point de vue étriqué, il n'y a pas assez d'argent, d'amour, de temps, d'hommes et de femmes de qualité, d'occasions favorables, de candidats potentiels, de clients ou de quoi que ce soit d'autre. Cela s'appuie généralement sur la conviction que la personne n'a pas ce qu'il faut. Un samouraï compatissant sait qu'il a tout ce dont il a besoin. Bien qu'il ne soit pas la Source, il est néanmoins « connecté » à elle – à Dieu –, et son action repose sur la certitude qu'il y a suffisamment de tout ce qui lui est nécessaire. (Ce principe sera abordé plus loin, dans le chapitre sur l'abondance.) C'est la raison pour laquelle il exerce toujours un attrait sur les gens, et que les ressources et les occasions favorables dont il a besoin se présentent à lui.

La plupart des gens croient que plus ils donneront, moins ils auront pour eux-mêmes. Ceux qui ont cette perspective voient la vie comme une tarte, séparée en un nombre déterminé de pointes. Chaque portion de la tarte qui est offerte à quelqu'un signifie qu'il restera moins de tarte à consommer au bout du compte. Certains jeux fonctionnent ainsi. Servir les autres, par ailleurs, a quelque chose d'infini. Il y a un nombre illimité de manières de donner et d'apporter une contribution. Un deuxième enjeu important à l'origine de l'ambivalence suscitée par la peur de manquer de quelque chose est l'égocentrisme. La source du problème vient de notre vision de la réalité et de notre perception de nous-mêmes.

Ces questions sont examinées soigneusement au cours de nos formations et encore plus en détail dans mes ouvrages *If how-to's were enough, we would all be skinny, rich & happy!*, et *When Good Intentions Run Smack into Reality*. Le problème commence avec l'idée que l'on se fait que nos yeux, nos oreilles et nos cinq sens définissent la réalité. Je regarde mon corps et il porte les signes distinctifs de la masculinité; celui de ma femme porte ceux de la féminité. Je semble être d'un caractère plutôt entreprenant alors qu'elle paraît plus timide. Il est possible que mon esprit vagabonde, mais on dirait qu'en ce moment son corps est en Californie, alors que le mien se trouve en Australie.

En apparence, nous sommes deux êtres distincts; alors nous commençons à croire que nous sommes ce que notre être physique nous suggère. Mais voilà plutôt la vérité : vous n'êtes pas votre corps, vous avez un corps – et cela fait une *énorme* différence. L'individu moyen pense qu'il est essentiellement un être fait de chair et d'os, et il tend à devenir égocentrique en prenant soin de son corps. Lorsque vous comprenez que vous avez une forme terrestre et qu'ici-bas vous ne pouvez voir que vous êtes « connecté » aux autres, vous vous centrez alors sur le service. Lorsque des chefs d'entreprise font appel à nous pour former leur personnel et amener les employés à travailler en équipe, ils croient souvent que nous allons susciter une expérience de connexion intime, comme celle qui s'établit durant la descente d'une rivière.

Il n'y a pas de mal à cela. Toutefois, si le travail d'équipe repose sur ce genre de chimie entre personnes, alors, lorsque les visages changent, le lien est rompu. En affaires, les joueurs changent constamment, c'est pourquoi nous ne pouvons utiliser cela comme norme. Lorsque les gens changent de paradigme cependant, ils peuvent se « connecter » à tous les membres de l'équipe si différents qu'ils soient.

La troisième raison qui empêche les gens de donner beaucoup est le fait qu'ils sont persuadés que les autres ne méritent pas de recevoir un tel don. Cette conception des choses repose sur l'idée qu'il y aurait un équilibre que nous devons nous efforcer de maintenir, comme le balancier de la justice. Mais le samouraï compatissant n'est pas d'abord préoccupé par la justice mais par la miséricorde. La justice ici serait que chacun reçoive ce qu'il mérite, mais la miséricorde permet plutôt de recevoir même si vous ne l'avez pas mérité.

La quatrième raison qui empêche les gens de donner est qu'ils ont l'impression d'avoir été suffisamment prodigues. Ce raisonnement est fondé sur l'idée qu'une certaine quantité suffit ou qu'ils sont incapables d'aller au-delà d'un certain point. C'est comme atteindre un quota mensuel ou annuel. Le samouraï compatissant sait que les besoins sont infinis, et parce qu'il sait qu'il n'est pas la Source, il jouit d'une somme infinie à donner.

Personne n'est jamais trop bon pour s'investir

Les samouraïs compatissants s'investissent de toutes sortes de manières que leur fournit l'occasion de donner : ils sont davantage intéressés à donner ce qui est attendu d'eux qu'à protéger leur image. Ils ne se laissent pas dominer par leur ego, et leur être est tout entier consacré au service. Ils comprennent plus que quiconque que s'ils occupent une position enviable dans la vie, c'est justement pour avoir l'occasion de servir les autres. Les sociétés Microsoft, Wal-Mart, Home Depot et Sears sont toutes devenues des acteurs importants sur le marché parce qu'elles se sont démarquées par leur attitude de service. C'est l'une des raisons pour lesquelles ces entreprises sont des géants dans leur domaine.

Au-delà du gain financier, plusieurs de ces guerriers en affaires ont compris qu'ils devaient eux aussi mettre l'accent sur le service

– même sur le plan personnel. C'est la raison pour laquelle certains individus qui ont atteint une réussite phénoménale se consacrent désormais à des projets humanitaires. Ils ne se contentent pas de donner de leurs ressources financières; ils y mettent aussi beaucoup de temps et tout leur cœur. Si vous êtes pdg d'une grande société et samouraï compatissant, ce n'est rien pour vous d'assurer la direction de l'entreprise durant la semaine, puis d'aider à nettoyer un quartier défavorisé du centre-ville durant la fin de semaine.

Bill Gates consacre son temps à aider les enfants africains dans la lutte contre le sida, qui détruit leur communauté. L'ancien président des États-Unis, Jimmy Carter, fait la même chose en aidant les enfants malades des villages africains à retrouver l'espérance. Oprah Winfrey est la « mère » de plus de cinquante mille enfants d'Afrique du Sud, assurant la construction d'écoles, d'hôpitaux et d'habitations pour les familles défavorisées. Le chanteur rock, Bono, qui s'est mérité plusieurs *Grammy Awards,* a choisi de consacrer le reste de sa vie à l'aide humanitaire. Aucune tâche n'est indigne pour ces personnes. En fait, c'est plutôt un honneur pour elles de servir ainsi les autres. C'est là un trait magnifique du samouraï compatissant.

Une fois, Tom, mon mentor, avait organisé une formation, et Bob, propriétaire d'une grande chaîne de restaurants, s'était porté volontaire pour l'assister dans différentes tâches. Tom a mentionné le fait que la poubelle avait besoin d'être vidée. Bob s'est immédiatement mis au boulot et a lavé la poubelle en plus! Tom s'est moqué de Bob par la suite en disant que s'il ne l'avait pas arrêté, celui-ci aurait sans doute peint la poubelle de couleur or. Bob ne se préoccupait pas de son ego, et vider la poubelle n'était certainement pas une tâche de subalterne pour lui. Il a vu un besoin et il s'en est occupé, en adoptant la même attitude d'excellence qui le caractérise dans les autres domaines de la vie. Voilà ce qu'est un esprit de service : répondre à ce que l'autre demande plutôt que d'offrir ce que l'on veut.

Offrir ce dont vous avez le moins

Les samouraïs compatissants manifestent leur pouvoir par ce qu'ils donnent, non par ce qu'ils accumulent. Ils ne donnent pas seulement ce qu'ils ont en abondance, mais aussi ce dont ils ont le moins. Les gens moyens donnent ce qu'ils ont en grande quantité. Ceux qui n'ont pas beaucoup d'argent disent parfois : « Je vais offrir mon temps ou mes talents », ce qui leur sert d'excuse pour ne pas donner d'argent. Ils sont paralysés à l'idée de manquer de quelque chose. Si vous avez de la difficulté à répondre au besoin qui se présente, il y a encore plus de raisons de donner dans ce domaine. Voyez cela comme s'il s'agissait d'haltères que vous utilisez pour vous entraîner : plus vous vous exercerez à ce qui exige un réel effort, et plus vos muscles se développeront dans ce domaine précis. Vous augmenterez ainsi votre capacité de donner.

Donner transforme le bienfaiteur autant que la personne qui reçoit le don.

Comment obtenir plus de ce que vous voulez? Il vous suffit de semer la même denrée. Si vous êtes pressé par le temps, alors offrez une partie de votre journée. Certaines personnes qui ont atteint la réussite financière semblent avoir très peu de temps à consacrer à des causes humanitaires. En conséquence, elles ont tendance à éviter ces types de service qui exigent un engagement personnel et elles envoient un chèque à la place. Toutefois, cela n'atteint pas la pleine mesure de ce qu'elles sont capables de donner. Elles doivent offrir ce dont elles ont le moins, en plus de ce qu'elles ont en abondance. Donner transforme le bienfaiteur autant que la personne qui reçoit le don.

Si vous avez un cœur endurci, alors donnez un peu de votre cœur. Vous rendre accessible aux autres, vous montrer vulnérable et tendre la main de l'amitié sont des dons extrêmement puissants. Parfois, accepter de recevoir est le plus beau présent que vous puissiez faire. Cela exige une certaine ouverture d'esprit, ce qui n'est pas toujours le cas avec le don traditionnel. Lorsque mon père accepte l'aide que je lui offre, c'est la chose la plus formidable qu'il puisse faire pour moi. Il n'a besoin de rien, mais le fait de me permettre de lui donner m'apporte beaucoup. Il a fait tant de choses pour moi au cours des ans que je n'ai aujourd'hui qu'un seul désir, celui de lui manifester mon amour en retour. Certains parents considèrent le fait de recevoir comme un signe de faiblesse, c'est pourquoi ils ne permettent pas à leurs enfants de leur donner quoi que ce soit – et cela est bien dommage.

Donner plus pour aller plus haut

Chaque classe sociale se trouve devant le défi de donner de manière différente. En général, je dirais que la classe moyenne se situe dans une zone de confort. La médiocrité résulte de préoccupations égocentriques. Si nous n'aspirons pas à faire plus parce que nous jouissons d'un certain confort, c'est le signe que nous nous préoccupons davantage de notre propre condition que de celle des autres. Notre bien-être a alors préséance sur notre capacité de contribuer. Si vous voyez un enfant affamé, mais que vous êtes incapable de lui fournir de la nourriture, tout ce que vous pouvez faire alors est de le prendre en pitié. C'est ainsi que sont l'homme ou la femme ordinaires.

Les samouraïs compatissants augmentent sans cesse leur capacité de donner, de manière à pouvoir faire davantage. Sans doute avez-vous déjà entendu ce qui suit : « Mais puisque tu es tiède, puisque tu n'es ni froid ni bouillant, je vais te vomir de ma bouche. » Il semble que Dieu veut que nous soyons bouillants plutôt que médiocres ou simplement indifférents. Dans le livre *Why We Want You to Be Rich,* Robert Kiyosaki et Donald Trump traitent en profondeur de la crise majeure qui menace d'atteindre la classe moyenne américaine au cours de la prochaine décennie.

Ils soutiennent que la situation risque d'évoluer de manière à ce qu'il n'y ait plus que deux classes sociales : les pauvres et les riches. Ils mentionnent aussi que le fait de se trouver dans l'un ou l'autre de ces deux camps est une question de choix personnel. La décision vous appartient d'améliorer vos connaissances dans le domaine financier, ou de simplement demeurer dans l'ignorance. Les pauvres le demeureront inéluctablement, à moins qu'ils ne prennent conscience du potentiel que Dieu leur a donné et qu'ils comprennent qu'ils ne sont pas tenus de demeurer dans l'indigence; cela n'a rien de noble sur le plan spirituel. Les riches sont déjà prospères parce qu'ils ont mis en pratique et maîtrisé le savoir qui assure la prospérité. Ils comprennent les lois qui régissent l'abondance et comment utiliser leur créativité pour accumuler une certaine richesse.

Les samouraïs compatissants utilisent l'argent comme un véhicule qui leur permet de contribuer et de faire une différence. Les ressources financières leur apportent un certain bien-être dans leur vie, mais elles ne sont qu'un moyen en vue d'une fin. Certaines personnes sont trop attachées à leur fortune parce qu'elles y trouvent leur sécurité. D'autres ont la même attitude parce qu'elles ont peur de redevenir pauvres. D'autres encore sont persuadées qu'en accumuler toujours plus constitue le secret de la richesse.

Un bon leader trouve toujours quelqu'un de meilleur que lui pour le remplacer.

Cela ne veut pas dire pour autant que les gens de la classe moyenne ne donnent pas. Voici des statistiques intéressantes parues dans le U.S. Annual Report pour l'année 2000 (ces rapports paraissent tous les dix ans) : deux cents milliards de dollars au total ont été donnés à des organisations humanitaires. De cette somme, cinq pour cent provenaient de grandes sociétés, sept pour cent de fondations et quatre-vingt-huit pour cent d'individus. Parmi les sommes reçues de la part d'individus, soixante-quinze pour cent provenaient de gens gagnant moins de 150 000 $ par an.

Parfois, il faut lâcher prise pour voir grandir une organisation. À certains moments, pour progresser comme gestionnaire, il faut s'éloigner des projecteurs pour permettre à quelqu'un d'autre de jouir de la notoriété. Donner ne veut pas dire perdre quelque chose, bien que ce soit ainsi que les gens moyens interprètent ce geste. Un bon leader trouve toujours quelqu'un de meilleur que lui pour le remplacer. Une des choses que les bons leaders transmettent aux autres est leur savoir-faire et leur expérience. Les gens moyens gardent jalousement pour eux leurs connaissances et les informations qu'ils possèdent, ce qui fait qu'ils sont les seuls à savoir comment faire les choses, et c'est la raison pour laquelle ils finissent par perdre leur emploi.

Les samouraïs compatissants transforment leur vision en réalité.

Les gens moyens adaptent leur vision à la réalité.

Chapitre quatre

LA CONCENTRATION

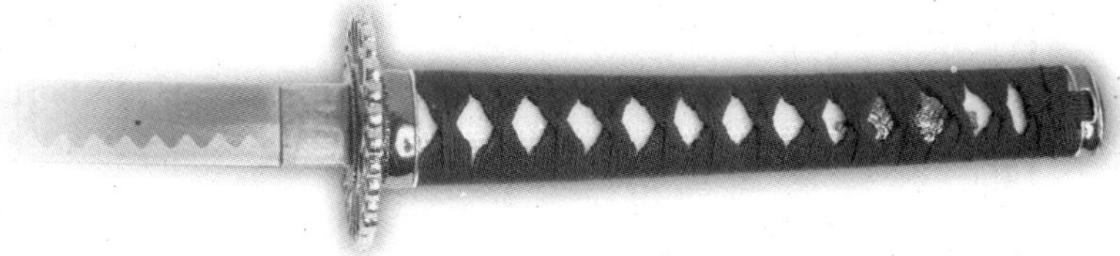

Dites-moi sur quoi vous fixez votre attention,
et je vous dirai qui vous êtes.
José Ortega y Gasset

Être concentré se définit comme la capacité de fixer son attention, d'orienter ses efforts ou son activité dans une direction déterminée ou un objectif quelconque sans se laisser distraire. Le samouraï compatissant choisit de fixer son attention sur quelque chose et de maintenir un haut niveau de concentration. Les gens moyens ne prennent jamais une telle initiative et ils sont incapables de demeurer concentrés sur quoi que ce soit de manière durable. Fixer son attention est un levier extraordinaire, capable de produire des résultats extraordinaires avec des moyens aussi modestes qu'un peu de talent, des petites quantités de temps disponible et un minimum de ressources. La concentration est ce qui donne la force au levier : elle est sans l'ombre d'un doute la qualité qui fait de quiconque un véritable samouraï compatissant. Elle est également le facteur déterminant pour savoir s'il atteindra la grandeur ou non.

La concentration augmente les capacités d'un individu, comme la loupe le fait avec les rayons du soleil. La même quantité d'énergie est présente avec ou sans la lentille. Mais lorsque cette énergie passe à travers le verre grossissant, elle produit une flamme. Un rayon laser peut couper une plaque d'acier d'une épaisseur de 15 cm en utilisant la même quantité d'énergie qu'il en faut pour faire fonctionner une ampoule de 75 W. La différence est dans la concentration.

Dans mon ouvrage précédent, *If how-to's were enough, we would all be skinny, rich & happy!,* j'ai proposé l'idée qu'il y a trois dimensions à l'être humain : d'abord celle de la pensée – la tête, puis celle du subconscient – le cœur, et enfin celle de l'infini – que je nomme Dieu. C'est dans la pensée que se prennent les décisions et se font les choix, et où réside, par conséquent, le pouvoir de concentration. Il est important que le verre grossissant (votre pensée consciente) ne sombre pas dans la confusion au point de commettre l'erreur de croire qu'il est le soleil (Dieu). Les samouraïs compatissants demeurent humbles, bien qu'ils accomplissent de grandes choses, parce qu'ils ont compris qu'ils ne sont que de modestes loupes.

Les gens moyens échouent d'habitude aux trois défis suivants liés à la concentration :

1. Ils ne sont pas concentrés parce qu'ils en sont incapables ou ils ne le veulent tout simplement pas.
2. Ils fixent leur attention sur des choses qui font d'eux des gens inefficaces.
3. Ils sont concentrés, mais ils demeurent inconscients de ce qui les entoure.

Parlons d'abord de l'incapacité ou de la réticence à fixer son attention sur quelque chose de manière durable. La vie est pleine de distractions, et rares sont les individus capables de se concentrer réellement. Demandez à un groupe de gens de décrire leur raison d'être et ils vont alors se mettre à bégayer, à balbutier et à répondre qu'ils n'en ont aucune idée. Leur vie est caractérisée par un flou total. Demandez à la plupart des gens, au déjeuner, quelles sont leurs trois priorités pour la journée et il y a de fortes chances qu'ils ne puissent pas vous répondre. Ces individus vont simplement travailler fort et composer avec ce qui se présente – quelle que soit la chose en question. Ils manquent de concentration. Interrogez maris et femmes pour connaître la raison fondamentale de leur union et vous risquez de n'obtenir pour toute réponse que des regards éberlués.

La raison pour laquelle les gens moyens n'apprennent jamais à fixer leur attention sur certaines priorités est qu'ils vivent sous la fausse impression que cela exigera énormément d'effort et qu'ils se sentiront sous pression d'une certaine manière. Nombreux sont ceux, en fait, qui sont concentrés mais très tendus, *ou encore,* qui ne sont pas concentrés du tout, et ne cherchent qu'à s'amuser. Cet état de fait est attribuable à la peur de manquer de quelque chose, dont nous avons parlé au chapitre précédent. Les samouraïs compatissants sont davantage capables de prendre de sages décisions, de réfléchir plus clairement et d'avoir du plaisir lorsqu'ils sont concentrés *et* détendus.

Comme je l'ai mentionné précédemment, Tom, mon mentor, avait organisé, il y a plusieurs années, une formation de dix jours sur son ranch, comportant une série d'ateliers réservés à la gent masculine. Environ une quarantaine d'hommes provenant de tous les milieux se sont inscrits à cet événement. Certains participants étaient vus comme ayant connu un succès phénoménal dans le sens mondain du terme, et d'autres non, mais ils ont tous déboursé la somme de 7500 $ pour participer aux ateliers. À un certain moment durant sa présentation, et sans donner aucune explication, Tom nous a demandé de sortir cent dollars de notre portefeuille. Bien que je ne voyais pas où il voulait en venir, je savais qu'il allait nous enseigner une précieuse leçon – parce que c'était justement son habitude.

En jetant un coup d'œil autour de moi, j'ai constaté différentes réactions. Certains hommes ne voulaient tout simplement pas le faire; ils manifestaient une certaine suspicion. D'autres étaient frustrés parce qu'ils n'avaient pas une telle somme avec eux. D'autres encore exhibaient fièrement leur argent, croyant à tort que celui-ci témoignait de leur valeur personnelle. Et finalement, certains semblaient tout simplement intrigués. Après que tous les hommes se furent conformés à la consigne (du mieux qu'ils pouvaient), Tom a sorti une arme à feu.

Il nous a alors expliqué quelles étaient les règles du jeu. Nous étions tous tenus de prendre part à une compétition dont les frais d'inscription étaient de cent dollars. Nous avions chacun une minute pour tirer cinq coups de fusil et tenter d'atteindre une cible. Celui qui obtiendrait le meilleur score allait remporter *tout* l'argent, donc environ quatre mille. Je me rappelle avoir pensé : *C'est bon. Je suis un ancien militaire. Je connais les armes à feu, je les ai utilisées de nombreuses fois, alors que la plupart des hommes réunis ici n'ont probablement jamais eu l'occasion de faire feu une seule fois au cours de leur vie.* Je croyais donc avoir de bonnes chances de gagner à ce jeu.

Le premier candidat s'est avancé. Juste au moment où il s'apprêtait à appuyer sur la détente, Tom s'est mis à crier dans son oreille. L'homme a sursauté, ce qui fait qu'il a raté de loin son premier coup. Tom s'est alors mis à rire et lui a dit qu'avec seulement quatre coups et quarante secondes restantes, il ferait tout aussi bien d'abandonner la partie. Il n'avait aucune chance de gagner. L'homme semblait complètement sonné. Il a déposé l'arme à feu et est retourné à son siège, laissant la place au prochain candidat. Tom a souri. Le nouveau candidat s'est tourné en direction de la cible et juste au moment où il s'apprêtait à appuyer sur la détente, notre leader s'est mis à crier comme un forcené. Le jeu a continué ainsi jusqu'à ce que chacun ait eu la chance de tirer. Bien évidemment, nous avons tous crié très fort quand ce fut au tour de Tom de tirer. À la fin, nous avons comparé les cibles. J'étais arrivé deuxième, ce qui est pas mal, mais il n'y avait aucune promesse d'argent rattachée à cette position. Tom était arrivé premier, affichant le meilleur score. Aussi incroyable que cela puisse paraître, la plupart des gens avaient abandonné la partie, sentant qu'ils s'étaient fait rouler.

J'ai demandé à Tom ce que nous étions censés apprendre de l'exercice. Bien que je n'aie pas du tout compris quelle était la leçon à saisir, je savais qu'il devait bien y en avoir une. Il m'a simplement posé une question : « Y a-t-il des distractions dans la vie? » La réponse était facile : « Bien sûr, il y en a beaucoup. » Puis il m'a posé une autre question : « Y a-t-il des pressions liées à l'argent et au temps dans la vie? » Encore une fois, j'ai répondu par l'affirmative, cherchant toujours à comprendre où il voulait en venir. Alors il m'a expliqué que l'exercice était à l'image de la vie. Ses cris représentaient les distractions qui nous assaillent : les appels téléphoniques qui nous dérangent constamment dans nos plans au travail, les relations qui causent des interférences dans la vie professionnelle et les problèmes relationnels qui interfèrent avec notre cheminement de carrière, les défis avec les enfants, qui rendent les rapports amoureux problématiques entre époux, une maladie qui vient contrarier nos plans. *La vie est pleine de distractions.*

La perte potentielle de cent dollars par rapport au gain éventuel de quatre mille dollars représentait les pressions financières. Dans le monde matériel, les gens peuvent minimiser l'effet d'une telle distraction, mais *les pressions financières existent bel et bien.* Cela coûte de l'argent de louer ou d'acheter une maison. Une bonne école et des études universitaires coûtent beaucoup d'argent. Il faut débourser pour l'épicerie, sans parler des vêtements griffés et de la voiture dernier cri.

La limite de temps d'une seule minute pour tirer les cinq coups représentait la *pression liée au temps,* à laquelle nous devons tous faire face. Nous avons une conversation avec notre fils ou notre fille, mais nous n'avons qu'un certain laps de temps pour le faire. Après cela, ils perdent patience et retournent à leur train-train quotidien. Nous faisons un appel de vente ou animons une rencontre de gestion, et même avec certaines informations qui manquent, nous sommes tenus de faire le travail ou de prendre la bonne décision dans un minimum de temps. Les pressions liées au temps et à l'argent font partie de la vie. Et elles sont là pour rester.

Au cas où vous n'auriez jamais utilisé une arme à feu, voici un indice qui pourrait s'avérer utile pour vous : si vous vous concentrez sur la cible mais que vous êtes tendu, vous raterez votre coup immanquablement. Si vous êtes détendu et que vous n'êtes pas concentré, vous allez le rater également. À West Point, mes camarades plus avancés dans leur formation me criaient au visage tandis que je répétais les leçons que j'étais censé mémoriser. Bien que je n'aie pas vraiment compris le but de l'exercice à cette époque, j'ai appris ainsi à demeurer détendu et à garder mon attention fixée sur un objectif en même temps. Cet apprentissage rigoureux m'a aidé à me classer deuxième à l'exercice de Tom – il était tout simplement meilleur que moi à ce petit jeu.

Quel que soit le nombre de distractions ou le niveau de stress financier, ou émotionnel que vous devez affronter, si vous demeurez centré sur vos priorités et restez détendu, vous atteindrez la cible chaque fois. C'est l'un des atouts d'un samouraï compatissant. C'est aussi l'une des raisons pour lesquelles j'adore le golf. Cette activité me permet de demeurer concentré tout en étant détendu. La balle parcourt une plus grande distance et atteint plus facilement l'endroit souhaité lorsque je suis décontracté et concentré, au lieu d'être tendu et d'essayer de forcer les choses. Il semble presque contraire à toute logique de laisser les bâtons de golf faire tout simplement leur travail, mais c'est ainsi.

Un de mes bons amis, Doug Firebaugh, est considéré par plusieurs comme un gourou du marketing de réseau et un formateur inégalé dans le domaine, à cause des résultats qu'il a obtenus et des dizaines de milliers de personnes à qui il a apporté son aide (www.passionfire.com). Dans ses formations de fin d'année, Doug relève le fait que les affaires ralentissent dans les entreprises à domicile durant la période des fêtes alors qu'elles devraient plutôt être en effervescence, puisque tout le monde est dans un état d'esprit qui porte à faire des achats. C'est que l'individu moyen profite des festivités pour se détendre, et il se déconcentre. Doug enseigne aux gens comment se détendre et demeurer concentrés en même temps, et ainsi augmenter facilement et de manière significative leur chiffre d'affaires. Il applique exactement le même principe, et cela fonctionne.

Fixer son attention sur les choses inefficaces.

Quel est le but de votre vie? Pourquoi êtes-vous sur la Terre? Les réponses à ces questions vous aideront à donner à votre vie une orientation précise. Ce sont là des questions importantes auxquelles réfléchir si vous voulez y parvenir. C'est ensuite une question de ne pas vous laisser distraire par un tas de choses dans la vie, qui risquent de vous faire dévier de votre raison d'être. *Les samouraïs compatissants mettent l'accent sur le service et ils aspirent plus que tout à contribuer, quelles que soient les circonstances.* Les gens moyens se préoccupent avant tout de leur petite personne et ne s'intéressent pas vraiment à ce qui arrive aux autres. Combien d'argent vais-je faire cette année? Quel avantage personnel puis-je tirer de cette relation? Ai-je belle apparence?

Les samouraïs compatissants mettent l'accent sur le service et ils aspirent plus que tout à contribuer, quelles que soient les circonstances.

Lorsque les gens moyens considèrent les autres, c'est avant tout pour s'assurer qu'ils possèdent davantage, qu'ils se sentent mieux et qu'ils occupent une place plus enviable que le reste du troupeau. Certains des plus grands leaders de notre époque – des gens tels que Mahatma Gandhi, Martin Luther King, fils, Nelson Mandela et mère Teresa – ont enduré des pressions énormes. Ce que ces samouraïs compatissants avaient en commun est le fait que chacun d'eux ait continué à poursuivre sa vision d'un monde meilleur pour tous. Ils n'ont jamais vacillé. Ils sont demeurés enracinés et concentrés malgré un niveau de stress incroyable.

Ces leaders ont enduré la torture, ils ont vu la vie des membres de leur famille être menacée, ils n'avaient pas l'argent nécessaire pour financer les projets qu'ils caressaient et ils ont été tournés publiquement en ridicule. Quoi qu'il se passe autour d'eux et quel que soit le climat dans lequel ils se trouvent, les samouraïs compatissants demeurent fidèles aux priorités qu'ils se sont fixées, parce qu'ils savent que la moindre distraction pourrait influencer la destinée de tous ceux qui les entourent. Certains individus essaient d'échapper à leurs responsabilités en se disant qu'un tel engagement et une telle concentration sont réservés aux personnes exceptionnelles. Mais vous aussi avez la capacité de devenir un samouraï compatissant.

Une des manières qu'ont les samouraïs compatissants de demeurer concentrés est de garder à l'esprit en tout temps la réalité de la mort. Avant de conclure qu'une telle perspective est morbide, réfléchissez un moment à la question avec moi : ces individus vivent chaque journée comme si c'était la dernière, c'est pourquoi ils font l'expérience de la vie à son maximum. Affronter la réalité de sa propre mort diminue la crainte de mourir et apporte une certaine clarté quant aux priorités de l'existence. En se convainquant qu'ils vont vivre pendant au moins 75 ans, les gens moyens diluent l'intensité de leur existence.

Dans son ouvrage, *Code of the Samurai: A Modern Translation of the Bushido Shoshinshu of Taira Shigesuke* (*Le code du samouraï : une traduction moderne du bushidô Shoshinshu de Taira Shigesuke*), Thomas Cleary écrit :

> Celui qui est censé être un guerrier considère qu'il est dans son plus grand intérêt de garder à l'esprit qu'il va mourir, à tout moment, chaque jour et chaque nuit, du matin du premier jour de l'an au soir de la dernière journée de l'année.
>
> Aussi longtemps que vous cultiverez au quotidien la perspective de votre mort éventuelle, vous serez poussé à remplir vos obligations familiales et à vous montrer fidèle à vos engagements. Vous éviterez ainsi une myriade de maux et de calamités, vous

> serez une personne saine physiquement et équilibrée, vous jouirez d'une longue vie. Qui plus est, votre caractère s'affinera et vous progresserez dans la vertu.

Puis l'auteur ajoute :

> Dès que vous tenez pour acquis que votre présence dans cette vie est assurée, plusieurs souhaits naissent alors en vous et vous devenez quelqu'un qui a de nombreux désirs. Vous aspirez à avoir aussi ce que d'autres possèdent, vous vous accrochez à vos biens et vous développez une attitude mercantile.

Cleary suggère que le fait de garder constamment à l'esprit la possibilité de notre mort est le meilleur remède contre l'envie et l'avarice, de même que de nombreux autres maux. Le but ici n'est pas de vous inviter à courir au plus vite réserver votre propre cercueil. Il est plutôt de vous encourager à vivre votre vie en gardant le sens des priorités, de même qu'un sentiment d'urgence. Si aujourd'hui était le dernier jour de votre vie, à quoi le consacreriez-vous? À qui seriez-vous une bénédiction? Quel genre de modèle de soutien établiriez-vous pour ceux que vous aimez? En profiteriez-vous pour parler à un vieil ami, ou vous assureriez-vous de dire à quelqu'un que vous l'aimez? Feriez-vous un pas décisif dans une voie spirituelle que vous avez toujours souhaité emprunter?

Si aujourd'hui était le dernier jour de votre vie,
à quoi le consacreriez-vous?

Quelle que soit la situation, vous seriez alors libéré des affaires mondaines qui se sont avérées tant de fois des distractions nuisibles. Lorsque vous vivez en gardant à l'esprit la perspective de votre propre mort, vous n'êtes plus en train d'essayer de préserver votre propre vie ou d'assurer votre propre survie, parce que vous savez que c'est là une cause perdue d'avance. Vous donnez au contraire le meilleur de vous-même sans rien retenir, parce que vous savez que vous n'avez absolument rien à perdre.

Oublier : la clé qui permet de se concentrer sur l'essentiel

J'ai rédigé cette section à bord d'un avion, après avoir animé à Detroit un de nos ateliers de formation intitulés *Les champions.* Une dame est venue vers moi à la fin de l'exercice et m'a expliqué avec grand enthousiasme à quel point elle aurait souhaité s'inscrire à un de nos ateliers de fin de semaine axés sur la maîtrise personnelle, mais qu'elle n'en avait tout simplement pas les ressources financières.

Je lui ai alors demandé : « Quels sont les moyens que vous avez imaginés en vue de trouver une partie de la somme? » Elle a répondu qu'elle n'en avait trouvé aucun. Notez le fait que la dame était des plus enthousiastes et qu'elle me semblait être très dynamique. Quel pouvait bien être le problème? Son attention était fixée dans la mauvaise direction. Elle avait les yeux rivés sur son problème et pas du tout sur une solution éventuelle.

La difficulté que cette dame rencontrait – le fait de ne pas avoir les ressources financières – était une conséquence de son passé. Elle devait oublier son problème ainsi que son passé. Comme elle ne fixait pas son attention sur des solutions possibles, ce n'était pas surprenant qu'elle n'ait pas de réponse. Les gens moyens ont l'habitude de demander : « En suis-je capable? » Et la réponse qu'ils donnent est inspirée de ce qui leur est arrivé dans le passé. Les samouraïs compatissants posent une question différente. « Comment puis-je y arriver au juste? » Même s'ils ne mettent aucune énergie de plus, le fait que la question soit orientée de manière différente entraîne des résultats très différents.

Faites-en l'essai dans votre vie. Choisissez quelque chose qui vous semble impossible à accomplir pour une raison quelconque – parce que vous n'avez pas le temps ou l'argent nécessaire, ou que vous n'arrivez pas à trouver quelqu'un qui s'occupe des enfants, par exemple. Il peut s'agir de faire l'acquisition d'une maison, de perdre quarante kilos ou de dénicher un nouvel emploi. Notez la chose par écrit. Engagez-vous dès à présent à consacrer une heure de votre temps à résoudre le problème.

Alors, quelle a été votre expérience? Si vous comptez parmi les lecteurs moyens, vous n'avez pas vraiment porté attention à la question qui précède. Vous vous attendez sans doute à ce que je vous dise comment s'est déroulée votre expérience. Rendez-vous service : déposez ce livre et passez une heure à régler un problème qui vous apparaît véritablement insoluble.

Les samouraïs compatissants ne parviennent pas à un tel niveau simplement en lisant. Ils passent à l'action. Ils acceptent de lutter dans certains domaines et de consacrer du temps à s'entraîner.

Considérez l'exercice comme faisant partie du défi pour vous d'apprendre à demeurer concentré. Alors, comment avez-vous trouvé *votre* expérience? Avez-vous ressenti une certaine réticence à vous y engager? Cela confirme votre difficulté évidente à vous concentrer. Le samouraï compatissant est capable de décider de se concentrer sur n'importe quoi, puis de maintenir cette concentration le temps qu'il faut. Durant nos ateliers de formation en maîtrise personnelle, nous invitons les participants à pratiquer l'art et l'habileté de la concentration. Et ce n'est pas seulement une question d'être concentré ou non. Nous essayons de les aider à discerner ce qui fait l'objet de leur concentration.

J'avais l'habitude d'inclure un exercice au cours duquel les participants étaient invités à casser une planche de 2,5 cm d'épaisseur avec la main. Leur habileté à s'acquitter d'une telle tâche n'était pas vraiment une question de force physique, mais plutôt de concentration. La première fois que nous avons fait l'exercice, ma femme a refusé catégoriquement d'y participer. Je n'y voyais personnellement aucun problème puisque la rencontre avait pour thème les choix personnels. L'objectif de ces ateliers est l'*apprentis-*

sage, et il arrive souvent que les participants découvrent autant de choses, et même plus, en ne faisant pas tel ou tel exercice.

Ensuite, ma femme a vu une jeune fille de treize ans casser la planche. Elle a compris alors que la force physique ne comptait pas vraiment dans l'affaire, aussi, elle a pris son courage à deux mains et a complété l'exercice. Nous avons depuis conservé cette planche brisée dans un joli cadre, qui est accroché au mur de notre maison. Chaque fois qu'elle le regarde, cela lui rappelle l'importance de la concentration et à quel point elle est forte lorsqu'elle reste concentrée. Un des événements qui a résulté directement de tout cela est l'organisation d'un dîner-spaghetti qui a permis de récolter des fonds pour l'association parents-professeurs de l'école primaire de notre enfant. Jusqu'à ce jour, ma femme avait toujours été bénévole et n'avait jamais accepté de diriger l'événement. En oubliant l'image qu'elle s'était forgée d'elle-même, elle a pris l'initiative et a fait de cette soirée une réussite encore plus grande que celles des années précédentes.

Le fait d'être concentré peut permettre de surmonter des handicaps incroyables et changer complètement la donne. Tiger Woods est sans doute le meilleur golfeur qui soit en ce moment – et il est possible qu'il soit le meilleur de tous les temps. Une des habiletés qui font de lui un véritable samouraï compatissant est sa capacité de reléguer certaines choses aux oubliettes. Je l'ai vu une fois faire son coup d'envoi à partir du tertre de départ, et la balle a atterri dans les buissons. À la surprise de tous, au coup suivant, il a réussi à atteindre le vert. Il oublie chaque coup après avoir fait sept pas.

La personne moyenne aurait eu tendance à s'en vouloir pour les dix coups suivants, ce qui aurait sérieusement empiré la situation et ruiné ses chances de l'emporter. Mais Tiger est capable de chasser de sa mémoire le souvenir de chaque coup et ainsi donner le meilleur de lui-même au prochain. Un tel concept s'applique à tous les domaines de la vie. Seriez-vous capable d'oublier la fois où votre partenaire a omis de souligner votre anniversaire et ne vous a pas offert de carte de souhaits et encore moins de cadeau? Si oui, alors vous jouissez d'une relation intime extraordinaire. Parce qu'elle est incapable d'oublier, la personne moyenne a tendance à fixer son attention sur le problème. Quelle est la pire chose que vous ayez jamais faite? Pourriez-vous arriver à l'oublier? Si cela s'avère impossible, pourriez-vous au moins en neutraliser l'effet, de manière à ce que cette situation n'affecte plus autant votre vie?

Les samouraïs compatissants sont capables d'oublier. J'ai vu la vie de milliers de personnes être gâchée parce qu'elles avaient permis à leur passé de compromettre leur avenir. Des années après qu'un événement tragique se fut produit, ces gens n'arrivaient toujours pas à lâcher prise. Ils permettaient au négativisme de compromettre leur présent à cause d'une histoire douloureuse. Tant que vous permettrez à votre passé de vous hanter, vous ne serez jamais libre de poursuivre les rêves que vous caressez pour l'avenir. Vous ne serez même pas capable de profiter vraiment du présent.

Les samouraïs compatissants oublient leurs réussites
aussi bien que leurs échecs!

Connaissez-vous Paul, le personnage biblique? L'homme est un véritable modèle pour ce qui est d'oublier le passé. Il est l'auteur de près des deux tiers du Nouveau Testament. Il a bénéficié de l'enseignement d'un professeur de droit du nom de Gamaliel et il a terminé son tutorat avec honneur et distinction. Et pourtant, Paul reconnaît dans ses écrits qu'il ne sait pas tout. C'est là un point saillant du personnage. *Les samouraïs compatissants oublient leurs réussites aussi bien que leurs échecs!* La personne moyenne s'accroche à ses victoires et compromet ainsi ses chances d'accomplir de bien plus grandes choses encore.

Ne permettez jamais au bien que vous faites de vous empêcher de faire nettement mieux. Paul avait un passé horrible : il a persécuté, torturé et même décapité des disciples du Christ. Comment a-t-il pu devenir lui-même un disciple par la suite? Il n'y avait qu'un seul moyen : il lui a fallu jeter son passé aux oubliettes. Ne plus se rappeler certaines choses est libérateur parce que cela nous permet de fixer notre attention sur des choses nouvelles. Les samouraïs compatissants ne laissent jamais ce qui compte le plus souffrir à cause de ce qui compte le moins. Leur attention demeure fixée sur ce qui est le plus important.

Souffrir est optionnel; la douleur ne l'est pas. *Souffrir est le prolongement non nécessaire d'une expérience douloureuse lorsque nous gardons notre attention fixée sur cette douleur.*

Être présent maintenant

Durant nos ateliers sur la maîtrise personnelle, nous utilisons un vieux concept intitulé *Être présent maintenant,* lequel est lié à la concentration. Ce concept implique que votre corps, vos sentiments, votre esprit et vos pensées sont présents au même endroit. Il vous est sans doute arrivé d'être physiquement à la maison alors que votre tête semblait encore au bureau. Ce n'est pas être présent maintenant. Vous est-il déjà arrivé de vous acquitter d'un travail sans y mettre de cœur à l'ouvrage? Ce n'est pas être présent maintenant non plus. *Ne pas être présent maintenant tue l'efficacité et l'intimité.* La personne moyenne n'a pas la discipline mentale nécessaire pour être présente maintenant.

Ne pas être présent maintenant tue l'efficacité et l'intimité.

Lorsque les gens moyens font face à des difficultés, ils gardent leur attention fixée sur le problème au lieu d'être présents maintenant afin de trouver une solution. Pensez à l'attraction qu'exercent sur un cerf les phares d'un véhicule la nuit. Le plus souvent, il y aura un accident parce que le cerf reste figé à l'endroit où il se trouve. Cela illustre bien le fait d'être concentré au mauvais endroit – sur les phares du véhicule – ce qui empêche d'être présent maintenant. Il serait très facile pour un cerf d'éviter une voiture, mais le fait de concentrer son attention sur les phares fait en sorte qu'il se trouve comme paralysé devant les circonstances. C'est ainsi que les choses se passent dans la vie des gens moyens. Mais les samouraïs compatissants ne permettent jamais aux circonstances de les empêcher de se concentrer sur ce qui est important.

Concentré mais non aveuglé

Certaines personnes insistent sur le fait qu'être concentrées à ce point risque de leur faire rater beaucoup d'autres occasions. Vous connaissez certainement des gens qui sont si captivés par leur travail qu'ils en oublient même leur famille. Cette attitude dénote une confusion entre deux concepts en réalité. Elle est le sous-produit à la fois de la peur de manquer de quelque chose et de l'ambivalence. *Les samouraïs compatissants demeurent concentrés, mais ils demeurent également conscients de tout ce qui se passe autour d'eux.* C'est une habileté qu'il vaut la peine de développer. En aïkido, par exemple, votre adversaire peut vous asséner un coup de poing et vous devez demeurer concentré en réagissant à ce coup, tout en étant conscient de tout ce qui se passe autour de vous. Bien que deux choses soient en train de se produire simultanément, on appelle cela la « singularité de concentration ». Il est possible que quelque chose d'autre vous menace par-derrière. Y a-t-il d'autres individus dans les environs, et si oui, sont-ils amicaux?

Je suis reconnu dans ma famille et parmi mes collègues de travail pour avoir une forte capacité de concentration. Mais le fait de pouvoir conserver une attention soutenue sur ce qui se passe dans un rayon de 360° est quelque chose sur lequel j'ai dû travailler. Si je suis concentré sur ma conduite automobile et que mes enfants sont dans une autre voiture qui vient en sens inverse, et qu'ils m'envoient la main, je ne les verrai jamais.

Sans doute l'exemple le plus drôle est celui d'un certain jour d'octobre. J'avais pris un vol de nuit et conduit ma voiture depuis l'aéroport jusqu'à la maison. Il était environ 7 h lorsque je suis arrivé chez moi. J'ai pu passer un bref moment avec ma femme et ma fille avant que cette dernière ne parte pour l'école. Roma m'a demandé si je voulais avoir un cadeau de Noël à l'avance. J'ai répondu que je préférais attendre. Elle s'est mise à rigoler comme s'il y avait un petit problème. Comme je ne comprenais pas ce qui se passait, ma femme m'a suggéré de retourner sur mes pas jusque dans le salon. À mon grand étonnement, j'y ai aperçu une nouvelle télé avec un écran de 140 cm entourée d'un ruban de couleur et surmontée d'une énorme boucle.

En fait, j'avais dû traverser le salon au moins à trois reprises tandis que je réfléchissais à différentes choses, un café à la main. J'étais si perdu dans mes pensées que je n'ai jamais aperçu la nouvelle télé. Comment peut-on ne pas voir un écran de 140 cm de large? Simplement en demeurant concentré sur autre chose. Lorsque les membres de ma famille veulent s'amuser un peu à mes dépens, ils me taquinent en me donnant le surnom de « roi de la concentration ». Quelles sont les occasions favorables, du type écran de télé de 140 cm, que vous avez ratées parce que vous n'étiez pas vraiment concentré ou parce que vous *étiez* concentré, mais sans être vraiment conscient de ce qui se passait autour de vous?

Nombreux sont les hommes qui sont très concentrés au travail, mais complètement aveugles aux problèmes familiaux. La clé est de ne pas se laisser gagner par la peur de manquer de quelque chose ou de gaspiller du temps à tergiverser devant les choix à faire, mais de faire les deux : être *concentré* et *conscient* de ce qui se passe autour. Au début, vous devrez sans doute vous pratiquer à vous concentrer sur ce qui se trouve devant vous, puis changer de cible. En d'autres mots, vous devez vous concentrer sur vos responsabilités professionnelles lorsque vous êtes au travail, puis sur ce qui se passe à la maison lorsque vous y êtes. Concentrez-vous sur un problème au travail avec un collègue, puis dix minutes plus tard, rassembler vos idées et concentrez-vous sur un enjeu totalement différent avec une personne différente.

La vitesse avec laquelle vous arriverez à faire la transition est une habileté que vous voulez travailler à développer. La tâche mobilisera effectivement votre énergie et votre créativité, mais il ne s'agit là que d'une première étape sur le chemin vous permettant de demeurer concentré simultanément sur plusieurs choses, tout en étant toujours conscient de ce qui se passe autour de vous. Vous porterez attention non seulement à ce que l'autre personne est en train de dire, mais également aux sentiments qui l'animent. Vous serez aussi en mesure de ressentir ce qu'elle ne *dit* pas – ce qui est très important. Vous deviendrez conscient de ce qui se passe chez la personne à côté de celle avec qui vous parlez, même si elle n'a encore rien dit du tout. Vous deviendrez conscient de l'énergie ambiante.

Les samouraïs compatissants disent ce qu'ils pensent et pensent ce qu'ils disent.

Les gens moyens se montrent honnêtes lorsque cela fait leur affaire.

Chapitre cinq

L'HONNÊTETÉ

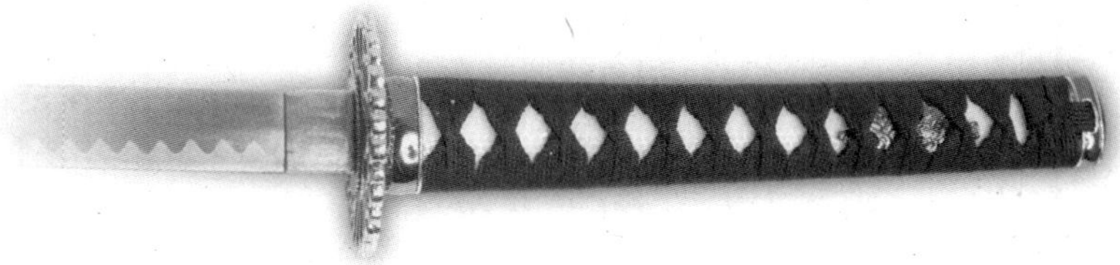

J'espère que je vais faire preuve de fermeté et de vertu, ce qui me permettra de conserver ce que je considère comme le plus enviable des titres, celui d'honnête homme.
George Washington

Si vous faisiez un sondage parmi un millier de personnes choisies au hasard et que vous leur demandiez si elles se considèrent honnêtes ou non, la plupart vous répondraient ceci : « Mais bien sûr que je suis honnête. » Les gens moyens sont persuadés qu'ils sont honnêtes. Si vous interrogez le premier filou venu, il vous répondra qu'il est honnête. Il vous dira probablement : « J'informe les gens que j'ai l'intention de les voler, et je pense que je suis honnête en agissant de la sorte. » Aussi bizarre que cela puisse paraître, c'est ainsi que certaines personnes pensent. Les gens ont des filtres mentaux pour ce qui touche l'honnêteté.

Le commentaire favori de la plupart des gens est le suivant : « Bien sûr que je suis honnête, mais... » Rappelez-vous : une phrase qui commence par *mais* recèle toujours le mensonge que vous vivez et que vous cherchez à dissimuler. La véritable honnêteté n'est ni cachée ni diluée. Elle ne laisse aucune place aux *si,* aux *alors* et aux *mais*. La vérité est la vérité. Mais comme les gens sont devenus, pour la plupart, insensibles à la malhonnêteté, ils ont de la difficulté à le reconnaître lorsqu'ils sont malhonnêtes.

Nous avons tendance à établir nos propres règles au sujet de ce qui est honnête et de ce qui ne l'est pas. Lorsque nous sommes devant une situation non désirable, nous tentons d'échapper à la vérité en utilisant des « clauses d'exception » préfabriquées du genre : « Je suis honnête, mais pour les impôts, c'est une autre histoire. » Ce n'est qu'un exemple des millions de mensonges avec lesquels les gens sont à l'aise généralement.

Lorsque j'étais à West Point, nous étions soumis à un code d'honneur : si l'on mentait, trichait ou volait, ou *si l'on tolérait que quelqu'un le fasse,* les élèves officiers nous jetaient dehors de West Point. C'était pas mal radical; et je savais que ce n'était pas de la frime.

Vous pouvez dire la vérité et pourtant ne pas être honnête.

Comme je n'avais aucune envie d'être renvoyé de l'Académie, je n'ai jamais menti, triché ou volé durant mon séjour là-bas, c'est pourquoi j'avais vraiment l'impression d'être honnête. Ce n'est que plus tard que j'ai compris que j'avais besoin d'examiner plus clairement les choses dans ma vie pour ce qui touche l'honnêteté. *Vous pouvez dire la vérité et pourtant ne pas être honnête.* L'honnêteté, ce n'est pas réussir à se tirer d'affaire au cours d'un incident ou deux. L'honnêteté est un mode de vie. Ce n'est pas une attitude que vous avez de temps en temps, c'est plutôt ce que vous *êtes*. Les samouraïs compatissants se montrent honnêtes non seulement lorsque cela leur convient, mais en toute occasion, même au prix de leur vie ou lorsqu'il n'y a personne qui regarde.

Le mensonge acceptable

Une fois, dans un atelier qu'il dirigeait, Tom, mon mentor, nous a demandé de nous disperser à travers la salle pour dire aux autres participants ce qui comptait vraiment pour nous et ce que nous espérions atteindre dans la vie. J'ai partagé avec les autres que je souhaitais être mieux organisé à mon travail. *C'était là* quelque chose que je désirais, bien sûr. Je ne mentais pas, mais je n'étais pas parfaitement honnête. Ce qui comptait vraiment pour moi, ce que je désirais par-dessus tout, était d'avoir une partenaire de vie avec laquelle établir une relation amoureuse passionnée et durable. Mais je n'avais aucune envie de dévoiler cela à de parfaits étrangers, et encore moins à des personnes que je connaissais. Les gens avaient l'impression que tout allait bien pour moi, et j'étais terrifié à l'idée de ce qu'ils penseraient de moi si je leur avouais la vérité.

Être mieux organisé me semblait une réponse plus acceptable. J'ai commencé à voir que, bien que je n'avais pas l'intention de mentir, il y avait plusieurs occasions, soit dans un contexte d'affaires ou dans des relations interpersonnelles, où je ne partageais pas toute la vérité me concernant. Le manque d'honnêteté peut se manifester de tant de manières différentes. Une personne peut prendre l'habitude de dire aux autres ce qu'elle croit qu'ils veulent entendre. Et ce faisant, elle dissimule sa véritable nature. Non seulement cache-t-elle la vérité, mais elle dissimule également une partie d'elle-même qu'elle ne veut pas que les autres découvrent. C'est le côté que si peu de gens veulent voir révélé aux autres. La raison peut en être la peur ou même l'orgueil.

Quelle que soit leur motivation, certaines personnes usent de paroles persuasives pour dissimuler les vrais enjeux. Bien qu'elles n'aient pas l'impression de manquer d'honnêteté, c'est pourtant le cas. Pour les samouraïs compatissants, l'honnêteté ne signifie pas raconter aux autres ce qu'ils désirent entendre ou même ce qui paraît acceptable. Cela signifie plutôt dire la vérité, toute la vérité et rien que la vérité. Lorsque les gens dissimulent leurs véritables intentions et disent tout le temps aux autres ce qu'ils veulent entendre, autant la personne qui parle que ceux qui l'écoutent en subissent les conséquences.

Les visages infiniment variés du mensonge

La malhonnêteté se manifeste de bien des façons. Ce n'est pas parce que les gens disent la vérité quand les conditions leur semblent favorables qu'ils ne mentent pas. Ils ne se rendent même pas compte qu'ils sont malhonnêtes dans certaines situations.

Cette section ne vise pas seulement à dévoiler vos mensonges. Elle traite plutôt de révélation, dans le sens de la découverte de soi. Il y a certaines choses que vous ne savez peut-être pas sur vous-même; une fois révélées, elles vous permettront d'avoir un tout nouvel éclairage sur vous. Je dresse la liste des différentes formes de malhonnêteté ici, pour vous aider à comprendre quels sont les nobles efforts que vous pouvez faire pour vous montrer honnête, même lorsque les conditions sont défavorables.

Il existe de nombreuses façons d'être malhonnête :

1. Dire à quelqu'un quelque chose qui n'est pas vrai. C'est la manière la plus évidente d'être malhonnête. Sans doute avez-vous entendu des histoires au sujet de la guerre du Vietnam, où le nombre de morts chez l'ennemi avait été gonflé considérablement pour satisfaire les attentes de l'administration publique. La personne qui ment *sait* qu'il s'agit d'un mensonge. Des cadres promettent à leur patron des résultats qu'ils savent être irréalistes. Le personnel de vente enjolive la vérité au sujet d'un produit pour boucler la vente. Les gens ont couramment recours à ce genre de mensonge pour mieux paraître, pour se faire accepter, pour éviter des conséquences négatives ou pour que certaines personnes ne soient plus sur leur dos.

2. Donner l'illusion que les choses sont différentes de ce qu'elles sont en réalité. Les individus chargés de faire de la sollicitation à froid pour vendre des services auront tendance à dire à leur patron : « J'ai fait vingt appels aujourd'hui. » Ils ont plutôt parlé avec dix personnes et laissé dix messages. Ils savent bien qu'ils ont joint dix personnes, donc qu'ils ont effectué dix appels en réalité. Théoriquement, ils auraient pu effectuer mille appels et ne réussir à parler à personne – ce qui veut dire qu'ils n'ont pas vraiment communiqué avec quelqu'un. Ils veulent donner l'illusion qu'ils ont fait quelque chose qu'ils n'ont pas fait en réalité.

Une manière de composer avec ce comportement est d'avoir une entente et d'utiliser un langage clair. En d'autres mots, il faut s'entendre sur ce que veut véritablement dire appeler vingt personnes, au juste. Chez Klemmer & Associates, nous avons établi différents niveaux d'inscription pour les gens qui veulent participer à nos formations. Quand considère-t-on qu'une personne est inscrite? Tous nos employés ont des consignes précises pour ce qui touche le langage à utiliser et la définition de certains mots. Ainsi, les gens qui sont inscrits ne sont pas ceux qui ont seulement rempli un formulaire d'inscription. Ce sont plutôt ceux qui ont payé les frais en entier et qui ont précisé la date à laquelle ils vont participer à la formation. Un simple dépôt ne compte pas. Un formulaire qui n'est pas accompagné d'un règlement du plein montant ne compte pas. La précision du langage nous aide à dire la vérité.

3. Ne pas dire ce qui est. Une des principales raisons pour lesquelles les gens sont malhonnêtes est qu'ils n'ont pas envie de mal paraître. Retenir ou cacher une partie de la vérité est également malhonnête. Je ne suis pas en train de suggérer que nous sommes tenus d'étaler notre linge sale devant chaque personne rencontrée. Il faut faire preuve de sagesse dans ce domaine. Toutefois, si vous retenez une information avec l'intention de pouvoir ainsi échapper aux conséquences, c'est malhonnête et c'est un mensonge pur et simple.

4. Prétendre que l'on ne sait pas. Quelles sont les choses que vous choisissez d'ignorer dans votre mariage ou vos affaires? Ces réalités sont là, mais vous agissez inconsciemment comme si elles ne l'étaient pas. Faire preuve d'honnêteté envers soi est aussi important qu'envers autrui. Inutile de chercher à faire comme si. Vous nuisez grandement à votre croissance personnelle chaque fois que vous nourrissez l'illusion que les choses sont telles alors qu'elles ne le sont pas, même si personne d'autre n'est au courant. *Vous* le savez très bien, alors pourquoi ne pas reconnaître la vérité? N'essayez surtout pas de tromper les autres parce que, avec le temps, c'est vous qui perdrez beaucoup au change. Les gens moyens ne font jamais de rapport de dépenses ou de bilan parce qu'ils n'ont pas envie de savoir ce que cela révèlera de leur situation financière. Le fait de ne jamais mettre à jour leurs finances personnelles leur permet de prétendre qu'ils ne savent pas, alors qu'en réalité ils savent très bien.

La transparence et l'honnêteté

Il y a une différence entre la transparence et l'honnêteté. La transparence est lorsque tout peut se voir facilement. Il faut toujours être honnête, mais il n'est pas toujours sage d'être transparent. Il y a des moments où la transparence est de mise et d'autres où il vaut mieux se retenir de l'être.

Par exemple, si vous avez eu une aventure il y a vingt ans et que vous n'avez plus maintenant ce mode de vie, être transparent à ce sujet n'est pas nécessaire. C'est ainsi qu'un samouraï compatissant agirait. Parler de cela ouvertement pourrait vous soulager de la culpabilité, mais risquerait également de causer du tort ou de la peine à la personne avec qui vous êtes. Par ailleurs, si quelqu'un vous demande si vous avez déjà eu une aventure, l'honnêteté exige que vous répondiez en toute sincérité, même si cela vous cause de l'inconfort. L'objectif d'un samouraï est de servir. La transparence vise à aider quelqu'un à surmonter des difficultés dans un domaine où vous les avez surmontées vous-même. La transparence a un but très précis. Examinons la définition qu'en donne le dictionnaire *Webster :*

- *Transparent* — (a) libre de prétention ou de tromperie, FRANC; (b) facilement perçu, voir à travers, évident; (c) facile à comprendre; (d) caractérisé par la visibilité ou l'accessibilité à l'information, surtout en ce qui concerne les démarches d'entreprise.

- *Honnêteté* — (a) équité et franchise dans la conduite; (b) adhérence aux faits, SINCÉRITÉ; INTÉGRITÉ, implique la fidélité et l'incorruptibilité à un degré tel que la personne est incapable de trahir la confiance qu'on lui porte ou la responsabilité confiée, ou ses engagements.

D'après cette définition, l'honnêteté est une question d'intégrité et de fidélité, tandis que la transparence signifie se révéler de manière à être mieux compris. À certains moments, les gens hésitent à être honnêtes et transparents parce qu'ils ont peur. Avec l'honnêteté, la plupart des gens évaluent toujours les conséquences éventuelles. Ils tendent à se dégonfler parce qu'ils n'ont pas envie qu'on leur crie après ou qu'on les mette à la porte. Voyez l'exemple d'Enron. Les employés n'ont pas dénoncé des collègues qu'ils savaient pourtant engagés dans des activités illicites parce qu'ils avaient peur de perdre leur emploi.

N'entretenez aucune illusion : il y a parfois des conséquences douloureuses associées au fait d'être honnête. C'est la raison pour laquelle la plupart des gens ne le sont pas. Toutefois, quel est le coût de ne pas être honnête? Habituellement, c'est la perte d'intimité, d'efficacité et de vivacité. D'abord, mentir détruit la confiance que l'autre personne avait placée en vous. Une fois que vous avez menti, la véracité de tout ce que vous dites est remise en question. Toute relation d'affaires ou interpersonnelle repose sur la confiance réciproque. Ainsi, vous détruisez l'intimité dans les relations et vous rendez la poursuite des affaires lente et inefficace.

Aussi, chaque fois que vous violez un principe personnel, c'est comme si vous preniez un couteau et que vous l'utilisiez sur vous-même. Une partie de vous meurt alors. Peu importe le principe que vous avez violé. Votre être s'en trouve diminué et votre intégrité est grandement compromise. C'est pourquoi tant de gens dans la quarantaine et la cinquantaine ressemblent à des zombies qui errent sur la planète. Ils existent, bien sûr, mais ils ne sont pas vraiment vivants, à l'évidence. Ainsi, l'individu moyen minimise la valeur de la transparence, de l'authenticité, de la véracité d'être.

Les gens qui ont été impliqués dans le scandale d'Enron ne se sont pas montrés très transparents, parce que cette transparence aurait révélé quelque chose les concernant qu'ils ont préféré garder secret. Nous portons, pour la plupart, des secrets que nous ne voudrions pas que les autres sachent. Ce n'est pas là que se trouve le problème. Vous n'êtes pas tenu de dire tout ce qui vous concerne au monde entier. Toutefois, il y a des moments où se confesser aux autres peut apporter une véritable libération, à vous comme à ceux qui vous entourent. Voilà un moment où la transparence me semble de mise.

Les gens apprécieront pour un temps quelqu'un qui est compétent ou reflète une image, mais ils suivront presque n'importe où celui qui se montre transparent et authentique. Cette transparence communique aux autres une sorte de confiance fondamentale qui fait toute la différence lorsque les temps sont difficiles. L'industrie du marketing de réseau ou à paliers multiples est l'un des créneaux que nous soutenons. C'est une industrie phénoménale, mais sa réputation a été ternie par des gens qui se sont montrés malhonnêtes. Étant donné que l'honneur est l'un des traits les plus précieux pour les samouraïs compatissants, ils ne permettraient jamais que la réputation de leur industrie soit ternie à cause de leur conduite ou de celle de quelqu'un d'autre.

Le menteur invétéré qui est riche

Le manque d'honnêteté peut se manifester de nombreuses façons. Certaines personnes se procurent des voitures luxueuses, des vêtements chics et des maisons de rêve pour se persuader qu'elles ont atteint la réussite. Ce mode de vie attire les gens vers eux. C'est trompeur. À l'occasion, les gens achètent des choses qui sont au-dessus de leurs moyens parce qu'ils sont conscients du pouvoir de l'*image*. L'image est vraiment ce qui propulse les gens à court terme. Cela ne sert à rien de communiquer à votre entourage que vous faites beaucoup d'argent si ce n'est pas le cas. Laissez les autres découvrir que vous êtes plutôt *en voie* de faire beaucoup d'argent.

Je reconnais que cela ne paraît pas très invitant de dire à une centaine de partenaires potentiels que vous économisez en ce moment pour une Lexus, et que dans environ dix mois, grâce justement aux progrès réalisés au sein de votre entreprise de marketing de réseau, vous devriez avoir accumulé assez d'argent pour vous la procurer. Un tel commentaire ne produira généralement pas le même engouement rapide. Mais je vous invite à utiliser cette approche et à en voir les résultats. Elle pourrait surprendre quelques personnes au début – bon, d'accord, tout le monde va se trouver sous le choc. Mais les gens auront beaucoup de respect pour votre honnêteté. L'honnêteté favorise la confiance, et la confiance est un ingrédient essentiel dans les affaires.

Qu'est-ce que cela peut bien faire que vous ne conduisiez pas une rutilante Mercedes-Benz et que vous ne possédiez pas ce domaine au bord de la mer avec un yacht amarré au quai? Vous avez l'honnêteté, et c'est là une richesse qui dure beaucoup plus longtemps que n'importe quel bien matériel. Les samouraïs traditionnels utilisaient les choses en fonction de leurs besoins, un point c'est tout. Ils n'auraient jamais eu l'idée de se définir eux-mêmes par les choses qu'ils possédaient ou utilisaient. Ils considéraient ces objets comme des instruments.

Lorsqu'une personne tente de se définir par les biens qu'elle possède, le processus s'avère incessant puisque les choses s'usent : l'éclat qu'elles avaient d'abord se ternit. Alors, cette personne doit s'efforcer de maintenir son image juste pour plaire aux autres.

L'image n'est pas qui nous sommes vraiment. Elle n'est que le reflet d'une faible estime de soi. En général, les personnes qui recourent à l'image sont rarement transparentes ou honnêtes. Elles sont terrifiées à l'idée que quelqu'un découvre qu'elles ne sont pas ce qu'elles prétendent être et qu'elles vivent dans le mensonge depuis des années. Diriger en projetant une image démontre que vous n'êtes pas très intéressé à vous soumettre au processus qui vous assurera légitimement la jouissance des meilleures choses de la vie. Réaliser un rêve prend du temps et exige un engagement indéfectible. Ce n'est pas quelque chose qui arrive du jour au lendemain, et c'est bien ainsi. Le processus s'avère si précieux qu'il mérite qu'on en savoure chaque moment.

Rappelez-vous qu'une épée de samouraï requiert 80 000 plis et qu'elle doit être chauffée et martelée à répétition avant d'être enfin prête à servir au combat. Il est possible qu'avant que *vous* ne soyez prêt à servir et à vous trouver à l'avant-scène, vous deviez être martelé 80 000 fois aussi. Je parle ici au sens figuré, bien sûr, mais je souhaite que vous compreniez le message. Votre image est continuellement en train d'être façonnée. Ne cherchez pas à devenir riche et célèbre du jour au lendemain. Laissez agir le temps et demeurez honnête tout au long du processus. Faites des pas modestes, célébrez chaque progrès, et les gens qui vous entourent honoreront alors ces qualités en vous.

Quel est votre affreux petit secret?

Dans son livre *Winning,* Jack Welch parle du plus affreux petit secret du monde des affaires comme étant l'*absence de candeur.* Il écrit ce qui suit à ce sujet :

> Voilà vraiment un énorme problème, en fait. Fondamentalement, l'absence de candeur bloque toute nouvelle idée, toute action rapide, et elle empêche les personnes de qualité de pouvoir offrir ce qu'elles ont de meilleur. C'est terrible. Lorsque vous avez une certaine candeur – une qualité que vous ne posséderez jamais parfaitement, c'est certain – tout fonctionne plus rapidement et beaucoup mieux.

Je suis entièrement d'accord avec Jack. Il est sans doute le pdg le plus prospère de toute l'histoire des États-Unis. Si quelqu'un sait ce que veut dire l'honnêteté en affaires et comment cela compromet la réussite en général, c'est bien Jack Welch. L'honnêteté facilite vraiment le cours des choses. La malhonnêteté ralentit le processus du développement organisationnel, les progrès au sein de la famille, la croissance personnelle et même le développement intellectuel.

Soyez honnête avec vous-même. Dans quel domaine auriez-vous avantage à vous améliorer? Y a-t-il des dimensions de votre vie qui exigent une transformation? Comment pourriez-vous passer à l'action en faisant preuve de plus de maturité que vous en avez montrée jusqu'ici? Évaluez votre démarche personnelle et accordez-vous un pointage. Soyez honnête. Demandez-vous quels sont les domaines où vous souhaiteriez un revirement complet de la situation. Les samouraïs n'aiment pas être entourés de gens qui sont toujours du même avis qu'eux. Ils recherchent plutôt la présence de ceux qui sont disposés à les confronter en toute franchise dans les secteurs où ils ont besoin de progresser, ce qui leur permettra de croître et de prospérer.

Comment pourriez-vous passer à l'action en faisant preuve de plus de maturité que vous en avez montrée jusqu'ici?

Pourquoi être honnête? Parce que vous vous préoccupez des autres

Pourquoi une personne aspire-t-elle à être honnête dans son mariage ou en affaires? Quels en sont les bienfaits? J'ai mentionné déjà que l'honnêteté vous rend plus efficace. Une autre raison d'être honnête est parce que vous vous préoccupez des autres. Si vous vous foutez de tout et de tout le monde, il y a de fortes chances que l'honnêteté n'ait pas beaucoup d'importance pour vous.

Si votre enfant vous demandait si vous avez déjà consommé de la drogue, lui mentiriez-vous dans le but de le protéger? Absolument pas! Il ne faut jamais mentir à ses enfants, mais plutôt leur dire la vérité. Dites-leur plutôt pourquoi vous avez eu recours à cette échappatoire et pourquoi vous le regrettez aujourd'hui. Il vaut mieux être honnête et leur montrer que vous vous préoccupez de leur bonheur, plutôt que mentir et qu'ils découvrent tôt ou tard la vérité sur vous. Vous vous posez sans doute la question : *Suis-je tenu de révéler tout?* Je crois qu'il n'est pas nécessaire d'aller dans les détails. Cela ne ferait qu'aggraver la situation. Révélez suffisamment d'éléments pour montrer que vous faites preuve d'honnêteté; en agissant de la sorte, vous honorez l'autre personne. Une telle honnêteté favorise la confiance et l'intimité.

Malgré toute votre bonne volonté, faire preuve d'honnêteté pourra parfois compliquer les choses en amitié, dans le mariage ou en affaires. Il est possible que la situation s'envenime. Certains couples mariés depuis des dizaines d'années ne se montrent pas honnêtes quant à ce qu'ils aiment et n'aiment pas dans les rapports sexuels. L'honnêteté risque fort de heurter les sensibilités. Les gens moyens préfèrent nettement éviter l'inconfort de discuter de ces sujets explosifs plutôt que de choisir d'être vrais et de faire face à la situation. Ils troquent la véritable intimité pour le confort. On vous a sans doute enseigné qu'un pieux mensonge ne fait vraiment pas de tort à personne. Ce n'est pas vrai, et vous le savez bien. Avec le temps, les autres se rendront compte également que ce n'est pas vrai.

Je ne suis pas en train de suggérer que vous utilisiez l'honnêteté comme excuse pour justifier une certaine cruauté. Vous devez trouver une manière de dire la vérité qui honore l'autre. Par exemple, deux personnes peuvent entretenir des attentes différentes dans une relation. Il est possible que la première considère la relation comme durable, tandis que la deuxième voit cela comme une aventure de passage, une relation de convenance. Les gens moyens ont peur de perdre ce qu'ils ont et ils évitent d'aborder certains sujets ou demeurent plutôt vagues. Peut-être apprécient-ils les avantages d'une telle situation : les cadeaux, les repas au restaurant, les soirées à l'extérieur.

Ce n'est pas honnête de poursuivre une relation sans faire face à la situation. Une personne aura peut-être envie de dire : « J'aimerais ralentir un peu, les choses vont trop vite pour moi dans cette relation. » Mais sans doute a-t-elle peur qu'en partageant ainsi ses sentiments elle perde les bienfaits qu'elle retire de la relation. Ce n'est pas vraiment important. Les choses risquent de se compliquer de toute manière, tôt ou tard. Les samouraïs compatissants honorent les autres personnes et le principe de l'honnêteté en affirmant clairement où ils en sont dans une relation.

La société dans son ensemble peut être malhonnête. À titre d'exemple, l'Américain moyen a fermé les yeux durant des années sur les dommages causés par la ségrégation raciale. De nos jours, nombreux sont ceux qui refusent de reconnaître les effets de la pollution sur l'environnement ou la détérioration rapide du climat social dans nos écoles. Certains individus qui accusent un surplus de poids ou sont en mauvaise santé ne sont pas honnêtes avec eux-mêmes. Ils essaient de se persuader qu'ils peuvent continuer à manger tout ce qui leur tombe sous la main à n'importe quel moment de la journée, et que cela est sans conséquence.

Avec le temps, cette attitude leur jouera des tours, et ils risquent de le payer de leur vie. Plus tôt ils feront face à la situation, meilleures seront leur chance de survie. Ce principe s'applique à tous les domaines de la vie. La prévention est toujours la meilleure méthode, quelle que soit la situation. Les samouraïs compatissants font face aux difficultés avant qu'elles surviennent et avant que les choses s'enveniment. C'est parce que vous vous préoccupez sincèrement de votre bien-être autant que de celui des gens qui se préoccupent du vôtre que vous aurez tendance à prendre de telles mesures préventives.

L'honnêteté, une épée à deux tranchants

La plupart des gens ne sont en général pas préparés à vivre les répercussions de l'honnêteté. C'est la raison pour laquelle ils ont tendance à les éviter. Se montrer honnête, c'est comme payer comptant au lieu d'utiliser une carte de crédit. Avec du comptant, vous payez un prix moindre sur-le-champ et vous acceptez de subir un certain inconfort. En utilisant une carte de crédit, vous vivez dans l'illusion d'un certain confort jusqu'à ce qu'arrive la fin du mois, et alors, c'est la dépression.

L'honnêteté, c'est comme une épée à deux tranchants. Elle blesse, mais peut aussi guérir. Tel est le pouvoir de l'épée. Parfois il faut d'abord inciser pour permettre la guérison. Ce n'est pas toujours agréable, mais c'est efficace. Il y a certains avantages à être honnête, et vous pourrez en profiter dès que vous aurez choisi la voie du samouraï compatissant.

1. L'honnêteté renforce l'intimité. Pour qu'une relation soit plus profonde et significative, il faut être honnête. L'intimité, c'est voir ce qu'il y a à l'intérieur. Si vous aspirez à l'intimité, l'honnêteté est fondamentale.
2. L'honnêteté favorise l'engagement de plus de gens et leur apport en créativité dans le processus. Lorsque je me suis montré honnête dans ma recherche d'accomplissement personnel, d'autres autour de moi ont commencé à faire de même. Dans le domaine professionnel, si je m'attends à plus d'engagement de la part des autres, je me montre honnête à ce sujet. En général, les gens réagissent en se sens plutôt que de se plaindre.
3. L'honnêteté accélère les choses. Elle renverse les obstacles qui se présentent, peu importe l'événement. Elle économise du temps et rend les choses plus efficaces.

Faire preuve de diplomatie

Voici un dernier commentaire sur le sujet : ne vous servez pas du principe d'honnêteté pour vous justifier d'être détestable ou pour faire sentir aux autres qu'ils ne valent rien. Faites preuve de tact. Il n'est pas nécessaire de réprimander quelqu'un simplement parce que vous avez remarqué qu'il aurait besoin de progresser dans certains domaines. Avez-vous pensé à lui demander la permission avant de lui donner votre avis? Au sein de notre entreprise, il m'est arrivé d'entendre des conversations où une personne disait : « Me permettez-vous de vous donner mes impressions sur telle question? » et l'autre répondait : « Non, j'ai l'esprit ailleurs en ce moment et je risque de ne pas bien écouter. Pourriez-vous m'en parler demain? » Voilà un exemple de conversation vraiment honnête et formidable. Quand une personne accepte d'écouter nos impressions sur un sujet, il y a toujours moyen de nous exprimer sans rudesse ni impolitesse. Soyez attentif au fait que vos critiques envers les autres en disent fréquemment beaucoup plus sur vous que sur ces personnes. *Vous ne pouvez critiquer chez les autres que ce qui reflète votre propre expérience. Vous ne pouvez percevoir chez les autres que les choses qui se détectent facilement en vous.* La seule différence entre ces personnes et vous est que le problème est apparent chez eux alors qu'il est peut-être dissimulé chez vous.

Vous ne pouvez critiquer chez les autres que ce qui reflète votre propre expérience. Vous ne pouvez percevoir chez les autres que les choses qui se détectent facilement en vous.

Précisez vos intentions avant d'approcher une autre personne. Que souhaitez-vous accomplir, au juste? Soyez honnête. Désirez-vous vraiment aider cette personne ou lui donner mauvaise conscience? Si vous ne voulez que la culpabiliser, gardez vos suggestions pour vous, qu'elles vous semblent justifiées (honnêtes) ou non. Il y a toujours une manière judicieuse d'aborder une situation. Si votre but est réellement d'aider, votre façon de composer avec la situation déterminera le résultat éventuel. Si vous vous y prenez de la mauvaise manière, il peut arriver que vos bonnes intentions soient mal interprétées, ce qui ne fera qu'envenimer les choses.

Servez-vous de votre jugeote avant de vous engager dans une situation qui vous demande d'être honnête avec quelqu'un. En fait, vos observations les plus honnêtes sont souvent celles qui vous concernent, vous. Apprenez à maîtriser cela d'abord avant de tester vos talents sur les autres. Plusieurs personnes ont appris comment dire les *bonnes* choses en toute circonstance. Toutefois, simplement dire les bonnes choses ne pourra cacher la personne que vous êtes, au bout du compte. Votre véritable intention surgira toujours en cours de route. Il vaut donc mieux composer honnêtement avec la situation et éviter les mascarades. Si vous ne le faites pas, vos véritables désirs et motivations paraîtront au grand jour, tôt ou tard. Rien ne reste secret dans la vie.

Et lorsque cela se produira, vous ferez mauvaise figure. Votre interlocuteur ne vous croira plus parce que vous lui avez dit ce qu'il voulait entendre. Imaginons qu'un promoteur immobilier dise à son client ce qu'il souhaite entendre : « Le travail sera terminé dans un mois, tout au plus. » Lorsque la maison n'est toujours pas prête deux mois plus tard, le client est furieux. L'entrepreneur a peur et il est frustré parce qu'il risque d'être poursuivi pour rupture de contrat. Il a dit au client ce que celui-ci voulait entendre, mais il n'avait pas l'intention de tenir parole. Ce genre de chose est fréquent.

Alors, que faut-il faire et que faut-il dire au juste? L'individu moyen vous répondra quelque chose comme : « Je vais essayer de... » C'est un semblant d'engagement. *Essayer est mentir.* Vous réserver une porte de sortie au cas où quelque chose ne fonctionnerait pas comme prévu est une manière de plus de contourner la vérité. Vous ne pouvez vous engager dans une entreprise en sachant que les choses peuvent tourner au vinaigre. Si vous le faites, c'est exactement ce qui va se produire. Nombreux sont ceux qui se marient avec l'intention d'échapper à leur engagement si la relation se détériore. Ils s'engagent l'un envers l'autre en prononçant des vœux, tout simplement (c'est-à-dire qu'ils échangent les paroles que l'autre et l'assistance veulent entendre alors que leurs intentions ne sont pas entièrement honnêtes.)

Mon point ici est que quelles que soient les paroles que vous prononcez, tout le monde découvrira avec le temps où se trouve réellement votre cœur. Il n'existe qu'une solution : être honnête. Si vous êtes un promoteur immobilier, faites savoir clairement à votre client que vous êtes déjà engagé dans un gros projet de construction dans un autre secteur et que vous avez accepté le présent contrat parce que cet argent aidera à payer le salaire des ouvriers. Laissez-lui savoir qu'il vous faudra plus de temps que d'habitude pour compléter le travail, peut-être deux ou trois mois en tout, mais que vous allez lui offrir quelques extras en compensation, s'il est prêt à se montrer patient. Votre honnêteté vous fera sans doute perdre quelques clients, mais elle vous en procurera plusieurs autres.

Et avant de dire « oui, je le veux », pourquoi ne pas avoir une conversation honnête au sujet des choses qui pourraient ruiner vos chances de réussite, dès le début de l'aventure? « Si telle situation se produit, je ne crois pas pouvoir continuer. Tu ne me verras plus! » D'accord, voilà qui est plutôt tranchant, mais au moins, c'est honnête. Votre partenaire n'aura peut-être pas envie d'entendre ce genre de choses, mais il appréciera l'avoir fait au bout du compte. Après ces mises au point, votre intégrité – qui sera reflétée par votre comportement – est la seule chose qui demeurera évidente pour les gens. Les samouraïs traditionnels n'abusaient pas des mots; ils étaient plutôt d'un naturel silencieux. Ce n'est pas parce qu'on leur interdisait de parler : c'est simplement qu'ils comprenaient le pouvoir des mots et qu'ils n'avaient pas envie de les utiliser cavalièrement. Les samouraïs avaient compris que le silence, plus que les paroles, pousse à l'action.

Les samouraïs compatissants placent les principes au-dessus de leur intérêt personnel.

Les gens moyens font tout ce qui semble être dans leur meilleur intérêt.

Chapitre six

L'HONNEUR

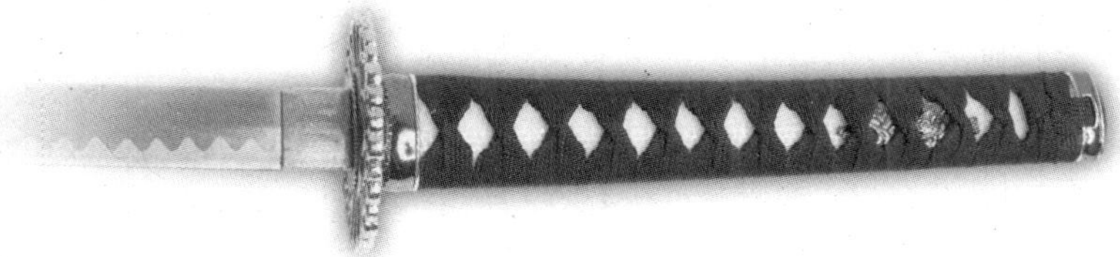

L'intégrité est l'élément essentiel de toute réussite.
Auteur inconnu

Honorer quelqu'un, c'est respecter cette personne et la tenir en haute estime. Chaque grande religion a un dogme qui souligne l'importance de tenir ses parents en haute estime. Pourtant, le déshonneur est répandu dans la société actuelle. Les gens ne comprennent pas l'importance de respecter les autres, même au niveau le plus fondamental. Les enfants déshonorent leurs parents. Certains leur mentent; d'autres leur lancent des injures et se conduisent de manière ouvertement rebelle à leur égard. Les athlètes professionnels crachent sur des adversaires et frappent les arbitres. Les autorités ferment les yeux sur l'utilisation de stéroïdes et n'imposent que des peines symboliques.

Le sarcasme était un comportement si fréquent qu'on a dû lui opposer une pénalité. Les politiciens considèrent comme banal de salir la réputation d'un adversaire : c'est vu comme faisant partie du jeu. Personne ne s'attend à ce qu'un politicien dise la vérité. Les avocats sont tenus en faible estime parce qu'ils ont la réputation d'être prêts à tout pour gagner une cause. Rappelez-vous cet adage « honneur entre malfrats ». Les jeunes se joignent à des gangs de rue pour l'honneur, parce qu'ils ne le trouvent nulle part ailleurs.

Il y a quelques années, une des membres du groupe de musique country les *Dixie Chicks* a émis des commentaires désobligeants sur le président Bush. Des dizaines de milliers d'Américains ont réagi en jetant leurs disques à la poubelle. Étonnamment, dans une interview qui a suivi cet incident, la leader du groupe n'arrivait pas à comprendre une telle réaction. Elle pensait que ces gens ne respectaient pas la liberté de parole. En réalité, très peu de gens n'appuyaient pas sa position antiguerre. La moitié du pays n'est pas d'accord avec le président sur ce point. Ces gens ont simplement réagi parce qu'elle avait injurié publiquement le président. Le prix du déshonneur est élevé : il en coûte à la personne qui est déshonorée aussi bien qu'à celles qui lui sont associées dans cette conduite déshonorante.

Le prix à payer pour le déshonneur n'est pas toujours reconnu sur-le-champ, mais cela ne veut pas dire qu'il n'y en a pas. La société tend à cacher les effets et les conséquences du déshonneur en véhiculant l'idée que le manque de respect est anodin. À la vérité, il n'en est rien; la situation vous rattrapera toujours tôt ou tard. Comprendre l'importance de l'honneur, c'est savoir que le respect que vous portez à autrui retombe sur vous-même, sur votre famille, votre groupe de travail et toutes vos autres relations, même sur le nom samouraï. Les samouraïs traditionnels honoraient même leurs ennemis.

Honorer toute personne avec qui vous êtes en interaction

J'ai demandé à mon ami Tim Redmond, qui occupe un poste de gestion de haut niveau, de passer quelques jours avec moi pour m'observer et m'indiquer quels ajustements je devais faire pour diriger une entreprise qui rapporte cent millions de dollars par année. Quand il m'a livré ses impressions, un de ses commentaires m'a estomaqué. Il m'a dit, d'une part, que j'avais une vision qui l'inspirait, qui mobilisait les autres, que je savais voir le meilleur chez eux et que je les payais plus qu'il ne l'aurait fait. Il a ajouté, d'autre part, que j'avais une attitude condescendante à l'égard de mes employés. J'étais secoué.

Sans doute étais-je en plein déni parce que je ne m'étais jamais perçu comme étant condescendant envers *quiconque,* surtout pas envers mes employés. Je lui ai demandé des précisions. Il m'a invité à me rappeler les conversations que j'avais eues durant la journée avec les gens du bureau. Ce que j'ai fait. Il m'a fait remarquer que ce n'était pas des conversations mais plutôt des monologues : je disais aux gens ce qu'ils devaient faire sans leur demander leur opinion. Ne pas donner aux gens l'occasion de partager leur point de vue sur ce qui doit être fait est condescendant. Cette attitude ne faisait pas honneur à leur valeur comme équipe au sein de Klemmer & Associates.

Depuis, je m'efforce d'amorcer chaque conversation par une question. C'est une approche respectueuse. Elle communique l'idée que j'accorde de l'importance aux contributions des autres. Demander à Tim de me donner ses impressions était une démarche visant à lui rendre honneur et à me respecter moi-même. Je demande maintenant à mes employés de me le signaler quand je ne commence pas une conversation par une question; c'est aussi un comportement respectueux. Il est possible d'être honnête sans se montrer condescendant et sans rabaisser les autres. Et la meilleure façon d'éviter cet écueil est d'écouter ce qu'ils ont à dire.

Lorsque les samouraïs compatissants communiquent avec autrui, ils visent avant tout d'être à l'écoute.

Aussi simple que cette leçon puisse paraître, l'écoute est un véritable problème pour bien des gens, tout spécialement les cadres dirigeants et les personnes qui réussissent. Parfois, les gens très doués ont l'impression qu'ils ont gagné le droit de ne plus écouter les autres parce qu'ils sont « parvenus au sommet ». Rien ne peut être plus éloigné de la vérité. Plus vous avez atteint les hauts échelons dans la vie, plus vous avez besoin de la contribution régulière des autres pour y demeurer. Vous connaissez sûrement le proverbe « plus ils sont gros et plus ils font du bruit en tombant ». Je préfère nettement écouter l'opinion des autres et suivre leurs recommandations en vue de protéger le fruit de mon labeur que de tout perdre à cause de l'arrogance et de l'orgueil.

Lorsque les samouraïs compatissants communiquent avec autrui, ils visent avant tout d'être à l'écoute. Une écoute attentive démontre que vous respectez votre interlocuteur. Et, bien sûr, on apprend toujours beaucoup plus en écoutant qu'en parlant – sans doute est-ce la raison pour laquelle Dieu nous a donné deux oreilles mais une seule bouche. Respecter les engagements que l'on a pris, même lorsqu'ils semblent sans grande importance, est un signe de respect. Arriver à l'heure à ses rendez-vous ou à la maison après le travail est un comportement respectueux.

Les gens moyens ne s'en font pas lorsqu'ils sont en retard. Ils communiquent l'impression que leur emploi du temps est bien plus important à leurs yeux que celui des autres. J'ai vu des chefs d'entreprise faire perdre plus d'une fois le temps d'une centaine de personnes. C'est une conduite irrespectueuse. Parler des autres en termes élogieux est un comportement honorable. Certaines personnes n'accordent jamais de crédit aux autres pour quoi que ce soit : c'est une conduite irrespectueuse. Pensez à votre patron ou à un de vos supérieurs au travail. Quand, pour la dernière fois, avez-vous fait son l'éloge? Peut-être vous dites-vous qu'il n'y a rien d'édifiant à souligner?

Il y a toujours quelque chose de bon à trouver chez quelqu'un, que ce soit sa sincérité, sa détermination ou sa jovialité naturelle. Peut-être croyez-vous que certaines personnes ne méritent pas que l'on fasse leur éloge? C'est une raison de plus de le faire et de les honorer. Louangez-les à leur insu, cela vous donnera du crédit auprès des autres. Que pouvez-vous faire pour honorer vos enfants? Que *faites-vous* dans ce sens? Et plus important encore, qu'*avez-vous l'intention de faire?* Prenez-vous du temps pour être seul à seul avec chacun d'eux? Demandez-vous leur avis? Sont-ils encouragés à participer à des conversations avec des adultes? Leur accordez-vous le droit de solutionner eux-mêmes leurs problèmes ou le faites-vous toujours à leur place?

Je parle souvent de Tom, mon mentor. Je dis aux gens que ma vie est bien différente grâce à lui. Je ne serais jamais devenu un auteur reconnu, je n'aurais jamais réussi à ramasser des millions de dollars pour des causes qui me tiennent à cœur, je ne me serais pas marié, je ne serais pas un chrétien, et beaucoup d'autres choses encore, si Tom n'était pas apparu dans ma vie. Cela fait maintenant 24 ans qu'il a quitté ce monde, mais j'ai fait tout cela en partie pour lui rendre hommage. Comme la plupart des gens, il avait ses travers, et quelques-uns étaient assez importants. Jamais je ne les souligne. Je préfère plutôt parler de mes propres manquements. Je ne pourrai jamais lui rendre ses bienfaits, mais je crois que c'est là la bonne chose à faire.

C'est ainsi qu'agissent les samouraïs compatissants. Combien de fois avez-vous entendu quelqu'un se plaindre de l'entreprise pour laquelle il travaille? Les samouraïs compatissants ne se comportent jamais ainsi. Ils vont plutôt aller exprimer leurs doléances à la direction. Cette démarche les honore parce qu'ils se préoccupent suffisamment de l'organisation pour aller vers quelqu'un en haut lieu qui peut changer quelque chose à la situation. Ils ne se plaignent jamais auprès de personnes qui *n'ont pas ce pouvoir*. Les gens moyens se plaignent à qui veut bien les entendre.

Quelle est la meilleure façon d'honorer l'entreprise pour laquelle vous travaillez? En disant du bien d'elle. En faisant tout ce que vous pouvez pour elle. Le fait de gonfler un compte de frais déshonore la société qui vous procure un salaire, à vous et à vos collègues. Les gens moyens font ce qui les sert le mieux sans se soucier des autres. Les gens moyens scellent une vente, que le produit convienne au consommateur ou non. Les gens moyens augmentent leur revenu et leur train de vie même si cela pollue l'environnement. Les samouraïs compatissants ne veulent pas déshonorer les générations à venir.

Quelle est la meilleure façon d'honorer les gens qui vous offrent leurs services au quotidien, qu'il s'agisse de la serveuse, d'un vendeur, du concierge de l'immeuble ou de la caissière à la banque? Connaissez-vous leur nom et l'utilisez-vous quand vous vous adressez à eux? Les gens adorent lorsqu'un client les connaît par leur nom; les clients voient dans ce traitement le signe d'un excellent service. Les gens moyens ne rendent jamais la pareille, bien que ce soit si facile et si simple à faire. Avez-vous l'habitude d'ignorer les gens qui vous servent ou leur posez-vous une question ou deux qui les honorent et apportent une contribution à leur journée? Combien de pourboire laissez-vous?

Quel est le ton de votre voix lorsque vous êtes à l'aéroport et que votre avion a du retard? Les samouraïs compatissants cherchent toujours l'occasion de servir et d'honorer les autres êtres humains. Vous connaissez sans doute la pratique de la dîme qui consiste à donner les premiers dix pour cent de vos gains à Dieu ou au lieu de culte où vous recevez votre nourriture spirituelle. La dîme est une pratique honorable. C'est une marque de reconnaissance pour le fait que Dieu est la source de toutes choses, et non notre intelligence ou nos capacités personnelles. C'est un comportement qui honore Dieu.

Les samouraïs compatissants cherchent toujours l'occasion de servir et d'honorer les autres êtres humains.

Se respecter soi-même

L'honneur est en réalité une question de respect. Le mot *respect* est généralement employé pour signifier la considération que l'on témoigne aux autres. On dit, par exemple, « respectez les gens âgés; honore ton père et ta mère; rendez à chacun l'honneur qui lui est dû... ». Tout cela nous est familier. Mais que pensez-vous de l'affirmation « honore-toi toi-même »? Cette recommandation vous semble-t-elle judicieuse? Si ce n'est pas le cas, c'est sans doute que vous ne l'avez pas suffisamment entendue pour qu'elle devienne un principe de vie qui dirige vos pensées et vos actions.

Vous seriez étonné de constater le nombre de gens qui n'ont que peu d'estime ou de respect pour eux-mêmes. Lorsque quelqu'un ne se respecte pas lui-même, c'est toujours évident. Cela ne se dissimule pas. Une des manières de découvrir si les gens ont un sain respect pour eux-mêmes est d'examiner s'ils tiennent parole pour les choses qui les concernent. Si vous n'arrivez pas à faire pour vous-mêmes ce que vous avez promis de faire, c'est le signe que vous n'avez pas beaucoup de respect pour la personne que vous êtes. Certaines gens donnent beaucoup aux autres, mais jamais à eux-mêmes. Ce comportement n'est pas digne d'honneur.

Certaines personnes mettent du temps à part pour leur conjoint, les enfants, le travail, l'église et les amis, mais elles se sentent coupables de prendre du temps pour elles-mêmes. Elles ont de la peine à honorer qui elles sont. Elles méritent pourtant de se faire du bien. Les samouraïs compatissants s'honorent eux-mêmes, que ce soit par un massage, un long bain chaud ou un bon livre. De telles activités n'ont rien d'égoïste à moins d'être recherchées à outrance ou de ne pas laisser de temps pour autres choses. Si vous ne prenez pas soin de vous, vous deviendrez peu à peu une sorte de martyr et vous ne serez plus utile à personne. Servir autrui peut devenir un puits sans fond. Vous voulez contribuer encore et encore, mais n'allez surtout pas croire que vous pourrez jamais terminer ou compléter votre devoir.

Faites-vous de l'exercice physique et vous alimentez-vous convenablement? C'est là une pratique qui témoigne du respect que vous vous portez. Comment vous traitez-vous lorsque vous commettez une erreur? Vous respectez-vous en vous disant que vous avez fait un bel effort et qu'il y a là une importante leçon à retenir? Ou vous dénigrez-vous en vous disant que vous êtes vraiment stupide? Les samouraïs se considéraient eux-mêmes comme hautement dignes d'honneur. C'est la principale raison pour laquelle ils se sentaient si poussés à honorer les personnes avec qui ils entraient en contact, y compris leurs ennemis. La manière dont un samouraï se traitait lui-même était un indicateur de l'image de lui qu'il entretenait.

C'est ce genre d'image que voient en vous ceux qui vous entourent et que vous pouvez offrir aux autres. La manière dont vous vous traitez est le reflet direct de la manière dont vous traiterez les autres.

Le pouvoir de votre mentor

La vulnérabilité est plus attirante que l'invincibilité. Lorsque j'étais dans l'armée, on m'a appris le contraire. Je me fais un devoir de parler souvent de mon mentor pour démontrer du respect. Certaines personnes trouvent étrange de parler ainsi d'autres personnes. Elles ont des difficultés avec le concept de l'honneur parce qu'elles manquent de respect à leur propre égard. Certaines se sentent coincées à l'intérieur et elles ont de la peine à reconnaître la valeur ou la contribution des autres. Bien que les gens se comportent comme s'ils étaient les créateurs de ceci ou de cela, bien peu d'entre eux ont élaboré des concepts véritablement novateurs. D'habitude, la tendance est d'améliorer ce que d'autres ont découvert et popularisé bien avant notre époque. Le roi Salomon avait raison lorsqu'il a affirmé qu'il n'y a rien de nouveau sous le soleil.

Chaque fois que je parle de Tom, mon mentor, cela m'honore et augmente ma valeur personnelle. Les gens ont davantage confiance en moi lorsque je m'identifie sans aucune gêne avec un autre homme, en leur laissant savoir sans réserve qu'il est en grande partie responsable de la réussite dont je jouis aujourd'hui. Un mentor à qui ils accordent le crédit pour leurs connaissances et leur réussite est ce que la plupart des gagnants ont en commun.

Les gens moyens tiennent à leur indépendance. Ils sont différents des samouraïs compatissants, qui eux, vivent dans la dépendance réciproque.

L'indépendance n'existe pas vraiment. Nous sommes tous liés, que nous le reconnaissions ou non. Lorsque nous comprenons à quel point le fait d'être unis aux autres nous rend plus puissants, nous découvrons et actualisons notre valeur collective. Sans personne pour me précéder sur le chemin, je suis perdu. Les gens qui sont perdus n'apportent pas de contributions significatives à l'univers. Il est si important de suivre quelqu'un qui peut vous conduire là où vous attend votre destinée; quelqu'un qui connaît bien l'endroit pour y être allé avant vous.

Le déshonneur rend petit

Le déshonneur diminue la valeur d'une personne. Il y a des années, durant un combat de championnat de boxe, Mike Tyson a mordu son adversaire, Evander Holyfield. Ce geste bestial a fait scandale dans l'univers du sport professionnel. Tyson a été disqualifié. On lui a imposé une amende et il a reçu une réprimande de la Fédération de boxe. Il s'est déshonoré en agissant de la sorte, et ses admirateurs l'ont laissé tomber comme un sac de croustilles vide. Son geste a eu des répercussions non seulement sur sa propre vie, apportant la honte à sa famille, mais il a éclaboussé l'ensemble de la profession également. Le monde de la boxe a perdu beaucoup de sa crédibilité.

Les samouraïs traditionnels auraient préféré se donner la mort plutôt que de mettre leur famille ou un groupe quelconque dans l'embarras. Le *seppuku* était un acte de courage incroyable. Le samouraï qui le pratiquait s'enfonçait une dague dans la poitrine et dirigeait la lame de manière à faire sept incisions de côté. Le corps du samouraï était emporté dans la mort, mais sa réputation demeurait bien vivante. Mike Tyson était un grand boxeur, le champion du monde, en fait. Mais en un instant, pour les spectateurs de tous les coins de la planète, le geste qu'il a accompli a fait de lui un faible. Le déshonneur a fait voir combien il était petit.

Certaines personnes apportent le déshonneur dans leur famille, particulièrement chez celles qui ont une longue tradition de richesse et de générosité. Si vous appartenez à une lignée marquée par la fortune et la respectabilité, il vaut mieux que vous choisissiez avec soin vos amis et vos petites copines. Vous ne pouvez vous permettre de fréquenter des criminels, ce qui ternirait votre nom et votre réputation. Dans un sens, les choses sont devenues plus difficiles pour mes enfants quand j'ai démarré Klemmer & Associates Leadership Seminars parce qu'ils n'ont pas eu la liberté de se comporter comme des jeunes ordinaires. Ils ont compris que leur conduite pouvait avoir une influence sur le cours de mes affaires et sur la réputation que j'ai mis des années à bâtir. Dans un autre sens, cela a été une bonne chose pour eux.

Je crois que tous les gens devraient se voir comme appartenant à une famille royale, avec un nom à préserver. Au sein de certaines familles, cela peut ne pas paraître évident, mais la réalité est là néanmoins. À l'Académie de West Point, nous avons appris la valeur des trois réalités suivantes : le devoir, l'honneur et le pays. Ces valeurs sont le leitmotiv de cette école. Elles sont le code de conduite du samouraï compatissant.

Avez-vous fait votre devoir? Que cela vous ait plu ou non n'a pas d'importance. C'est le devoir qui compte. Vous avez honoré votre pays, votre escadron et vous-même en faisant votre devoir. Un individu moyen aurait pu choisir de laisser tomber pour des raisons personnelles, mais vous ne pouviez laisser tomber votre unité ou votre pays. L'Académie avait un code d'honneur qui spécifiait que les élèves n'avaient pas le droit de mentir, de tricher, de voler ou de tolérer quiconque faisant de telles choses. Le code exigeait que nous dénoncions toute personne qui n'obéissait pas à ces normes. Le monde civilisé appelle cela « moucharder ». Nous étions plutôt persuadés que suivre ce code d'honneur rehaussait la réputation de tous nos compagnons en général.

Nous nous préoccupions tellement de cette réputation que nous étions même prêts à dénoncer notre meilleur ami. Voilà le niveau d'engagement à des principes qui est attendu d'un samouraï compatissant. La plupart des élèves de l'Académie ont mis un certain temps avant d'intégrer et d'accepter ce code. Par exemple, se faire prendre à violer le règlement touchant la consommation d'alcool sur le campus entraînait une punition du genre marcher sur une certaine distance et être confiné à ses quartiers. Mais mentir à ce sujet entraînait l'expulsion parce que c'était une violation du code d'honneur.

Aucun mensonge n'était trop petit, et il n'en fallait qu'un seul. On vous demandait si vous aviez ciré vos chaussures et vous répondiez oui alors que ce n'était pas le cas, vous étiez expulsé. Les gens de l'extérieur estimaient parfois que les règlements étaient trop sévères, mais c'était rarement notre avis. Cela a permis d'établir un extraordinaire contexte de vie. Au début, plusieurs des élèves adhéraient au code par crainte de se faire expulser. Avec le temps, ils sont passés de la conformité à un véritable engagement du cœur vis-à-vis du code. Les samouraïs compatissants adhèrent aux standards les plus élevés, et ils se mesurent eux-mêmes en fonction de ces critères plutôt qu'à ceux de la multitude.

Les actions d'un samouraï compatissant affectent tout le monde

C'est une chose d'apporter le déshonneur sur soi, mais cela ne s'arrête jamais là. Vos actions ont des répercussions sur tous ceux que vous connaissez : vos collègues de travail, les membres de votre communauté de foi, le pays tout entier, et même sur les autres samouraïs compatissants. Les actions d'un samouraï ne sont jamais siennes. Les gestes qu'il fait affectent l'ensemble de la collectivité dont il fait partie. Lorsqu'un samouraï meurt, les autres samouraïs lui rendent hommage en se prosternant, même s'il était du camp ennemi. S'ils ne lui rendent pas les honneurs qui lui sont dus, ils sont punis de mort.

Dans le monde moderne, les valeurs qui ressemblent le plus à ce concept sont la loyauté et l'esprit d'équipe. La vie ne se résume-t-elle pas à faire partie d'une *énorme* équipe, en fait? Nos formateurs sont tenus de signer un code d'éthique à l'embauche. S'ils ont des rapports sexuels avec un étudiant ou font usage de drogues illégales, ils seront renvoyés. D'autres entreprises comme la nôtre et aussi des conférenciers se servent de leur position d'autorité pour tirer avantage des participants. La vie sur la route comporte de nombreuses tentations. Un tel comportement entraînerait le déshonneur non seulement pour eux en tant que formateurs, mais également pour leur famille, de même que pour Klemmer & Associates.

Vous ne pouvez gagner dans la vie, dans tous les sens du terme, que lorsque tout le monde est gagnant.

Pour la plupart des membres de l'équipe, la crainte d'être renvoyés les pousse à se conformer au code, mais le désir de ne pas ternir l'image du groupe et de décevoir les collègues qui ont fait des choses incroyables pour eux favorise un engagement du cœur. C'est précisément cette compréhension et cette expérience du devoir envers l'équipe qui servent de fondement à leur honneur. Vous ne pouvez gagner dans la vie, dans tous les sens du terme, que lorsque *tout le monde* est gagnant. Malheureusement, nous nous sommes tellement éloignés de ce concept gagnant-gagnant dans la société actuelle, que nous avons perdu le sens de la solidarité et, avec lui, le sens profond de la vie.

Les individus moyens ne se préoccupent jamais de leurs actions et de leurs répercussions sur les autres. Ils profitent tout simplement de chaque journée pour leur propre plaisir, en ne pensant pas à la traînée de semences négatives qu'ils laissent derrière eux. Les gens moyens ne pensent pas aux autres; ils sont égoïstes, un point c'est tout. Les samouraïs compatissants vivent leur vie pour mettre les autres en valeur, leur faire du bien, rehausser leur réputation et celle de l'équipe dont ils font partie.

Les samouraïs compatissants placent les principes au-dessus de leur intérêt personnel.

Les gens moyens font tout ce qui semble être dans leur meilleur intérêt.

Une histoire de réussite

En 2003, Bill Kelly s'est inscrit à l'un de nos ateliers de formation. À son meilleur, avant cette année, Bill avait fait deux cent mille dollars en tant que courtier immobilier et il s'était littéralement tué à la tâche pour y parvenir. J'ai fait affaire avec lui pour acheter un quadruplex à Santa Rosa, en Californie. Je l'ai félicité alors pour ce qui me semblait une perte de poids significative. Il avait perdu plus de vingt kilos et ne les avait pas repris au bout d'un an. Je lui ai demandé comment il avait réussi cet exploit. Il m'a répondu d'un air taquin : « Si les manuels d'instructions étaient suffisants, nous serions tous sveltes, riches et heureux, n'est-ce pas? » (C'est le titre de mon premier *best-seller*.) Il m'a expliqué ensuite qu'il avait adopté un code d'honneur après avoir pris part à l'un de nos camps de samouraïs.

À mesure qu'il a appris à se respecter lui-même, il a commencé à respecter son propre corps. Il s'est mis à faire régulièrement de l'exercice. Il a compris que certains aliments nuisaient à sa santé. C'est pourquoi il a adopté une alimentation plus saine. Il a cessé de consommer croustilles, boissons gazeuses et bonbons pour soulager sa faim et les a remplacés par de meilleurs choix tels que des fruits et légumes, et de l'eau. Il a compris que le fait de consommer de mauvais aliments déshonorait son corps.

Au lieu de voir l'exercice régulier comme lassant, il s'est mis à le considérer comme une manière de respecter son corps. Inutile de dire que Bill a perdu du poids et est en meilleure santé. Il n'a pas réussi cet exploit en adoptant une diète à haut rendement ou en s'entraînant au-delà de ce qui était normal au gymnase. Au lieu de cela, il a choisi de voir son propre organisme comme un vase d'honneur digne du meilleur traitement et des aliments de la plus grande qualité. Ce n'est pas que les méthodes proposées dans les livres soient mauvaises : c'est qu'en elles-mêmes elles sont insuffisantes.

Les gens savent bien comment perdre du poids : il suffit de manger moins et de faire davantage d'exercice. Notre comportement, cependant, est dirigé par les habitudes et les convictions qui sont inscrites au plus profond de notre cœur. Le revenu de Bill a grimpé au-dessus des six cent mille dollars. Les gens aiment la compagnie de ceux qui se respectent eux-mêmes. Son nouveau style de vie lui a attiré des clients, et il a influencé le type et la qualité des clients qu'il attire. Et la meilleure nouvelle de toutes est qu'il a réussi cet exploit en travaillant moins et en améliorant la qualité de son mariage et de son mode de vie. C'est une approche fondée sur l'honneur.

Les samouraïs compatissants ont la capacité de mettre leur confiance en autrui et en eux-mêmes pour ce qui touche leur vie et ils ont la sagesse de savoir quand le faire.

Les gens moyens se montrent ou bien récalcitrants à voir les autres comme étant aussi dignes de confiance qu'ils le sont eux-mêmes, ou bien ils leur accordent une confiance aveugle sans faire preuve de diligence.

Chapitre sept

LA CONFIANCE

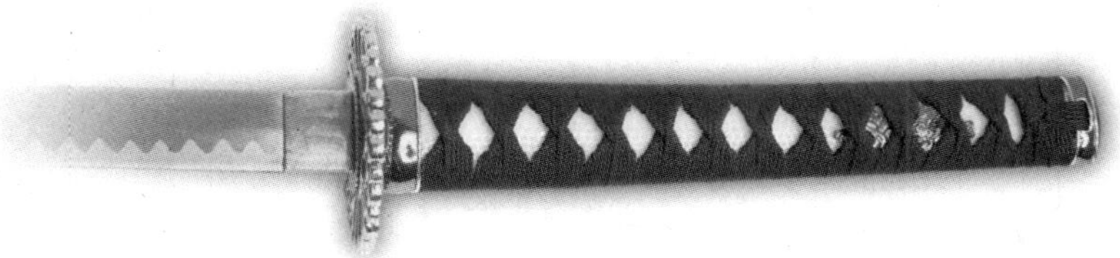

Vous serez probablement déçu en faisant trop confiance aux gens, mais vous vivrez dans le tourment continuel si vous ne leur faites pas assez confiance.

Dr Frank Crane

Une des expressions les plus utilisées et sous-estimées tout à la fois est *je t'aime*. Ces paroles ont une telle puissance, et pourtant, lorsque nous souhaitons en démontrer la réalité pour prouver notre amour, nous échouons souvent dans l'entreprise. La raison en est que nous ne réfléchissons pas assez aux enjeux d'une telle affirmation avant de l'utiliser. Nombreux sont ceux qui utilisent l'expression pour avoir accès à certains domaines dans la vie. Souvent, un homme utilisera la phrase pour gagner le cœur de la femme de ses rêves. Après avoir obtenu ce qu'il voulait, il se mettra alors à la négliger ou à la maltraiter – entraînant ainsi la fin de la relation.

Bien sûr, ce n'est pas toujours ce qui se passe. Mais pourquoi les ruptures se produisent-elles? Tout simplement parce que la confiance est brisée. Les mots *je t'aime* ont le pouvoir de vous donner accès à quelqu'un, mais ils n'ont pas la puissance de maintenir votre niveau de désir. La confiance est ce qui maintient la relation lorsque des difficultés ou des défis sont rencontrés, et cela est vrai dans le domaine des affaires autant que dans celui des relations interpersonnelles. Dans la plupart des cas, si ces trois petits mots ont perdu beaucoup de leur puissance, c'est parce qu'ils ont été employés sans réelle conviction. Ceci est bien dommage parce que les mots *je t'aime* ont une puissance certaine lorsqu'ils sont utilisés adéquatement et en toute sincérité.

Les samouraïs compatissants ont la capacité de mettre leur confiance en autrui et en eux-mêmes pour ce qui touche leur vie et ils ont la sagesse de savoir quand le faire.

La phrase, *j'ai confiance en vous,* a un effet similaire, sinon plus grand, lorsqu'elle est utilisée de façon appropriée. Ces cinq mots sont très puissants. Toutefois, nombreux sont ceux qui ont peur de les utiliser; ils manquent de confiance en eux-mêmes et en autrui dans une large mesure. Certains individus ne voient même pas l'intérêt de faire confiance aux autres. Les samouraïs compatissants ont la capacité de mettre leur confiance en autrui et en eux-mêmes pour ce qui touche leur vie et ils ont la sagesse de savoir quand le faire. Si vous aspirez à être un samouraï compatissant menant une vie hors de l'ordinaire, alors vous *devez absolument* apprendre à faire confiance aux autres.

Plusieurs d'entre nous ont appris à ne pas faire confiance dès le début. Lorsque j'étais très jeune, on m'a enseigné que je vivais dans un monde où règne la loi de la jungle et que je devais faire attention à moi, parce que personne d'autre ne le ferait. J'ai pu constater, par expérience, que le monde, en général, ne fonctionne pas sur le principe de la confiance. Cela implique-t-il que *vous* soyez tenu d'agir de la sorte? Aspirez-vous à être quelqu'un d'ordinaire ou d'extraordinaire? Pour être extraordinaire, vous devrez accorder votre confiance aux autres. Les gens dont la confiance a été trahie peuvent trouver difficile de faire confiance à nouveau, mais la chose *est* possible. L'amour permet d'oublier nombre d'imperfections. La confiance, non. Celle-ci exige la perfection. Contrairement à l'amour, la confiance doit être gagnée.

Qu'est-ce que la confiance au juste? Faire confiance à quelqu'un veut dire se fier au caractère, aux capacités et à la parole de cette personne. Que veulent dire les mots *j'ai confiance en vous?* Si je dis *j'ai confiance en vous* à mes enfants, cela impliquera peut-être que j'ai confiance qu'ils seront de retour à la maison à l'heure convenue. J'ai confiance qu'ils ne feront pas usage de drogues illicites. Mais je doute qu'ils soient capables de prendre des décisions financières éclairées au sujet de la compagnie que je dirige. La confiance est donc toujours reliée à un élément spécifique. C'est pourquoi l'affirmation *j'ai confiance en vous* peut s'avérer parfois impropre et trompeuse.

Pourquoi faire confiance?

Si vous ne voyez pas les bienfaits d'accorder votre confiance aux autres, il est possible que vous traversiez l'existence sans jamais vivre une telle expérience salutaire. Il y a cinq bienfaits associés au fait, pour un samouraï compatissant, de faire confiance à autrui :

1. C'est le seul moyen de faire l'expérience de la puissance de la synergie dans le travail d'équipe.
2. Cela favorise de saines relations et l'intimité.
3. Cela procure plus de liberté en matière de temps et d'efficacité.
4. C'est le meilleur moyen de faire une différence et de servir les autres.
5. Cela vous procure une joie indicible.

Premièrement, examinons la question de la puissance de la synergie dans le travail d'équipe. La synergie renferme l'idée qu'un tout est plus grand que la somme de ses parties. Pour le dire autrement, 1 + 1 = 3. Supposez que vous soyez capable de soulever un poids de vingt kilos avec le bras droit. Une simple addition mathématique vous ferait conclure que vous êtes en mesure de soulever quarante kilos en utilisant les deux bras. En réalité, vous finissez par soulever autour de soixante kilos. D'où viennent les vingt kilos supplémentaires. C'est là un phénomène scientifique appelé « synergie ».

Dans le domaine financier, lorsque trois ou quatre personnes mettent en commun leurs ressources – qu'elles soient relatives à l'argent, au temps ou à leurs connaissances spécifiques en matière d'investissement – elles obtiennent un taux de rendement nettement supérieur. Avec seulement dix mille dollars à investir, vous avez certaines possibilités qui s'ouvrent à vous. Avec cent mille dollars à investir, plusieurs autres possibilités vous sont alors offertes. Avec un million de dollars à investir, cela vous donne encore plus de choix. Cependant, mettre en commun vos ressources exige de faire confiance aux autres. Plusieurs personnes sont incapables d'une telle confiance dans ce genre de situation, craignant que les autres vont s'enfuir avec leur part d'investissement.

« Je ne voudrais pas travailler fort pour trouver un investissement si mes partenaires éventuels ne sont pas prêts à en faire autant. » Personne n'aime que l'on tire avantage de lui. Mais si vous ne faites pas confiance aux autres, alors toute synergie d'équipe s'avère impossible. Vous êtes alors condamné à être ordinaire. Vous serez peut-être un gros poisson, mais dans un petit étang.

Deuxièmement, sans la confiance, même si vous réussissez à vous rendre à la destination souhaitée, vous serez seul. Vous n'aurez personne avec qui partager la joie de la réussite.

Dans le film *Le parrain,* le personnage joué par Al Pacino gravit les échelons jusqu'au titre de parrain en plaçant sa confiance en certaines personnes. Il fait appel à la puissance de la synergie dans le travail d'équipe. À mesure que le film progresse, toutefois, la confiance est érodée et éventuellement, il se retrouve seul. Ainsi, certains hommes d'affaires marchent sur les pieds des autres pour mieux se positionner, ou bien ils se refusent à partager avec eux la notoriété. La confiance est brisée. Lorsque cela se produit, ils restent seuls et personne n'a vraiment envie de les aider. Leur pouvoir s'en trouve considérablement réduit.

Ce scénario souligne l'importance du troisième bienfait : avoir plus de temps et être plus efficace. Lorsque des gens sont incapables de faire confiance, ils ont de la peine à déléguer. Bien sûr, ils peuvent faire un travail formidable, mais ils ne peuvent pas tout faire. Leur capacité est limitée par le nombre d'heures disponibles dans une journée. Faire confiance aux autres mettrait en branle le pouvoir merveilleux du levier, ce qui assurerait que le travail soit fait, même lorsqu'ils ne sont pas eux-mêmes présents. Ils pourraient ainsi saisir des occasions favorables qu'ils auraient manquées autrement. De lourds fardeaux pourraient ainsi être enlevés de leurs épaules.

J'adore amasser des fonds pour des causes humanitaires. Si je me limitais à ma contribution financière, ce montant demeurerait quand même restreint. Lorsque je demande à d'autres d'avoir confiance en moi et dans leur capacité de compenser ce qu'ils ont contribué, alors nous arrivons à amasser de manière exponentielle beaucoup plus d'argent que je n'aurais pu contribuer personnellement. Cela inspire à plus de gens de mettre l'épaule à la roue. Nous créons beaucoup plus lorsque nous agissons ensemble que si nous le faisons tout seul.

Dans n'importe quel milieu de travail, lorsque la confiance fait défaut, l'échange d'information ralentit et cela crée des engorgements. Le travail devient alors inefficace. Dans l'environnement professionnel moyen, il est rare que l'on puisse donner librement son avis, car le lien de confiance a souvent été brisé. Une personne a fait confiance à ses collègues en leur confiant un sujet délicat qui a ensuite été utilisé contre elle. Ou quelqu'un a partagé ses impressions à un vis-à-vis, non dans le but d'aider la personne en question, mais pour qu'elle se sente coupable, à la suite d'une erreur quelconque. Prendre des décisions sans les informations pertinentes entraîne de mauvais choix, ce qui provoque éventuellement une certaine hésitation à prendre quelque décision que ce soit.

Le quatrième bienfait est que la confiance est un moyen privilégié de faire une différence et contribuer. Lorsque vous faites confiance aux gens, vous les équipez par le fait même. Ils deviennent de meilleurs joueurs, car ils essaient de se montrer à la hauteur de la confiance que vous avez placée en eux. Dans le programme de formation de nos *facilitateurs*, il arrive un moment où le formateur quitte la salle pour des périodes de plus en plus prolongées, laissant le candidat se débrouiller seul. Les étudiants affirment alors que l'animateur en formation semble se transformer « comme par magie » et devenir presque une autre personne en essayant de se montrer digne de la confiance ainsi placée en lui. Si vous aspirez à faire une différence autour de vous, vous devez apprendre à équiper les autres en plaçant votre confiance en eux.

Le cinquième bienfait est que faire confiance aux autres ou à vous-même produit un sentiment de joie indicible. C'est comme une vague qui vous emporte, un moment d'ivresse. Il n'y a rien de mal à cela. Le samouraï compatissant mérite d'être bien dans sa peau. Rappelez-vous une occasion où vous avez fait confiance à quelqu'un pour quelque chose et vous n'avez pas été déçu. Peut-être était-ce la première fois où vous avez permis à votre enfant d'aller seul à l'école à pied ou à vélo. Peut-être était-ce la fois où vous avez acheté votre première maison et que vous aviez suffisamment confiance en vos capacités de rembourser l'hypothèque. Vous souvenez-vous de la joie de votre enfant? Vous souvenez-vous de la *vôtre?* Vous avez goûté un moment d'ivresse.

Vu la liste de ces bienfaits, pourquoi n'y a-t-il pas plus de gens qui font confiance aux autres? La raison en est que de faire confiance entraîne des risques réels. Vous pouvez être blessé bien davantage et plus rapidement lorsque vous faites confiance aux autres. Vous perdez le contrôle lorsque vous faites confiance aux autres. Si je vous demande de faire un certain travail, vous prendrez alors les décisions, et pas moi. Il y a des coûts et des bénéfices différents associés au fait de faire confiance aux gens ou non. Cela dépend de ce avec quoi vous êtes prêt à composer. Les samouraïs compatissants utilisent la stratégie la plus rentable qui consiste à faire confiance aux autres le plus souvent possible. La personne moyenne préfère jouer de prudence en ne faisant jamais confiance aux autres.

Le rapport risque/récompense

Certaines personnes sont perpétuellement victimes d'abus. De tels individus tendent à s'attirer des problèmes et des douleurs inutiles parce qu'ils font aveuglément confiance aux autres sans jamais s'informer de quoi que ce soit, et sans certitude intérieure que l'autre personne est digne de confiance ou non. Je suis certain que vous connaissez des personnes qui sont prêtes à donner leur confiance et leur cœur aux autres sans avoir pris la peine de vérifier si ceux-ci en étaient dignes. Je connais des gens qui ont investi de grosses sommes d'argent dans un projet, simplement parce que leur vedette préférée y avait investi un montant également. Ils ne se sont nullement renseignés sur le projet en question et n'ont fait preuve d'aucune diligence à ce sujet. Un tel comportement me paraît irresponsable. La confiance doit être quelque chose qui se mérite. Elle se gagne en investissant des sommes graduelles d'argent, de temps, d'autorité, d'émotions ou de toute autre ressource.

Les samouraïs compatissants font confiance aux autres et exigent la même chose en retour, mais ils hésitent avant de se lancer dans des entreprises risquées, craignant d'être éventuellement déçus. S'aventurer ainsi ne serait pas sage. Les samouraïs sont toujours prêts à offrir leur confiance aux autres, même à un étranger. Ils ne tiendront pas les nouveaux venus responsables d'avoir trahi leur confiance lorsqu'ils sont innocents. Pourtant, ils n'accordent pas leur confiance aux personnes qui n'ont pas fait la preuve qu'elles en étaient effectivement dignes. Il y a des années, un ami m'a recommandé d'investir un certain montant d'argent chez Josh Murakami, qui est courtier en valeurs immobilières. Je n'ai pas investi avec Josh simplement parce que mon ami l'avait fait. Et pourtant, je vois tant de personnes investir des dizaines de milliers de dollars sur la foi d'une recommandation. Un samouraï compatissant ne ferait jamais une telle chose.

J'ai plutôt fait preuve d'une certaine prudence. J'ai vérifié si Josh avait une réputation à toute épreuve et aussi, quels étaient les différents portefeuilles qu'il gérait et depuis combien de temps. Quels étaient les taux de retour sur l'investissement? Et je ne me suis pas seulement fié à la parole de Josh par rapport à tout cela. Je me suis renseigné auprès de quelques anciens et actuels investisseurs. Vous avez certainement déjà reçu des lettres de nouvelles faisant état de certaines prédictions sur le marché des actions. Ce n'est pas parce que ces agences font une prédiction quelconque qu'il faut les croire sur parole. Il faut vérifier soigneusement les informations données. Après mon investigation, j'ai décidé d'investir un certain montant auprès de Josh. Ai-je mis l'ensemble de mon capital chez Josh? Absolument pas!

J'ai investi vingt-cinq mille dollars, un montant que je pouvais me permettre de risquer. Bien que je n'aurais pas été heureux de perdre cet argent, la chose n'aurait pas nui à mon mode de vie. C'est pourquoi j'ai testé sa performance sur une année. J'ai obtenu un retour de cinquante pour cent et il m'a fait parvenir des rapports mensuels de toutes les transactions. J'ai décidé d'investir plus d'argent. Le retour sur l'investissement a été également de cinquante pour cent. La troisième année, le retour fut un gain de quinze pour cent. Josh a gagné davantage ma confiance en gérant l'argent investi et en me procurant de bons retours.

Dans notre entreprise, certains employés n'ont pas le droit de procéder à des dépenses avant que cela soit approuvé en haut lieu. D'autres employés à un échelon supérieur jouissent d'un fonds discrétionnaire de cinq cents dollars de dépenses. Ces employés ont fait leurs preuves quant à leur capacité de réflexion et leur bon jugement par rapport aux décisions à prendre. C'est la raison pour laquelle ils ont été promus. Ils ont mérité notre confiance et peuvent dépenser un tel montant sans que nous ayons besoin d'en vérifier la légitimité. Un membre de l'équipe de direction est libre de prendre une décision de cinq mille dollars sans vérification. Ces collaborateurs ont mérité un tel pouvoir de dépenser. S'il s'avérait cependant qu'ils prennent une série de mauvaises décisions, ils perdraient alors la confiance que nous avons placée en eux et aussi ce pouvoir.

La même chose devrait s'appliquer dans le domaine des relations interpersonnelles. Certaines personnes prennent un engagement majeur comme celui du mariage, par exemple, sans jamais faire preuve de diligence. Une fois de plus, ceci n'est pas faire confiance; c'est plutôt se montrer complètement irresponsable. Exercer une saine diligence implique de poser des questions difficiles pour en savoir plus sur les valeurs de l'autre personne avant le mariage : en savoir un peu plus sur son passé, prendre le temps de connaître ses parents. Alors que j'écris ceci, cela fait 23 ans que ma femme, Roma, et moi sommes mariés. J'ai passé au moins la moitié de cette période sur la route à donner des conférences. Comme elle a fait preuve de saine diligence au départ, Roma a entièrement confiance en moi. Cela fut parfois difficile pour elle, mais elle a fait un choix éclairé en m'épousant.

Les samouraïs compatissants ne cèderaient jamais à la tentation d'avoir une aventure parce que cela violerait le principe de l'honneur. Je sais qu'emprunter une telle voie ne ferait qu'apporter le déshonneur à ma famille, à mon épouse, à la réputation de notre entreprise et au nom même de samouraï. Mes années passées à faire de bons choix m'ont permis de gagner la confiance de ma femme, et désormais, la chose ne lui traverse plus jamais l'esprit.

Nous avons aussi besoin d'avoir confiance en nous-mêmes. Quelles sont les choses que nous nous sentons capables ou libres de faire et de ne pas faire? Je n'oserais jamais, par exemple, inviter une femme à ma chambre d'hôtel pour une raison quelconque, sans qu'au moins deux ou trois autres personnes soient également présentes. Même si rien ne se passait, une telle chose risquerait de créer certains malentendus. Et j'aurais vraiment tout à perdre si je succombais, dans un moment de solitude et de tentation, et cédais à l'attrait du plaisir éphémère.

En affaires, il y a un principe appelé le rapport risque/récompense. L'expression signifie simplement qu'une action n'a pas de sens tant que nous ne comprenons pas les risques et les récompenses qui y sont associés. Si je vous demandais de mettre dix mille dollars sur la table et que vous aviez quatre-vingt dix pour cent de risques de perdre ce montant, le feriez-vous? Vous ne pourriez pas prendre une décision éclairée. Cela ne veut rien dire. Mais si je vous dis que vous avez quatre-vingt dix pour cent de risques de perdre ce montant, mais que le retour, si vous gagnez, serait de un million de dollars, vous avez un rapport et un nombre significatif. Vous êtes donc en mesure de prendre une décision à ce sujet. Peut-être pourriez-vous avoir 99 pour cent de chances de gagner, mais votre récompense serait uniquement dilatoire, vous auriez néanmoins cette corrélation et pourriez prendre une décision.

Les samouraïs compatissants utilisent ce rapport lorsqu'il est question de faire confiance aux gens. Ils ont la capacité de faire totalement confiance, mais ils font preuve de sagesse quant au moment ou à l'endroit propices à démontrer une telle confiance. Vous faites-vous confiance pour le choix de la bonne personne comme partenaire de vie? Êtes-vous confiant de pouvoir minimiser les risques et dommages si un employé commet une erreur? Avez-vous confiance que vous prenez des décisions judicieuses? Avez-vous confiance que Dieu va vraiment pourvoir pour vous? Vous devez chercher à progresser dans la confiance que vous vous portez, tout comme vous le faites avec les autres. Lorsque vous ne faites pas confiance aux autres, ce n'est pas toujours eux qui ont le problème ou qui méritent qu'on les traite avec suspicion.

Lorsque leur confiance a été trahie, l'approche des samouraïs est d'apprendre de ce qui s'est produit et de poursuivre leur chemin.

Habituellement, une incapacité à faire confiance indique un plus grand problème chez la personne en question. Souvent, cela veut dire qu'elle n'est pas digne de confiance. L'autre extrême est tout aussi stérile, c'est-à-dire qu'à la suite des abus dans le passé, des gens choisissent de fermer systématiquement la porte de leur cœur à quiconque désire entrer dans leur vie. Je comprends que cela soit une sorte de mécanisme d'autoprotection, mais une telle façon de composer avec la situation ne fonctionne pas vraiment. Elle n'est ni valable ni raisonnable. Chaque samouraï sait comment on se sent quand on est blessé, ou floué par quelqu'un, que cela se soit produit lors d'une transaction d'affaires, dans une relation interpersonnelle ou même avec un ami intime. La démarche du samouraï dans un tel contexte devrait être de chercher à apprendre de ce qui s'est produit et de poursuivre son chemin.

Parti en une seconde

Les samouraïs savent très bien qu'ils auront besoin du soutien de réciprocité d'une équipe pour accomplir leur mission et leur appel dans leur vie. S'ils abordent une situation négative en ayant une attitude paranoïaque, ils ne réussiront jamais à réaliser leurs objectifs dans la vie. Au début, lorsque j'ai démarré ma compagnie, j'ai investi du temps pour la formation de quelqu'un comme *facilitateur* au sein de notre entreprise. L'homme était très doué. Puis, je lui ai proposé de devenir partenaire et lui ai offert la moitié des revenus provenant de nos activités professionnelles. Il a pris de très mauvaises décisions financières sur le plan personnel et s'est retrouvé en sérieuse difficulté. Par la suite, il est devenu cupide et a tenté de me ravir ma compagnie. Il n'a pas réussi. J'avais cru jusque-là que nous avions établi une bonne relation professionnelle et une solide amitié au fil des ans. Mais lorsque les choses se sont envenimées entre nous à cause de sa cupidité et de ses mauvaises actions, la confiance que j'avais placée en lui a soudainement disparu. Cela ne s'est pas produit parce que j'attendais de lui la perfection et qu'il n'avait pas le droit de faire des erreurs. Je pense plutôt que c'est parce que j'avais le sentiment qu'il n'irait jamais jusqu'à trahir ma confiance pour une question d'argent. Je ne suis pas certain qu'il y ait une raison légitime pour un samouraï de trahir la confiance de quelqu'un, mais il ne ferait jamais une telle chose pour une question d'argent.

Pour le samouraï compatissant, l'argent demeure strictement un moyen d'échange. C'est une illusion à laquelle il accorde une valeur. Selon un certain point de vue, cette illusion est réelle tant que nous la considérons comme telle. L'argent est facilement remplaçable; il n'est pas difficile à trouver. Il n'a pas de valeur intrinsèque. L'argent de papier peut facilement être détruit par le feu ou l'eau, ou même être emporté par le vent. Compromettre une relation interpersonnelle à cause de l'argent irait à l'encontre des valeurs d'un samouraï compatissant et c'est une chose à laquelle il ne consentirait jamais.

L'homme dont je viens de faire mention a même demandé s'il pouvait travailler à nouveau au sein de la compagnie, mais cette éventualité ne se produira jamais. Et pour quelle raison, au juste? À cause du rapport risque/récompense. Il y a vraiment très peu d'avantages à le voir de retour, puisqu'il m'est possible de former d'autres *facilitateurs* très doués. J'aurais beaucoup à perdre, en contrepartie, en matière de temps, d'énergie, de douleur émotionnelle, d'argent et ainsi de suite. Je lui ai pardonné, et je peux affirmer en toute honnêteté que j'ai de l'amour pour lui et lui souhaite la meilleure des chances. Mais je n'ai tout simplement plus confiance en lui pour ce qui est de l'avenir de la compagnie.

Un samouraï compatissant peut-il mettre sa confiance en quelqu'un et faire de lui son partenaire d'affaires? Très certainement; mais l'individu moyen ne pourra pas le faire. Il y a plusieurs années, j'ai accordé ma confiance à deux membres de notre équipe, Patrick Dean et Steve Hinton, et je les ai invités à devenir des partenaires. Cela me semblait nécessaire en vue de créer une puissance de synergie et un effet de levier. Cette décision s'est avérée très rentable pour tout le monde, et elle nous a permis d'atteindre plus de gens et d'influencer plus favorablement leur vie que si j'avais continué à diriger l'entreprise comme seul capitaine. Faire confiance ressemble au processus de construction d'un gratte-ciel. Il faut plusieurs mois pour dresser les plans de l'édifice. Puis, il faut rassembler la bonne équipe pour faire le travail, ce qui peut prendre des mois également. Le gratte-ciel lui-même peut exiger des années avant d'être complété. Et pourtant, une force extérieure peut réduire cet édifice en un tas de débris en moins d'une heure. Ainsi, trahir la confiance de quelqu'un peut avoir une influence si incroyablement néfaste sur une relation interpersonnelle qu'elle peut la détruire en un temps record.

Les samouraïs compatissants comprennent l'importance de gagner la confiance des autres, de la nourrir et de la cultiver au quotidien. Peut-être connaissez-vous des gens qui affirment : « Je ne fais plus confiance à personne, désormais. » Il est facile de voir que ces personnes ont été terriblement blessées par un bris de confiance. En réalité, elles ne sont pas honnêtes, parce que malgré les efforts que nous pouvons faire pour nous protéger en hésitant à faire de nouveau confiance aux autres, ce n'est pas chose facile. Tant que vous êtes en vie, vous êtes forcé de faire confiance aux gens d'une manière ou d'une autre.

Si vous croyez ne plus faire confiance à personne, alors pourquoi êtes-vous en train de lire le présent ouvrage? Vous gardez sans doute l'infime espoir que j'ai quelque chose de valable à vous apporter, c'est pourquoi vous me faites confiance à un certain niveau. Vous avez fait confiance à la personne qui vous a vendu mon livre. Vous a-t-elle rendu la monnaie exacte ou a-t-elle gardé quelques pièces? Il vous a fallu une confiance minimale pour croire qu'elle vous a bel et bien remis le montant exact.

Les samouraïs compatissants ne cherchent pas à éviter de faire confiance aux autres; ils cherchent plutôt à le faire, chaque fois qu'ils en ont l'occasion.

Vous êtes-vous procuré le présent ouvrage en réglant le montant à l'aide d'un chèque? Si c'est le cas, vous êtes-vous assuré que la personne qui a pris le chèque n'a pas noté votre numéro de compte et le code de la banque? Il est possible qu'elle en profite pour tenter de retirer une forte somme de votre compte en banque. Si vous avez utilisé une carte de crédit, il est possible que la personne mette des achats sur votre carte en l'utilisant au maximum. Je pourrais poursuivre ainsi indéfiniment, mais je crois que vous comprenez mon point. Pour le dire simplement, nous sommes presque forcés au quotidien de faire confiance aux autres, que ce soit en attrapant un métro ou un train, ou en restant confiant que le conducteur venant en sens inverse demeurera sur son côté de la chaussée.

Vous ne pouvez échapper à l'obligation d'offrir votre confiance aux autres. Les samouraïs compatissants ne cherchent pas à éviter de faire confiance aux autres; ils cherchent plutôt à le faire, chaque fois qu'ils en ont l'occasion. Les samouraïs savent que leur vie même est souvent entièrement à la merci de quelqu'un à qui ils ont accordé leur confiance. Retirer cette confiance équivaudrait à se retirer de la vie même. Et se retirer prématurément de la vie signifierait saboter sa mission, chose qu'un samouraï ne ferait jamais.

Examinez ce que vous attendez

Voici un énorme malentendu. Les gens croient que si vous vérifiez certaines choses à leur sujet, vous ne leur faites pas vraiment confiance. Mais cela n'est pas le cas. Le simple fait de vérifier les dires de quelqu'un n'implique pas que vous ne lui faites pas confiance. Cela signifie simplement que vous êtes un bon gestionnaire de votre temps, de vos investissements et que vous prenez soin des gens qui sont sous votre responsabilité. Souvent, la situation est la suivante entre parents et enfants : le parent demande à son enfant de s'acquitter d'une tâche quelconque, et lorsque le parent vérifie si l'enfant a bien fait le travail ou non, ce dernier lance alors : « Tu ne me fais pas confiance! » Ce n'est pas que le parent n'a pas confiance en son enfant, mais il a la responsabilité d'examiner la situation pour s'assurer que l'enfant s'est bien acquitté de la tâche en question.

L'examen attentif augmente en effet le niveau de confiance lorsque la tâche a été exécutée conformément à ce que l'on avait demandé. Il fournit un contexte qui permet d'apporter des correctifs qui aideront l'enfant à progresser dans la gestion de ses responsabilités. Un vieux principe en affaires exige de bien examiner tout produit pour s'assurer qu'il reflète la qualité souhaitée. Les plongeurs ont l'habitude ne nager dans les profondeurs en tandem. Ils sont ainsi en mesure de garder un œil attentif sur la bonbonne de l'autre. Ce n'est pas qu'ils ne se font pas confiance ou qu'ils croient que l'autre est incompétent; ils agissent ainsi à cause des risques impliqués. Les enjeux sont trop grands pour faire preuve de négligence. Une simple petite erreur pourrait avoir des conséquences funestes, même si les probabilités ne sont que d'une sur mille.

Il en va de même dans le mariage, bien que la situation nécessite parfois un certain ajustement selon les personnes impliquées. Lorsque le mari promet continuellement qu'il sera à la maison à une certaine heure et qu'il invente toujours une excuse pour *ne pas se pointer* à l'heure convenue, sa femme perd alors confiance en lui – du moins, elle perdra confiance en sa capacité d'arriver à l'heure prévue. Ce penchant peut toutefois se manifester aussi dans d'autres domaines jusqu'à ce qu'elle se demande en quoi elle devrait également hésiter à lui faire confiance. C'est pourquoi un samouraï compatissant se refuserait systématiquement à mentir, à tricher ou à voler.

Lorsque les autres ont perdu confiance en votre parole, il n'est plus possible alors de vous faire confiance. L'honnêteté est le fondement même de la confiance. Durant la Guerre froide, on dit que le président Reagan aurait affirmé ce qui suit au président Gorbachev, alors leader de l'Union soviétique : « Écoutez, à la vérité, je n'ai aucune confiance en vous. Vous ne me faites pas confiance non plus. Compte tenu de cette situation, quelles sont les options qui nous restent? » C'est ce geste d'honnêteté qui a permis à ces deux responsables de gouvernement de travailler de concert, dans un esprit de réelle diplomatie, ce qui a mené finalement au démantèlement du mur de Berlin.

Certaines personnes utilisent le concept à outrance : elles passent leur temps à s'assurer que les autres se sont bien acquittés des tâches qui leur incombent. Une telle exagération est non seulement inefficace, elle est malsaine. Ces individus accordent plus d'importance au contrôle qu'à l'augmentation de la production. Rappelez-vous le rapport risque/récompense : quel est l'enjeu en question et quelles sont les données à considérer à ce sujet? Plus une personne a fait ses preuves à votre égard, moins il y a de risques possibles, et moins vous devriez vérifier si oui ou non le travail a été bien fait.

Les samouraïs compatissants ne prennent pas la question de la confiance à la légère. Ils sont dignes de confiance, et ils attendent la même chose des autres. C'est dans la nature humaine d'attendre d'autrui ce que vous attendez de vous-même. Si vous êtes quelqu'un d'honnête, vous vous attendez à ce que les autres le soient également. Si vous êtes un menteur et un voleur, il serait ridicule que vous vous attendiez à ce que les autres n'agissent pas de la sorte avec vous. Nous récoltons dans la vie ce que nous avons semé nous-mêmes; toutefois, cela n'implique pas pour autant que si vous êtes digne de confiance, vous devriez faire aveuglément confiance aux autres.

La confiance est quelque chose que je m'attends à recevoir, c'est pourquoi je l'offre également. J'attends des personnes que j'aime profondément encore davantage de confiance. J'offre ma confiance parce que j'aspire à connaître l'intimité. Dans la vie, vous n'obtenez pas toujours ce que vous désirez. *Vous obtenez ce que vous examinez.* Ce que vous n'êtes pas prêt à examiner attentivement, ne l'attendez pas. Il est intéressant de constater qu'un pilote d'avion soit tenu de remplir une fiche de contrôle, même s'il a piloté le même type d'avion plus de mille fois. Pourquoi prendre la peine de faire une telle inspection en profondeur? Cela devrait être devenu pour lui une seconde nature que de s'envoler en toute sécurité vers sa destination.

La raison pour laquelle il utilise une fiche de contrôle n'est pas qu'il n'a pas confiance en lui. C'est à cause du rapport risque/récompense. Le pilote a beaucoup à perdre ou à gagner. Ignorer le processus d'inspection pourrait coûter des vies innocentes. Il est très probable que l'avion se rende à destination en toute sécurité même s'il ne vérifie pas chaque élément sur sa liste. Mais supposons qu'un élément en question cause problème. Supposons qu'il y avait du givre sur le moteur ou une fuite quelconque. Une simple petite bévue au cours de la vérification pourrait entraîner la perte de vie de nombreuses personnes. C'est avant tout une question de responsabilité personnelle et corporative.

Des entreprises risquent de perdre des millions, sinon des milliards de dollars annuellement si elles n'encadrent pas adéquatement leurs employés, et ne surveillent pas de près leur gestion et leurs usines. Je ne parle pas ici de réprimander publiquement les employés chaque fois qu'une erreur est commise. Je parle plutôt de la responsabilité de s'assurer que ceux-ci ont bel et bien accompli les tâches qui leur reviennent. Savez-vous ce que vous attendez de vos subalternes? Les gens qui travaillent sous vos ordres savent-ils ce que vous attendez d'eux? Lorsque les attentes ne sont pas clairement définies, cela conduit au manque de confiance. Et la vérification du rendement devrait être faite en cours de processus, et non après le fait.

J'ai entendu des gens se plaindre qu'ils n'aimaient pas leur travail parce qu'ils avaient l'impression *d'avoir toujours quelqu'un qui regardait par-dessus leur épaule.* Lorsque vous entendez ce genre de commentaire, examinez de plus près la personne en question. D'après mon expérience, les gens qui font de telles remarques sont souvent des fainéants; ils essaient de soutirer le plus d'argent possible à la compagnie. Ce n'est pas un crime de vouloir travailler dans un environnement où vous n'êtes pas constamment surveillé. Mais en toute honnêteté, vous devez mériter un tel privilège. Ce n'est pas en vous relâchant dans votre travail que vous deviendrez une personne responsable.

Si vous aspirez à atteindre le sommet, il revient à vous de *gravir* chacun des échelons. Les samouraïs compatissants se méritent continuellement des promotions, non parce qu'ils utilisent la manipulation ou la contrainte, comme c'est le cas pour d'autres. Les samouraïs compatissants cheminent de niveau en niveau, non en surveillant à outrance tous ceux qui sont sous leur autorité, mais en veillant d'abord sur eux-mêmes. En fait, vous n'êtes pas prêt pour une promotion tant que vous n'avez pas évalué d'abord le niveau de votre rendement personnel. Et vous n'êtes pas prêt à veiller sur les autres et à évaluer leur rendement si vous ne faites pas preuve de la même rigueur chez vous. Une des raisons pour lesquelles les gens ne réussissent pas à atteindre leurs objectifs en matière de perte de poids ou d'indépendance financière, ou même de réussite matrimoniale, est qu'ils n'ont pas le sens des responsabilités.

Être responsable signifie que vous portez attention aux résultats escomptés. Les gens moyens laissent ce genre de chose au hasard, persuadés à tort que la situation se corrigera avec le temps.

Vous ne pouvez rien attendre de vous-même qui ne mérite d'être évalué. Un pilote vérifie fréquemment ses équipements parce qu'alors, les correctifs à apporter sont petits et faciles. Mais de petites erreurs qui passent inaperçues ou qui ne sont pas vérifiées des heures durant, pourront avoir pour conséquence que l'avion aura accumulé un tel décalage sur son trajet qu'il deviendra impossible pour le pilote de corriger les choses.

- *Fidéicommis* – un droit équitable ou un intérêt dans la propriété, distinct de la possession légale de celle-ci; un intérêt dans la propriété manifesté par une personne pour le bénéfice d'une autre.

Selon cette définition, le fidéicommis est établi non pour votre propre bénéfice mais pour celui d'un autre. Les samouraïs compatissants vivent leur vie en se préoccupant avant tout du bien-être des autres. Ils se montrent dignes de confiance pour le bénéfice d'autrui, et non pour que les gens les regardent et les applaudissent à cause de leur bonté et de leur force de caractère. En règle générale, les enjeux sont d'une telle importance que les gens ont besoin de savoir s'ils peuvent placer leur confiance en vous, sans avoir à s'inquiéter de leur décision.

Lorsqu'ils ont une certaine réticence à faire affaire avec vous, cela peut être attribuable à un nombre de raisons. La première possibilité pourrait être qu'ils regrettent tout simplement d'avoir dépensé leur argent pour se procurer votre produit. La deuxième pourrait être que cette personne n'est pas digne de confiance et qu'elle a tendance à ne faire confiance à personne d'autre. La troisième, que quelque chose vous concernant l'amène à hésiter à vous faire confiance. Même en affaires, vous devriez toujours vous assurer que le client est celui qui profite le plus de la transaction. Une fois que vous avez gagné la confiance de quelqu'un, il vous faut la garder.

Un fort prix à payer

Le samouraï prend le principe de la confiance très au sérieux, et il a raison d'agir ainsi. Il y a toujours un fort prix à payer lorsque la confiance est en jeu. Il y a des années, je souhaitais vivement devenir un fournisseur de la grande société Chevron. La possibilité d'affaires me paraissait intéressante. La dernière pièce du casse-tête devait être déterminée lors d'un rendez-vous téléphonique qui devait avoir lieu à un moment précis. Je me suis présenté cinq minutes en retard à ce rendez-vous. Le pdg de la société en question m'a informé que s'il ne pouvait avoir confiance en moi quant au respect de son temps, il n'allait certainement pas me faire confiance avec l'argent de la compagnie, et il a mis fin à la conversation.

Nous avons perdu ce qui aurait pu être un énorme contrat pour une question de cinq minutes de retard. Nous avons perdu cette occasion d'affaires à cause de la perte de confiance. J'ai échoué dans ma tentative de gagner la confiance du chef d'entreprise. Bien que la chose m'ait vraiment indisposé, j'ai compris ce qui s'était produit et j'ai pris la résolution de ne jamais répéter l'erreur de minimiser l'impact de mes décisions sur la confiance que me portent les autres. Le commentaire du cadre de la grande société nous a aidés à gagner des millions de dollars depuis cet incident. Ce professionnel m'a appris une importante leçon au sujet de la confiance. Vous vous dites peut-être : *Vous ne connaissiez même pas le type. C'est carrément injuste! Tout cela pour cinq misérables minutes?*

L'homme en question s'attendait à ce que je sois à l'heure au rendez-vous téléphonique. Il avait le pouvoir de prendre d'importantes décisions pour Chevron, impliquant de gros montants en matière d'argent et de ressources humaines. Il a sans doute mérité la confiance de ses patrons à la longue au cours de sa carrière. En tant que gestionnaire des ressources de la société en question, il exigeait que je respecte la définition légale de la confiance. Il devait se préoccuper avant tout des intérêts de la compagnie en réagissant à tout symptôme de laxisme éventuel. Le seul baromètre lui permettant de mesurer si j'étais digne de confiance ou non était que je tienne parole en lui téléphonant à l'heure convenue.

Dans sa pensée, je ne pouvais m'attendre à une deuxième chance de faire mes preuves au niveau supérieur lorsque j'avais échoué au niveau le plus bas. Il y a toujours un coût à payer lorsque la confiance est brisée. Rappelez-vous cela. Il y a un lien très étroit entre la confiance et les ententes établies. Ne pas respecter une entente entraîne un bris de confiance. Lorsque vous ne respectez pas une entente établie avec quelqu'un, cela crée une situation dans laquelle il est possible que cet individu ne vous fasse plus jamais confiance.

Le Dr Aaron D. Lewis, célèbre écrivain et leader spirituel, m'a confié récemment qu'on lui avait demandé d'accompagner son mentor spirituel, l'archevêque LeRoy Bailay, fils, à New York, pour un rendez-vous avec l'auteur Bill Hybels. Au cours de la rencontre, Aaron s'est esquivé en douce pour faire l'achat d'un chargeur pour son téléphone portable dont la pile était presque morte. Il a vu le magasin New York Electronics Company au coin de la rue et y est entré pour se procurer la chose en question. Le commis l'a alors informé que le chargeur était en vente pour 69,95 $, si mon ami réglait le montant en liquide.

Le Dr Lewis n'avait que cent dollars dans son portefeuille et il ne voulait pas utiliser ces billets pour payer le chargeur, au cas où il en aurait besoin plus tard dans la journée. Le chargeur n'avait rien de particulier. Il avait l'aspect d'un chargeur de téléphone cellulaire tout à fait normal. Le vendeur s'est mis alors à vanter le fait que le chargeur était spécial parce qu'il pouvait recharger entièrement une batterie de voiture en moins de vingt minutes. L'information sur l'emballage ne confirmait en rien les dires du commis. Tandis que mon ami se dirigeait vers la sortie, ce dernier lui a crié qu'il accepterait quarante dollars en liquide.

Comme il avait besoin du chargeur, le Dr Lewis a remis l'argent au préposé et il a poursuivi sa route. Plus tard dans la journée, il s'est arrêté dans un magasin T-Mobile pour demander combien coûtait leur chargeur de pile de téléphone. À son étonnement, le chargeur T-Mobile coûtait 19,95 \$. Il a alors perdu confiance dans le vendeur. J'imagine que vous vous posez la question : *Quelle différence cela fait-il, au bout du compte? La ville de New York accueille tellement de touristes et il s'y trouve littéralement des millions de clients potentiels, alors la réputation d'une seule personne en affaires fait-elle une différence? Pas vraiment, non?* Faux...

Les samouraïs compatissants se préoccupent toujours de la qualité de leur contribution. Ils préfèrent donner plutôt que recevoir.

Les samouraïs ont tendance à penser à long terme. Ils mettent en priorité la relation plutôt que l'avantage immédiat à retirer d'une affaire. Un des bienfaits de la confiance est la qualité de relation qu'elle engendre. L'honneur, le respect et la confiance sont des valeurs durables. Vous pouvez faire de l'argent en faisant le commerce de drogues illicites, mais vous ne contribuez pas, ce faisant, au bien-être de l'humanité. Les samouraïs compatissants se préoccupent toujours de la qualité de leur contribution. Ils préfèrent donner plutôt que recevoir. Lors d'une transaction, ils se préoccupent toujours davantage de ce qu'ils peuvent donner à la personne avec laquelle ils font des affaires.

La valeur d'une relation

La confiance est quelque chose qui se mérite. Certaines personnes auront tendance à demander : « Comment puis-je faire confiance à quelqu'un que je ne connais même pas? » Eh bien, il n'est pas nécessaire de connaître quelqu'un pour lui faire confiance. En fait, les gens ont tendance, en général, à se faire avoir plutôt par ceux qu'ils connaissent bien que par des purs étrangers. La confiance commence par une décision. Faites confiance aux autres, et une relation s'établira. Cette relation vous permettra de surmonter l'épreuve lorsque les temps seront difficiles. C'est l'un des bienfaits de la confiance. Car comme vous le savez sans doute, il y aura toujours des temps difficiles.

Le commis du magasin d'électronique à New York, qui a intentionnellement gonflé le prix de l'appareil que s'est procuré mon ami, a probablement l'habitude de faire ainsi avec beaucoup de personnes. Avec le temps, il est fort possible que la compagnie pour laquelle il travaille n'ait plus autant de clients, et elle devra tôt ou tard en souffrir les conséquences non nécessaires. Lorsque vous accordez la priorité aux relations, vous savez que les personnes avec lesquelles vous êtes lié sur le plan personnel vous apporteront leur soutien durant les périodes difficiles.

Joe Girard a vu son nom inscrit dans le *Livre des records Guinness* pour avoir vendu le plus grand nombre de voitures en carrière. Il a accompli cet exploit en exigeant moins d'argent que ses compétiteurs et en ayant ainsi un plus gros volume de ventes. Il aurait pu essayer d'obtenir plus de la part d'un ou deux clients, mais il aurait risqué de les perdre, et sans doute quantité d'autres, parce qu'ils auraient douté qu'il leur proposait véritablement une bonne affaire. Girard a inventé la *Loi des 250,* qui affirme que l'individu moyen a un cercle de connaissances d'environ 250 personnes qu'il peut influencer.

Ainsi, chaque fois que vous offrez un excellent service, vous risquez d'augmenter le volume de vos affaires de 250 clients potentiels. Si vous offrez un très mauvais service, vous risquez de perdre 250 clients ou ventes potentielles ou même davantage, puisque les mauvaises nouvelles ont tendance à voyager plus rapidement que les bonnes. À titre d'exemple, il y a environ une vingtaine d'années, je me trouvais dans le centre-ville de San Francisco, lorsqu'une vapeur intense se mit à s'échapper du capot de ma Jaguar. J'ai téléphoné immédiatement pour demander l'aide du AAA. Ils m'ont demandé où je voulais faire remorquer ma voiture. Sans y penser, j'ai demandé qu'ils la déposent chez un mécanicien avec lequel je fais affaire depuis des années, dans le secteur de Marin County.

Je n'ai même pas considéré l'option d'envoyer la voiture chez l'un des cinquante mécaniciens qui ont pignon sur rue entre San Francisco et Marin County, parce que j'ai une confiance aveugle à l'égard de mon mécanicien. Je ne connais pas grand-chose à la mécanique. À de nombreuses occasions, il aurait pu gonfler ma facture de quelques centaines de dollars, et il ne l'a pas fait. Lorsque j'ai eu besoin d'un capuchon de radiateur à six dollars, c'est à ce prix qu'il me l'a vendu. Nous avons ainsi établi une relation de confiance au fil des années. C'est la raison pour laquelle j'ai choisi de payer quelques centaines de dollars pour le remorquage de ma voiture chez un garagiste à environ cinquante kilomètres, au lieu de la faire remorquer gratuitement chez un autre que je ne connaissais pas, à deux coins de rue.

Un des créneaux dans lequel notre entreprise est à l'œuvre est le secteur du marketing de réseau et des entreprises à domicile. C'est une industrie qui est parfois reconnue pour ses affirmations exagérées. Certains individus promettent aux autres qu'il leur sera facile de faire énormément d'argent en n'y consacrant que peu d'effort. C'est une industrie formidable, mais comme tous les autres types d'entreprises, elle exige du travail. Lorsque des gens font des affirmations exagérées, il est possible qu'ils attirent beaucoup de personnes au départ, mais ils ne seront pas en mesure de maintenir la relation lorsque la confiance sera brisée.

Si vous dites toujours la vérité, incluant les aspects qui ne sont pas très agréables à entendre, vous bâtissez alors une relation de confiance. De telles équipes font preuve de persévérance devant les aléas de la vie et elles restent soudées pour de très longues périodes. La même situation se produit aussi dans le réseau des prédicateurs qui visitent différentes Églises locales. Lorsqu'un enseignant très connu accepte d'aller prêcher dans une petite communauté de foi et qu'il reçoit ensuite une invitation à aller enseigner dans une grande congrégation, il peut être tenté d'annuler sa visite à la petite Église. Ceci comporte un bénéfice plus grand à court terme, mais entraîne à long terme un coût qui pourrait s'avérer énorme. À la longue, non seulement cette personne perdra la confiance des gens qui l'ont invitée, mais elle ne recevra plus autant d'invitations au bout du compte. Tout se sait, et elle sera considérée comme une option risquée.

La compétence a-t-elle prépondérance sur la confiance?

Parfois, les gens croient que la compétence prévaut sur la confiance, et qu'ils n'ont pas besoin d'établir une relation de confiance. Par exemple, dans l'univers du sport, certains privilèges sont accordés à des athlètes dont les performances sont au-dessus de la moyenne. Au collège, et même à l'école secondaire, professeurs et enseignants aident certains athlètes à passer au niveau supérieur même s'ils n'ont pas satisfait aux exigences du programme scolaire. Ils bénéficient de ce privilège parce qu'ils sont doués et accomplissent des exploits sur le terrain; mais cela ne les aide pas pour autant à être dignes de confiance. Certains n'y accordent pas d'importance, mais les privilèges ne dureront pas toujours.

Terrell Owens est un athlète hors du commun, sans doute le receveur le plus doué du circuit. Il a joué sur l'équipe des 49ers de San Francisco durant cinq ans. Il ratait des rencontres clés, arrivait souvent en retard et se querellait régulièrement avec son entraîneur et ses coéquipiers. La confiance s'est érodée à la longue, et malgré son grand talent, il a été échangé aux Ravens de Baltimore. Une controverse de dernière minute a nécessité l'implication du syndicat des joueurs de la NFL, et Owens a finalement obtenu un plus gros contrat encore, impliquant plus d'argent, avec les Eagles de Philadelphie. Il a joué pour cette équipe durant deux années avant qu'elle ne l'échange à son tour.

Il est maintenant avec les Cowboys de Dallas, et la situation est déjà précaire. Il risque désormais de ne plus pouvoir jouer pour aucune équipe de la ligue. Tôt ou tard, malgré le fait qu'il soit extrêmement doué, il n'aura plus d'endroit où aller, à moins de changer de comportement. Que se passera-t-il lorsqu'il ne sera plus en mesure de participer au jeu à cause de son âge? Qui aura envie de faire cause commune avec lui? Il y a de forts risques que sa fortune actuelle s'envole alors en fumée.

Ne vous méprenez pas sur le sens de mes paroles. Je suis loin de lui souhaiter du mal, pas plus qu'à quiconque, d'ailleurs. Je lui souhaite une fin de carrière merveilleuse et agréable, et de pouvoir jouer encore longtemps. J'essaie simplement d'illustrer le fait que la confiance est quelque chose que nous ne devrions pas prendre à la légère, parce que lorsqu'elle est perdue, la route peut s'avérer longue, ardue et solitaire. Il faut penser en termes de prévention dans ce domaine, et développer des habitudes reliées à la confiance qui formeront notre caractère dès à présent, et qui continueront de le faire pour le reste de notre vie. Il faut nous acquitter des choses banales qui créent un climat de confiance, ce qui nous procurera de formidables bénéfices plus loin sur la route.

Comment rétablir la confiance lorsqu'elle a été brisée?

Cela serait plutôt décevant si nous terminions la présente section sans une note d'espérance. Si vous vous trouvez dans une situation où le climat de confiance a été brisé parce que vous avez rompu les liens de confiance qui vous unissaient à certaines personnes, il vous faut comprendre et accepter que ce n'est pas tout le monde qui acceptera de vous donner une deuxième chance. Certains vous fermeront leur porte pour la vie – et c'est ainsi. C'est parfois le prix qu'il nous faut payer dans une telle situation.

D'autres vous pardonneront et vous offriront l'occasion de rétablir la relation avec eux, mais je tiens à vous dire ceci : si vous choisissez de flouer la même personne deux fois de sérieuse façon, vous feriez mieux de disparaître pour toujours. Votre réputation sera si ternie après un moment, que personne ne voudra plus avoir aucun rapport avec vous. Et si cela se produit, votre situation sera des plus précaires, je vous assure. Vous avez besoin de l'aide, de l'appui, de la protection et de l'amour des autres personnes. Pour le dire simplement, vous avez besoin que les autres vous soutiennent. C'est pourquoi voici deux choses que vous devez faire, si vous voulez regagner la confiance de quelqu'un lorsqu'elle a été brisée.

1. Prenez à nouveau des engagements mais tenez-les! L'engagement est quelque chose de puissant. Lorsque vous vous engagez à faire quelque chose, vous êtes tenu de respecter votre parole. Lorsque vous respectez votre engagement, vous vous méritez la confiance d'autrui. Vous ne valez pas plus que votre parole, c'est pourquoi il est si important de la garder. Commencez par des petites choses et progressez vers de plus grandes. Un tel défi n'est pas différent de celui de lever des poids. Il ne serait pas sage de commencer en essayant de lever 150 kilos. Il vaut mieux s'entraîner d'abord pour y parvenir un jour. Il en va de même avec la confiance. Commencez avec de petites ententes à respecter et continuez à en prendre toujours de plus grandes.

2. Acceptez de rendre des comptes à d'autres personnes. Plus vous avez de l'autorité, et plus il est facile d'éviter de rendre compte aux autres de vos activités, surtout lorsqu'il s'agit de personnes subalternes. Je crois personnellement que vous devriez accepter de rendre des comptes autant à ceux qui se trouvent sous votre responsabilité qu'à ceux qui se trouvent aux échelons supérieurs. Être disposé à rendre des comptes vous procurera beaucoup plus de crédibilité. Et c'est le seul moyen de progresser vraiment dans la vie, le moyen le plus sûr en tout cas.

Les samouraïs compatissants ont la capacité de mettre leur confiance en autrui et en eux-mêmes pour ce qui touche leur vie et ils ont la sagesse de savoir quand le faire.

Les samouraïs compatissants se demandent :
« Comment faire cela? »

Les gens moyens se demandent :
« Puis-je faire cela? »

Chapitre huit

L'ABONDANCE

Vous n'avez tout simplement pas les moyens d'être pauvre.
Auteur inconnu

Dans les livres qui traitent de prospérité, les chapitres qui parlent d'argent ou d'abondance ne se trouvent jamais au début. Il y a une excellente raison pour cela. Avant de comprendre ce qu'est l'abondance, il faut d'abord y être préparé. Vous avez besoin d'une fondation sur laquelle construire. Certains lecteurs ont tendance à sauter les chapitres préliminaires et à aller directement à celui qui leur permettra, espèrent-ils, d'échapper enfin à l'endettement et à la pauvreté qui les emprisonnent. À la vérité, la raison pour laquelle ces gens sont endettés jusqu'au cou est sans doute parce qu'ils gèrent leur vie un peu comme ils lisent ces livres. Ils sautent beaucoup d'étapes en cours de route.

Se montrer prêt à payer le prix

Un des premiers éléments d'un état d'esprit d'abondance est la volonté d'en payer le prix. Rien n'est vraiment gratuit dans l'existence. Il existe sans doute des manières plus rapides et efficaces de faire les choses, mais les samouraïs compatissants sont prêts à investir leur temps, leur argent, leurs efforts et même à connaître quelques échecs, pour obtenir en bout de ligne ce qu'ils désirent. Les gens moyens cherchent une porte de sortie facile. Ils sautent les étapes. Ils négligent certaines informations importantes, et ne réalisent pas qu'ils ont besoin de les comprendre avant de progresser jusqu'au prochain niveau.

Ce n'est pas possible de sauter les préliminaires et d'espérer ensuite passer au niveau intermédiaire. Les choses ne fonctionnent pas ainsi. Certaines personnes rêvent de faire l'acquisition d'un complexe hôtelier alors qu'elles ne possèdent même pas de maison. Il est difficile de faire l'achat d'un hôtel si vous n'avez jamais possédé de propriété. Il faut commencer par le commencement. Rien n'est impossible, bien sûr, mais la chose demeure improbable, à tout le moins. Regardez autour de vous : les gens moyens voudraient connaître une énorme réussite, mais ils refusent de franchir les étapes nécessaires à l'atteinte de cet objectif. Désirer posséder une société valant des milliards de dollars par exemple, est un but plutôt difficile à réaliser. Toutefois, il n'est pas impossible à atteindre.

La moyenne des gens préfère s'épargner des années d'apprentissage en gestion financière et le tracas d'assister à des conférences de formation traitant des relations interpersonnelles. Avoir à gérer une plus petite entreprise avec un chiffre d'affaires de quelques millions de dollars par année vous enseignera de précieuses leçons sur le cash-flow et la planification de la succession, de même que sur le maintien d'une culture d'affaire au sein de l'entreprise lorsque le nombre d'employés se met à croître rapidement. Mon point ici est que l'abondance n'est pas quelque chose qui arrive par hasard. Cela se produit par paliers successifs. Une des meilleures formations que j'ai reçue en tant que *facilitateur* a été lorsque je me suis porté volontaire pour animer des présentations de groupe à domicile au cours desquelles j'encourageais les gens à participer aux ateliers de Tom, mon mentor.

Cela ne m'a pas seulement fourni l'occasion de développer mes habiletés de présentation et de découvrir le contenu des ateliers de formation. J'ai dû composer et apprendre à « connecter » avec des gens vraiment récalcitrants – des gens qui n'avaient jamais entendu parler des conférences de Tom et qui sentaient qu'on les avait forcés à écouter la présentation que je devais leur faire. J'ai appris à composer ainsi avec les situations les plus adverses, telles qu'un bébé qui se met à hurler au beau milieu de mon exposé, et comment prévoir et éviter certains problèmes avant qu'ils se présentent. Je ne recevais aucune rémunération pour cela, mais j'ai eu l'occasion de mettre en pratique ces leçons des milliers de fois au cours de ma carrière de facilitateur.

Certaines gens croyaient que faire du bénévolat était indigne d'eux ou ne voulaient tout simplement pas investir de leur temps. Ces personnes voulaient uniquement être des *facilitateurs*. Devinez quoi – elles ne le sont jamais devenues. Elles voulaient atteindre tout de suite le haut de l'échelle sans même gravir les premiers échelons. Il y a des années, j'ai accepté de payer le prix, ce qui me permet d'être où je suis aujourd'hui.

Un très cher ami, Lance Giroux, et moi sommes allés à Hong Kong il y a vingt ans, accompagnés de nos épouses. À un certain moment durant notre voyage, Lance souhaitait changer un peu d'argent. Il y avait au moins un bureau de change à chaque cinquante mètres au centre-ville. Je lui ai alors suggéré de ne pas changer d'argent. Lorsqu'il m'a demandé pourquoi, j'ai répliqué que toutes les affichettes mentionnaient qu'aucune commission n'était prise sur les transactions. « Lorsque quelque chose semble offert gratuitement et qu'on n'en connaît pas le prix exact, son véritable prix est généralement trop élevé. » Pour tenter l'expérience, il a changé 100 $. Il a reçu environ 84 $ en retour. Les changeurs avaient pris seize pour cent. Ils ont simplement appelé ce montant quelque chose d'autre. *Il y a un prix à payer pour toutes choses.*

Tout bien a un prix; il importe de le connaître et de décider, en fonction des avantages ou bénéfices qui y sont rattachés, si ce bien vaut la peine d'être acheté. Si cela vaut vraiment la peine que vous y consacriez du temps, de l'argent ou de l'énergie, alors acceptez d'en payer le prix.

Un vieux proverbe affirme : « Il ne faut pas enjamber un dollar pour ramasser une pièce de dix cents. » C'est là une perte de temps et un pas en arrière au plan de l'abondance. Celui qui pense en termes d'abondance n'hésite pas à investir ce qu'il possède pour en obtenir davantage en retour. J'ai entendu des gens se plaindre des frais que demandent certains planificateurs financiers. Ils peuvent exiger de quatre mille à cinq mille pour une consultation. À l'occasion, les gens qui n'ont jamais suivi un de nos ateliers de formation font le commentaire qu'ils trouvent nos rencontres et nos ouvrages trop chers.

Le montant exigé par les planificateurs financiers et le coût de nos ateliers de formation sont-ils vraiment trop élevés? La réponse dépend du genre de service reçu par rapport à l'investissement. C'est l'une des raisons pour lesquelles nous tenons à mesurer les résultats obtenus et nous les publions sur notre site Web. Par exemple, notre fin de semaine de formation *Personal Mastery* coûte de cinq cents à neuf cents. D'après les résultats de nos sondages, la personne moyenne qui gère une entreprise à domicile ou une compagnie de vente directe voit son revenu mensuel augmenter en moyenne de 352 $ par mois, après avoir suivi notre série de conférences. En une année, il s'agit d'un retour de 4224 $ pour un investissement initial de 500 $ à 900 $.

C'est là un retour de 500 à 1000 pour cent. Les samouraïs compatissants ne gaspillent pas leur temps à rester assis à compter leurs piécettes lorsqu'ils pourraient compter leurs billets de cent dollars. Les samouraïs compatissants sont disposés à payer pour l'avis d'experts – qu'ils soient planificateurs financiers, experts en impôts, nutritionnistes, *coachs* de santé ou spécialistes des relations interpersonnelles. Ces gens qualifiés peuvent faire une réelle différence dans tous les domaines de leur vie. Ils paient de tels experts pour profiter de leur expertise et recevoir la formation nécessaire.

Avant que l'abondance se manifeste de manière tangible dans votre vie, elle doit d'abord devenir manifeste dans vos pensées.

J'ai fait appel à un planificateur financier pour élaborer un plan de rémunération 412i. Sans nous attarder trop aux aspects techniques, un tel outil est un plan d'investissement de retraite sous forme d'actions. Avec un tel plan, l'investisseur ne perd rien lorsque la valeur des actions est à la baisse, et il gagne soixante pour cent de l'augmentation lorsque le marché est à la hausse. J'utilise moi-même le plan comme portion de base conservatrice de mon portefeuille d'investissement. Lors des krachs du marché boursier, en 2000 et en 2002, cela m'a permis de faire des gains dans les six chiffres. Or, je n'aurais jamais découvert ce type d'investissement si je n'avais pas été d'accord de payer à mes planificateurs financiers le tarif qu'ils ont largement mérité. Les gens moyens se contentent d'épargner quelques dollars en faisant tout eux-mêmes. Mais il vaut mieux rémunérer les professionnels à leur juste valeur, et apprendre suffisamment de choses pour pouvoir leur poser des questions judicieuses.

Avant que l'abondance se manifeste de manière tangible dans votre vie, elle doit d'abord devenir manifeste dans vos pensées. Si l'abondance n'y prend jamais vraiment racine, alors vous n'en ferez probablement jamais l'expérience. C'est pourquoi, si vous avez lu les premiers chapitres plus ou moins en diagonale, arrêtez-vous maintenant et reprenez depuis le début. Relisez l'introduction. Faites-le dès maintenant! Si vous avez lu chacun des chapitres jusqu'ici, alors vous avez le feu vert et pouvez continuer. Poursuivons donc ensemble et concentrez votre pensée sur l'abondance.

La peur de manquer de quelque chose

Considérons la question d'abondance du point de vue de son contraire, la peur de manquer de quelque chose. La disette est une condition dans laquelle il n'y a jamais assez de ressources, et elle repose habituellement sur la présomption d'une personne qu'elle n'est pas vraiment à la hauteur. L'individu moyen regarde autour de lui et voit près de sept milliards d'êtres humains sur la planète tout en se disant : *je ne suis qu'un seul individu et je ne fais pas le poids*. Alors, les expériences de la vie confirment ce sentiment. Il ne réussit pas suffisamment bien à l'école. Il n'arrive pas à se faire des amis ou à empêcher ses parents de divorcer. Ensuite, il regarde autour de lui et en conclut :

- Il n'y a pas assez de clients.
- Il n'y a pas assez de bonnes personnes.
- Il n'y a pas assez de temps disponible.
- Il n'y a pas assez d'argent.
- Il n'y a pas assez de pétrole.
- Il n'y a pas assez d'amour.
- Il n'y a pas assez de ____________. (À vous de compléter.)

Le samouraï compatissant a compris que son *intégrité et sa plénitude personnelles ne dépendent pas des circonstances extérieures.* Gardez la chose en mémoire, car elle définit ce qu'est la véritable *abondance*. Une telle définition est bien différente de celle qu'en donneraient les gens en général. L'individu moyen croit que l'abondance se définit par le revenu annuel ou la valeur nette d'une personne. Certains grands philosophes tels que Buckminster Fuller ont défini l'abondance comme le nombre de journées que vous pouvez passer sans travailler, sans que cela affecte votre mode de vie. Ce sont là d'excellentes définitions, mais la nôtre s'avère fondamentalement différente d'approche.

L'abondance est une position dans laquelle votre intégrité et votre plénitude personnelles ne dépendent pas des circonstances extérieures.

L'intégrité et la plénitude personnelles sont des dispositions reçues à la naissance par le truchement de votre nature spirituelle et de votre relation avec Dieu. Et puisque Dieu est infini, vous pouvez faire l'expérience de la plénitude, étant « connecté » à lui. De plus, intégrité et plénitude personnelles reposent entièrement sur ce qui est en vous – et rien d'autre. Si vous êtes vide à l'intérieur (c'est-à-dire sans caractère), vous aurez toujours tendance à prouver votre valeur par des tas de choses à faire. C'est ainsi, en fait, que les gens moyens cherchent à se mériter l'approbation des autres, grâce à leurs amis, aux titres ou aux postes qu'ils convoitent, et à la richesse matérielle.

N'avez-vous pas remarqué le grand nombre de personnes qui accumulent de plus en plus de choses, sans jamais trouver le bonheur? Lorsque quelqu'un cherche la satisfaction personnelle dans ses biens matériels, il ne réussira jamais à combler cet abîme. Cela s'apparente aux autres formes de dépendance. Certains individus se promènent au volant de leur Rolls-Royce ou de leur Bentley, et pourtant ils demeurent des indigents sur les plans spirituel, mental, émotionnel, et bien évidemment financier. Ils continuent de voler le pauvre Pierre et sans jamais payer Paul.

Certains vivent constamment sur la corde raide, évitant de justesse la faillite, de fois en fois. Une telle démarche est alimentée par la peur de manquer de quelque chose. Je connais des gens qui changent de voiture chaque année, pour faire croire à leurs amis, leurs voisins et leurs collègues qu'ils se tirent bien d'affaire financièrement. Encore ici, c'est la peur de manquer de quelque chose qui prévaut. D'autres personnes n'arrivent pas à avoir une adresse permanente. Elles se déplacent constamment de la côte ouest à la côte est, de la Nouvelle-Angleterre à la Floride, et ainsi de suite. Elles déménagent presque chaque année. Ce n'est pas toujours le cas, mais le plus souvent, ces personnes cherchent quelque chose dans leur univers extérieur pour combler le vide qui se trouve à l'intérieur. Elles ne voient pas la différence entre la satisfaction personnelle et le piège du *toujours plus, toujours mieux et différent.*

Un des défis auxquels nous nous trouvons confrontés, ici, en Amérique du Nord, est que l'individu moyen cherche la satisfaction personnelle dans les choses matérielles – d'où le sentiment de vide. D'autres nations observent l'abondance matérielle qui règne en Amérique du Nord en général et voient cette réalité comme étant la preuve d'une véritable faillite spirituelle. Les samouraïs compatissants savent où est la source de leur satisfaction et ils choisissent de jouer le jeu du *toujours plus, toujours mieux et différent,* en vue de créer. Mais ils ne cherchent jamais la validation dans ce domaine parce que c'est un processus sans fin. Chercher là leur valeur personnelle devient une dépendance.

Une autre illustration de la peur de manquer de quelque chose est la personne qui travaille sans arrêt et qui ne peut jamais prendre un jour de repos. Elle croit qu'elle n'a pas les moyens de perdre un jour de salaire et que les choses ne peuvent fonctionner sans elle. C'est bien là un esprit obnubilé par la crainte de la disette. Je connais des gens dont les revenus annuels sont dans les six chiffres, qui habitent de véritables palaces et conduisent des voitures grand luxe, et pourtant, lorsque leur épouse leur demande de passer du temps en famille pour la fin de semaine, c'est un non catégorique. Ils travaillent sans arrêt et font beaucoup d'argent, mais ne voient pas l'intérêt de profiter de tout cela avec ceux qu'ils aiment. Dans leur esprit, ils croient que s'ils interrompent leur travail, tout va s'arrêter. C'est faux, mais il semble que plusieurs personnes en demeurent néanmoins persuadées.

La peur de manquer de quelque chose se manifeste de nombreuses façons, et il est possible d'en être victime, que l'on possède de l'argent ou non. Pour pouvoir durer, l'état d'esprit d'abondance doit précéder la manifestation de la prospérité dans les domaines de la santé, des relations ou des finances. Récemment, j'ai lu sur Internet l'histoire d'un homme qui a gagné à la loterie, en 2002. Selon l'article en question, il se trouvait maintenant sans le sou (en 2007). Vous supposez sans doute que l'homme a dilapidé quelque cinq millions de dollars dans le temps de le dire? Faux... Il avait gagné 315 millions de dollars en 2002 et cinq ans plus tard, il ne lui restait plus rien. Essayez d'y comprendre quelque chose. Il prétend que les gens lui ont volé sa fortune. Advenant que ce soit vrai, je suis certain que vous serez d'accord avec moi pour dire qu'un montant de 315 millions de dollars constitue une somme colossale à dérober.

La réalité ici est que l'homme était paralysé par sa peur de manquer de quelque chose. S'il avait eu une propension à l'abondance, il aurait réussi à créer davantage d'abondance grâce à sa fortune. Comme il ne s'était jamais posé la question pour savoir comment bien utiliser un tel montant d'argent, il n'a pas su quoi en faire, une fois qu'il a hérité de la fortune en question. C'est souvent le cas pour les personnes qui gagnent un gros montant à la loterie. Leur subconscient et leur caractère auraient eu avantage à être transformés d'abord.

Vos pensées sont invariablement ce qui risque de créer la richesse dans votre vie. Et vos pensées engendreront aussi les habitudes saines qui favoriseront la richesse perpétuelle.

Vous avez sans doute déjà entendu l'expression : « C'est avec de l'argent qu'on fait de l'argent. » Cette affirmation n'est pas toujours vraie. C'est un état d'esprit, la propension à l'abondance qui engendre la richesse. Vos pensées sont invariablement ce qui risque de créer la richesse dans votre vie. Et vos pensées engendreront aussi les habitudes saines qui favoriseront la richesse perpétuelle. Il est bien évident que l'homme qui a gagné 315 millions de dollars n'avait pas la démarche réfléchie d'une personne qui peut gérer ce genre de fortune d'habitude. Et parce qu'il ne réfléchissait pas comme un multimillionnaire, l'argent lui a filé entre les doigts. Ses pensées inspirées par la peur de manquer de quelque chose ont fini par ramener sa valeur nette au niveau de son mode de pensée. Qu'est-ce qui fait l'objet de vos pensées en ce moment? Avez-vous un problème avec la prospérité des autres? Les samouraïs compatissants ne se préoccupent jamais de ce que possèdent les autres. Ce genre de souci n'est qu'un autre aspect de la peur de manquer de quelque chose.

Un geste conscient pour mettre en branle l'inconscient

Les samouraïs compatissants apprennent à maîtriser leur subconscient avant que les circonstances se produisent. L'individu moyen est toujours en train d'essayer de composer du mieux qu'il peut avec les circonstances. Mon mentor m'a appris une grande leçon pour résister à la peur de manquer de quelque chose lorsque les temps sont difficiles financièrement. Durant les années 1970, son entreprise d'organisation d'ateliers de formation n'allait pas très bien. En fait, elle accumulait des dettes. Avec plusieurs milliers de dollars de comptes impayés, le déficit mensuel était d'environ soixante-dix mille dollars. Au milieu de tout cela, Tom m'a pris à part et il a dit : « Il nous faut acheter une nouvelle voiture. Je dois faire une affirmation à mon subconscient à l'effet que, bien que nous perdions de l'argent, je suis toujours assez puissant pour renverser la situation actuelle. » À certains moments, la consolidation et les coupures s'avèrent nécessaires, mais plus souvent qu'autrement, entraîner sa pensée à ne pas céder aux pressions de la réalité présente est encore mieux.

Les samouraïs compatissants gardent leur vision bien ancrée et laissent à la réalité le soin de s'y ajuster. Les gens moyens sont ancrés dans la réalité et laissent leur vision s'y ajuster. Votre pensée procède à partir des données sur lesquelles elle a fixé son attention. Si vous gardez les yeux sur la dette de la compagnie, alors il y a de fortes chances que vous vous endettiez davantage. Les croyances sont modifiées par la répétition et l'engagement émotionnel. Le fait de posséder une Lincoln Town Car toute neuve en échange de quelques centaines de dollars par mois n'allait rien changer aux circonstances, mais cela pouvait changer la manière de les percevoir.

Ma première réaction fut : *Que vont penser les employés?* Je demandais aux gens de retenir leurs chèques et de ne pas les encaisser immédiatement. Tom a dit : « C'est la raison pour laquelle nous ne nous procurons pas une Rolls-Royce. Nous pourrions le faire. Mais cela me semble aller trop loin hors de la zone et il nous faudrait faire face à davantage de résistance que je suis capable d'en gérer en ce moment. » Acheter une voiture neuve alors que l'on est endetté me paraissait contraire à toute logique à l'époque. Tom a réussi à renverser la situation dans son entreprise, et plus tard, lorsque les choses allaient très bien, il a fait l'acquisition d'une Rolls-Royce. Je me rappelle encore les commentaires négatifs des gradués.

Après l'incident de la Lincoln Town Car, je n'ai jamais plus rechigné par rapport aux dépenses de Tom, parce que j'avais compris à quel point il était important pour lui de garder la tête haute. Nous avions tous un boulot à cause de cela. Acheter la Lincoln Town Car a changé sa pensée. À la suite de ce geste, c'est comme si les temps de bénédiction n'avaient plus eu le choix de se manifester. Cette expérience m'a enseigné également à tenir compte des réactions des gens, mais à ne jamais me laisser neutraliser par elles.

Par ailleurs, il est clair que cela ne marchera pas pour tout le monde. Et pourquoi donc? Simplement parce que les gens répondent différemment aux stimuli. Ceci est *très* important. Certaines personnes achètent des choses qui coûtent très cher et elles s'endettent considérablement parce qu'elles veulent vivre comme les riches. Mais elles ne le sont pas. Tom a réagi au fait de posséder une Lincoln

Town Car en se voyant lui-même comme riche. C'était sur cette question qu'il avait besoin de travailler à ce moment-là. Il avait déjà commencé à donner la dîme.

Lorsque je me suis engagé à donner la dîme, nous avons été obligés de vendre une de nos jolies voitures et nous procurer un vieux *break* d'occasion de couleur verte, que nous avons payée six cent dollars. Ne plus avoir de traites à payer sur la voiture nous a permis de donner la dîme. Certaines personnes qui travaillaient pour mon mentor m'ont alors reproché de manquer de jugeote quant à ma sécurité financière. Toutefois, ma compréhension des choses au sujet de Tom et de l'abondance était que de donner la dîme constituait un principe fondamental à observer.

Plus tard, longtemps après que Tom fut décédé, la compagnie s'est retrouvée en situation plutôt précaire. Nous ne savions pas, pour la plupart, si nous allions conserver notre emploi. Je ne savais pas si je voulais rester et je n'avais aucune idée de ce que je pouvais faire d'autre si je partais. Les finances étaient un défi, c'est pourquoi, inspiré par l'exemple de Tom et sa Lyncoln Town Car, je suis sorti et j'ai fait l'acquisition d'une très jolie Jaguar SJS de seconde main. À ce moment dans ma vie, je versais ma dîme et j'avais envie de travailler sur un tout autre enjeu au niveau inconscient. J'affirmais ainsi que j'étais capable de bien gérer les choses dans ma vie, quelles que soient les circonstances. Il y a des moments où ce que vous faites ne semble pas très raisonnable pour ceux qui vous entourent et vous regardent vivre. Les samouraïs compatissants ne se préoccupent pas de ce genre de choses. Ils vivent en obéissant à certains principes.

La dîme, l'abondance mise en pratique

La dîme est une pratique qui consiste à donner un dixième de votre revenu pour le soutien de ceux qui vous apportent la nourriture spirituelle. Concrètement, c'est à votre église, au temple ou à la synagogue que ces sommes devraient être versées. Pour l'instant, laissons de côté l'aspect spirituel et regardons la chose dans la perspective de l'abondance. Comment apporter des changements à un système de valeurs? Cela se fait par la répétition et par une implication émotionnelle. Plus la chose est chargée émotionnellement, et moins la répétition sera nécessaire. Moins il y a d'émotions impliquées, et plus la chose nécessitera de la répétition.

Les gens moyens souffrent de la peur de manquer de quelque chose et le comportement qu'ils adoptent en conséquence est de s'accrocher à tout ce qu'ils ont de sacré : leur argent, leur temps et les biens qu'ils possèdent. Imaginez que chaque fois que vous recevez un chèque, vous versez dix pour cent de ce montant à l'église, à la synagogue ou au temple que vous fréquentez. Vous voyez le conflit que cela risque de provoquer chez la personne dont l'esprit est préoccupé avant tout par la peur de manquer de quelque chose. Voilà l'implication émotionnelle. Et combien de fois recevez-vous de l'argent sous forme d'un chèque? Chaque semaine, ou chaque deux semaines, ou à la fin de chaque mois? Voilà la répétition.

Sans doute connaissez-vous des gens qui versent la dîme et qui ne jouissent pas pour autant d'une situation financière avantageuse. Je me suis interrogé aussi, surtout après que la dîme eut eu de si merveilleux résultats dans ma vie. Sans doute est-ce parce que d'autres principes entrent en jeu. Dans l'Ancien Testament, un prophète nommé Malachie a dit : « Apportez donc vos dîmes dans leur totalité dans le trésor du Temple pour qu'il y ait des vivres dans ma demeure! De cette façon-là, mettez-moi à l'épreuve, déclare l'Éternel, le Seigneur des armées célestes : alors vous verrez bien si, de mon côté, je n'ouvre pas pour vous les écluses des cieux, et ne vous comble pas avec surabondance de ma bénédiction. » (3.10) Je vous invite à vérifier la chose par vous-même, puisque ce texte est facile à trouver et qu'il se situe à la toute fin de l'Ancien Testament.

Un des autres principes ou traits de caractère que nous avons déjà abordé dans le présent ouvrage est celui de la *responsabilité personnelle*. Verser la dîme nous place en position de recevoir des bénédictions, mais nous demeurons néanmoins toujours responsables de faire notre part et de franchir le pas de notre porte. Certaines personnes versent leur dîme et s'attendent à ce que l'argent leur tombe ensuite du ciel. La dîme n'est que le début du processus – et c'est le meilleur moyen de lutter contre la tendance à être subjugué par la peur de manquer de quelque chose.

D'un point de vue spirituel, la dîme devrait être versée pour le soutien des personnes qui vous fournissent la nourriture spirituelle parce que c'est là un moyen privilégié de reconnaître que Dieu en est la source. Donner pour des causes humanitaires valables, telles que la Société du cancer ou le mouvement des scouts et guides, devrait être fait en plus de la dîme. D'un point de vue strictement financier, chaque geste de générosité, quel que soit son destinataire, est un moyen de lutter contre la peur de manquer de quelque chose.

Recevoir, l'obstacle caché à l'abondance

Une des clés de l'abondance est notre capacité de recevoir. L'individu moyen n'a pas la capacité de recevoir l'abondance. En quoi est-ce un problème? Recevoir est facile, dites-vous? Pas vraiment. Imaginez que vous tenez un verre et que quelqu'un commence à y verser l'océan. Cela ferait-il une différence que l'océan entier soit versé dans votre verre? Celui-ci ne peut contenir qu'une quantité d'eau négligeable. C'est pourquoi l'individu moyen a besoin d'abord d'augmenter le volume de son verre.

Une fois, un pasteur m'a demandé de l'aider à mieux gérer ses finances. Je lui ai demandé s'il versait la dîme. Il a souri et a répondu : « Mais bien sûr. » Je savais qu'il était un homme généreux, mais il est surprenant de constater parfois qui sont ceux qui refusent de donner. Je lui ai ensuite demandé s'il investissait dix pour cent de son revenu pour son bien-être personnel. Il a froncé les sourcils et m'a demandé des clarifications. « Prenez-vous le deuxième dix pour cent de votre revenu pour l'investir dans des actions, ou l'immobilier ou autre chose, dans le simple but d'augmenter éventuellement votre valeur nette? » Il a répondu qu'il n'avait jamais été en mesure de le faire jusqu'ici.

Il donnait à son Église, à ses enfants, à des amis, à des étrangers, mais il ne gardait jamais rien pour lui-même. Il n'avait pas encore travaillé sur sa capacité de recevoir. Lorsque vous vous donnez à vous-même, vous changez alors ce que votre subconscient vous dit sur vous. Il se met à vous dire que vous êtes plus riche qu'avant. Il dit que vous le méritez. Si vous croyez que vous portez l'image de Dieu, alors vous êtes un prince. Les samouraïs compatissants sont capables de recevoir parce qu'ils s'en sentent dignes. Les gens moyens ne se sentent pas dignes de recevoir.

Lorsque j'ai fait l'acquisition de ma première Jaguar, je me sentais un peu intimidé de la conduire. Je luttais alors avec un fort sentiment d'indignité à l'idée de posséder une telle voiture. Offrez un compliment à quelqu'un et il vous répondra en général : « Oh! ce n'est pas grand-chose. » Le samouraï compatissant vous dira plutôt : « Merci. » Offrez quelque chose à un individu moyen et il vous répondra : « Vraiment, je ne peux accepter cela. »

L'humilité, c'est comprendre que Dieu est la source de toutes choses, et non vous.

Les gens moyens confondent l'humilité, qui est une vertu, avec une piètre image de soi. L'humilité, c'est comprendre que Dieu est la source de toutes choses, et non vous. Voici l'océan, et il contient une quantité infinie d'eau à déverser en vous. Vous êtes digne de jouir des meilleures choses dans la vie. Prenez l'habitude d'investir du temps et de l'argent pour votre bien-être personnel. Cela n'a rien d'égoïste, tant que vous n'oubliez pas l'importance de donner régulièrement.

Mettre en place un système quelconque

C'est la raison pour laquelle, dans l'univers des finances, un système 10-10-80 fonctionne à merveille. Les samouraïs compatissants versent le premier dix pour cent au soutien des personnes qui leur procurent la nourriture spirituelle, ils investissent le deuxième dix pour cent, et les quatre-vingt pour cent qui restent sont utilisés pour régler les dépenses, incluant les impôts, l'épicerie, le paiement de la voiture et autres contributions à faire. Les samouraïs compatissants s'assurent d'augmenter les montants dans les deux premières catégories à mesure que leur revenu augmente, en s'efforçant toujours de conserver le même pourcentage pour la dîme et les investissements. Ainsi, ils améliorent sans cesse leur situation en vivant avec un pourcentage toujours plus petit.

Cette pratique systématique de donner et de recevoir (investir) met en action la puissance de l'intérêt composé. La plupart des gens sont familiers avec ce principe, et pourtant peu d'entre eux le mettent en pratique. Investir cent dollars par mois à un taux de seize pour cent entraînera un montant de plus de trois millions de dollars au bout de quarante ans. Les gens moyens sont plutôt myopes. Ils ont une vue à court terme seulement. Ils pensent que cent dollars ne va pas faire vraiment de différence au bout du compte. Peut-être considèrent-ils les choses sur une année et se disent-ils que mille deux cents dollars ne changera rien à leur situation. L'individu moyen ne comprend pas que la puissance de l'intérêt composé produira au bout du compte un montant de trois millions de dollars.

Il en va de même pour la notion du temps. Si vous consacrez trente minutes par jour à l'écriture, cinq jours par semaine, vous pourriez devenir un auteur accompli en moins de six mois. Ce n'est qu'une question de discipline. Un tel système permet de maximiser son temps, son argent et ses habiletés. C'est un outil qui procure l'abondance. Vous vous devez d'adopter un système quelconque, si vous voulez vivre dans l'abondance. En fait, l'abondance n'est pas vraiment un contexte dans lequel vous vivez, c'est plutôt un principe directeur dans la vie. Si vous vous laissez inspirer et diriger par le principe de l'abondance, vous en ferez assurément l'expérience concrète.

Cela exige de faire certaines choses néanmoins, lesquelles doivent éventuellement devenir comme une seconde nature, si vous voulez connaître l'abondance. La vie du samouraï traditionnel était caractérisée avant tout par la sobriété, plutôt que par la pingrerie. La sobriété – le fait d'accorder aux choses leur vraie valeur – est une merveilleuse manière de vivre. Elle vous permettra d'éviter de trop dépenser et de faire du gaspillage inutile. Établir un budget ou un plan pour bien gérer votre revenu est un système. Les gens moyens n'ont pas de système, ou encore ils ne s'y conforment pas. Les samouraïs compatissants ont un budget – quelle que soit la somme d'argent qu'ils gagnent. C'est pour eux un mode de vie et de pensée.

Un système s'apparente à la trajectoire de vol qui détermine l'endroit où vous allez atterrir. Un système n'est pas quelque chose qui vous enferme; il crée plutôt la flexibilité. Par exemple, chez Klemmer & Associates, si un employé part en voyage et que son vol n'a pas encore été réservé à quatre semaines du départ, notre système lui enverra un courriel pour le lui rappeler, afin qu'il puisse profiter du meilleur tarif. Dans notre univers bourdonnant d'activités, il serait plus simple parfois de réserver à la dernière minute. Mais ce petit système nous permet d'économiser plus de vingt-cinq mille dollars par an (estimation conservatrice). Quel système devriez-vous instaurer pour améliorer les choses dans votre vie?

Garder le cap sur les solutions

Une des clés de l'abondance est d'avoir une attitude orientée vers les solutions potentielles. Les gens moyens se considèrent positifs, en général, mais ils ne sont pas orientés vers les solutions. Tandis que je rédigeais le présent chapitre, j'ai reçu la visite d'une dame, décoratrice d'intérieur qui jouit d'un certain niveau de réussite dans son domaine. Nous avons discuté et je lui ai partagé ce que je faisais dans la vie; je lui ai remis quelques livres et elle a réagi avec beaucoup d'enthousiasme. Je lui ai alors mentionné le fait que nous allions tenir un atelier de formation dans les environs, d'ici quelques semaines. Elle a répondu sur-le-champ : « J'aurais aimé y assister, mais je ne peux pas puisque je travaille les samedis. » Elle a réagi comme une personne sans envergure et non comme un samouraï compatissant.

Lorsque les gens moyens se posent la question : « Est-ce que je peux faire cela? », ils basent leur réponse sur les circonstances qui les entourent. La dame en question a réfléchi à son emploi du temps, et lorsqu'elle s'est posé la question : « Est-ce que je peux faire cela? », la réponse était bien évidemment *non. Une personne dont la pensée est orientée vers l'abondance se posera des questions différentes*. Une telle personne se demandera donc : *Comment puis-je faire pour y assister?* Cette simple variation sémantique change tout. Elle stimule le cerveau à trouver une solution. Si la dame en question s'était posé la question : « Que devrais-je faire pour y participer? », son subconscient se serait alors mis en branle afin de trouver une solution possible.

Durant nos ateliers de formation en maîtrise personnelle (Personal Mastery Seminar), nous avons un exercice dans lequel chaque participant est invité à traverser la pièce en utilisant un moyen différent. Le premier le fait en général en marchant, le prochain y va en rampant, la personne suivante le fait en dansant, et ainsi de suite. Immanquablement, quelqu'un reste coincé et ne sait plus quoi faire. Bien que nous n'obligions jamais personne à faire quoi que ce soit, il est étonnant de constater ce qui se passe alors. Lorsque vous vous dites : « Je ne sais plus vraiment quoi faire », vous affirmez ainsi que votre être conscient se trouve dépassé par la situation. Cette partie de vous est la moins importante. Pourtant, la majorité des gens moyens sont les otages de leur pensée consciente. C'est tout ce dont ils sont vraiment conscients. Mais votre subconscient peut vous aider à résoudre des tas de difficultés devant lesquelles votre pensée consciente demeure impuissante.

Un samouraï compatissant n'est pas quelqu'un de raisonnable. Les gens moyens sont tellement raisonnables et prévisibles. La raison domine l'univers de la pensée consciente, et elle y joue un rôle déterminant, mais non pour résoudre certains problèmes. La raison s'appuie sur les circonstances et les expériences passées. Mais tout ce que le passé peut révéler est l'ensemble des raisons qui vous ont poussé à agir comme vous l'avez fait. Le passé ne peut pas indiquer ce qui aurait pu arriver si vous aviez changé les raisons qui vous poussaient à agir. La pensée consciente est la partie de vous qui est de moindre importance. Pour revenir à l'exercice, à cette étape de l'expérience, tout le monde se met à encourager la personne qui se trouve coincée. Le *facilitateur* tire alors un billet de cent dollars de sa poche et accorde à la personne trente secondes à partir de ce moment pour trouver une façon originale de traverser la pièce.

Quelques secondes suffisent, en général, pour que la personne invente un moyen et traverse alors la pièce. Il y a plusieurs applications possibles à cette expérience, mais celle sur laquelle j'aimerais attirer votre attention est *le nombre de manières qu'il y a de traverser une pièce.* Il y en a un nombre infini. Il y a toujours une solution. L'individu moyen, toutefois, est obnubilé par sa peur de ne pas être à la hauteur et il est persuadé qu'il n'y a qu'une seule manière de faire les choses – une manière d'acheter ou de vendre une maison, une manière d'obtenir une promotion, une manière de discuter avec les enfants. Les gens moyens s'inquiètent de pouvoir trouver ou non la seule manière de faire les choses.

Arrêtez de vous faire du souci à ce sujet. La prochaine fois où vous vous trouverez coincé, rappelez-vous l'exercice et réfléchissez comme un samouraï compatissant. Il existe un infini de moyens de faire les choses, même si ceux-ci ne semblent pas évidents à première vue. La solution peut impliquer des gens que vous ne connaissez pas, mais avec qui vous êtes lié d'une manière ou d'une autre. Elle peut impliquer un montant d'argent que vous n'avez pas en votre possession ou que vous ne voyez tout simplement pas comme étant disponible. Elle peut impliquer des connaissances que vous n'avez pas et ne pouvez pas voir. Les samouraïs compatissants font l'effort de chercher une solution en se posant la question : « Comment puis-je faire cela? ».

Le format géant, s'il vous plaît

S'il y a toujours une solution, êtes-vous prêt à considérer la panoplie des possibilités qui s'offrent à vous? Les gens moyens voient petit. Ils se fient essentiellement à ce que leurs yeux et leurs oreilles leur disent. Les samouraïs compatissants voient spontanément les possibilités infinies qui s'offrent à eux et ils se demandent : « Comment faire pour multiplier par dix les possibilités présentes? » J'ai eu une conversation, une fois, avec Tom Schreiter, un chef de file dans le milieu du commerce à domicile, et également auteur de *best-seller*, mécène et multimillionnaire. J'ai demandé : « Tom, tu es un auteur de renom. J'ai aussi publié un ouvrage intitulé *If how-to's were enough, we would all be Skinny, rich & happy.* Quelle serait ta stratégie avec un tel livre? »

Il a répondu : « Combien d'exemplaires réussis-tu à vendre à la table de livres derrière la salle? »

« En général, quelques centaines », ai-je répliqué.

Il a ajouté : « Commence à réfléchir à la possibilité d'en vendre dix mille en vente ferme, à la place. »

J'ai demandé : « Comment faire pour vendre dix mille exemplaires d'un seul coup? »

Il a répondu : « En me les vendant à moi. » Nous avons conclu un marché sur-le-champ. Au cours des deux mois qui ont suivi, j'ai réussi à conclure deux ventes de dix mille exemplaires avec deux autres personnes clés. Puis, j'ai commencé à réfléchir en termes de vendre le livre à des entrepreneurs performants par boîtes de cent exemplaires. Les possibilités avaient été là tout le long, mais je ne les avais pas vues parce que je ne voyais pas suffisamment les choses dans une perspective plus large.

Mon ami Bob Harrison, que je considère comme un vrai samouraï compatissant, est surnommé Dr Increase (Dr Augmentation) à cause de ce qu'il est et de ce qui se produit en général, lors de ses exposés. Il a fait l'acquisition d'un manoir en échange d'un dollar et aucun paiement mensuel. La chose est un peu plus compliquée en réalité, mais vous y trouverez le récit complet en visitant son site Web, au www.increase.org. Tout cela a commencé avec une annonce qui disait : « Aucune offre raisonnable refusée. » Il s'est dit : *S'ils ne refusent pas une offre raisonnable, peut-être ne refuseront-ils pas une offre déraisonnable?*

Ses idées dépassaient de beaucoup le niveau de ses finances personnelles à l'époque. Les gens moyens n'ont pas tendance à chercher les super occasions d'affaires et ne se permettent même pas de rêver à de telles possibilités. Comment vous sentiriez-vous si vous gagniez le double de votre salaire actuel? Comment vous sentiriez-vous si vous réussissiez à amasser un million de dollars pour une cause qui vous tient vraiment à cœur? Comment vous sentiriez-vous si vous aviez un emploi qui vous motive deux fois plus à vous rendre au bureau chaque matin? Pouvez-vous prendre n'importe quel de vos rêves actuels et en multiplier la dimension par deux? Et si vous le multipliiez par dix?

La pensée qui tourne en rond

Nous avons parlé abondamment de la peur de manquer de quelque chose, qui est le lot des gens moyens. Certaines personnes sont tellement prises dans un tel engrenage qu'elles vivent dans la pauvreté, que les temps soient difficiles ou non. Puis il y a d'autres individus – des samouraïs compatissants – qui vivent dans l'abondance, quoi qu'il arrive. En fait, il semble y avoir davantage de personnes qui deviennent millionnaires durant les périodes de crises économiques que durant celles où règne la prospérité. La majorité des gens, toutefois, connaissent des hauts et des bas, non seulement dans leur niveau de prospérité, mais dans les autres domaines de leur vie également.

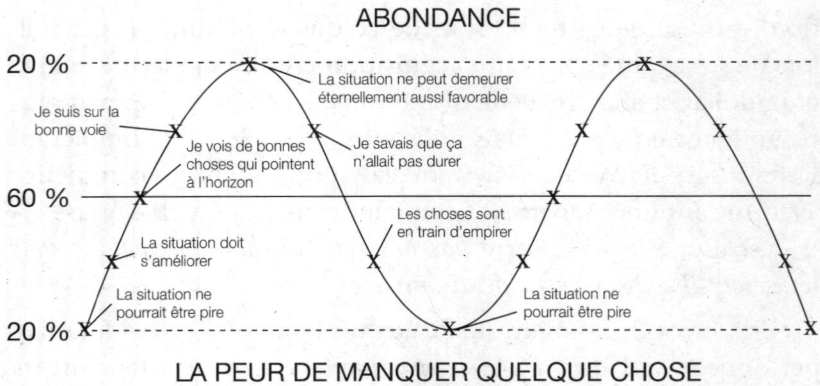

Vous pouvez vous situer n'importe où sur le graphique. Les gens moyens se disent : *Il faut que la situation s'améliore*. Puis, il y a une légère amélioration. Alors ils se disent : *Allez, je me doutais bien que les choses iraient mieux*. Les choses s'améliorent. Alors, ils se disent : *Je vais bientôt profiter du bon temps*. Puis : *Je ne pourrais imaginer que la situation puisse être meilleure*. C'est à ce moment que leur réussite commence à s'étioler. Ils se mettent alors à penser : *Les bonnes choses ne durent pas éternellement. Toute bonne chose doit se terminer un jour*. Alors les résultats commencent à fléchir. *Je savais que cela ne pouvait durer éternellement*. Puis, les choses se mettent à empirer. *La situation est terrible. Les choses ne pourraient être pires*. Ils atteignent alors le fond du baril. Puis, ils se mettent à réfléchir : *Les choses ne peuvent demeurer ainsi éternellement. Il faut que la situation s'améliore*. Alors débute l'ascension à nouveau.

Il ne manque rien. Il y a là plus que nécessaire.
Vous êtes plus que suffisant pour la tâche. Par conséquent,
il y a une quantité suffisante de tout ce dont vous avez besoin
et qui est disponible.

Lorsque l'on cultive un état d'esprit d'abondance, on ne se laisse jamais dérouter par la situation économique, les récessions ou même l'inflation. Une telle personne demeure sans cesse enracinée dans la réalité que si l'abondance ne semble pas présente, il lui faudra alors la créer de toutes pièces. Elle a compris que l'univers offre plus de ressources que nous n'en avons réellement besoin, assez en tout cas pour assurer aux humains le bonheur et la plénitude auxquels ils aspirent. C'est la raison pour laquelle on n'est jamais justifié de convoiter ou d'envier ce que possèdent les autres. Si vous ne pouvez accepter que les autres jouissent de larges sommes d'argent et que cela vous rend jaloux, c'est la preuve que vous êtes prisonnier de la peur de manquer de quelque chose.

Il ne manque rien. Il y a là plus que nécessaire. Vous êtes plus que suffisant pour la tâche. Par conséquent, il y a une quantité suffisante de tout ce dont vous avez besoin et qui est disponible. En tant que samouraï compatissant, vous devez vous forger un caractère porté vers l'abondance. Vous devez en intégrer toutes les facettes de manière à ce que cela devienne en quelque sorte une seconde nature. Que les circonstances soient bonnes ou mauvaises, que vous vous sentiez plein d'enthousiasme ou sur la déprime, à vous de réfléchir sans cesse en termes d'abondance.

Mordez dans la vie. Demeurez à l'affût des problèmes à résoudre qui exigent le meilleur de vous. Tôt ou tard, de tels défis vous pousseront à aller au bout de vous-même – et c'est alors que tous les traits de caractère mentionnés précédemment, incluant l'abondance, se manifesteront. Lorsque l'on presse une orange, il en sort du jus parce que c'est ce qu'il y a à l'intérieur. Lorsque la vie vous presse, vous en sortirez grandi.

Les samouraïs compatissants demandent :
« Que se passera-t-il si je ne relève pas ce défi? »

Les gens moyens demandent :
« Que se passera-t-il si j'échoue? »

Chapitre neuf

La hardiesse

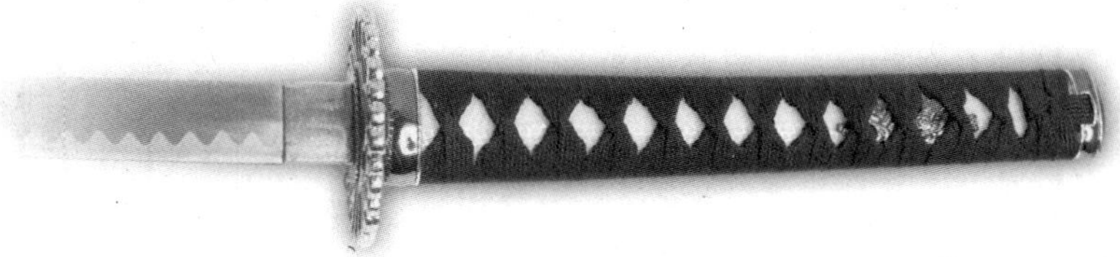

On ne naît pas nécessairement courageux, mais on vient au monde avec le potentiel de le devenir. Sans le courage, impossible de pratiquer les autres vertus avec persévérance. Impossible d'être bon, vrai, compatissant, généreux et honnête.

Maya Angelou

Quelle est la chose qui vous vient à l'esprit lorsque vous pensez au courage? Un enfant pensera tout de suite à un lion, symbole de force et de courage, de même que de noblesse, puisque les enfants ont appris que le lion est le roi de la jungle. Pourtant, dans le livre *Le magicien d'Oz,* un conte pour enfant écrit par L. Frank Baum en 1900 et porté à l'écran par la MGM en 1939, le lion n'a pas la qualité qui devrait le définir le plus : le courage. À mesure que le film progresse, le lion découvre qu'il a effectivement du courage, mais qu'il ne l'a jamais montré.

La peur avait tellement empêché le lion de se voir tel qu'il était qu'il se comportait comme une mauviette tremblotante, au lieu de la bête féroce que tous les animaux auraient dû craindre. Nous tenons pour acquis que les lions sont supposés se montrer intrépides, quel que soit l'obstacle. La production cinématographique *Le roi lion,* le troisième plus grand succès au *box-office* américain pour un film d'animation, et l'un des spectacles sur Broadway les plus prolifiques et populaires, met en scène les personnages de Mufasa, un roi exerçant fièrement la domination sur ses terres, et son fils Simba, le jeune héritier au trône.

Mufasa est décrit comme un lion courageux, protecteur de sa famille et de ses terres. Toutefois, sa hardiesse et son courage n'ont pas été transmis si facilement à Simba, parce que celui-ci avait encore des choses à apprendre sur ce qu'est le courage. Après chaque leçon, l'oncle de Simba, dénommé Scar, s'efforçait immédiatement de défaire tout ce que Mufasa avait enseigné au jeune lion, en lui insufflant la peur. Peut-être n'avez-vous pas réalisé encore que vous aussi êtes un lion, du moins symboliquement parlant. Vous avez du courage, mais en démontrez-vous l'évidence?

Êtes-vous comme Mufasa, ou encore comme Simba, tel qu'il apparaît au début de l'histoire? Les gens moyens détestent prendre des risques, et ils le savent. Ils préfèrent leur confort et leur sécurité plutôt que de chercher à saisir les occasions qui se présentent à eux. L'individu moyen occupe un emploi qu'il n'aime pas, et il reste là parce qu'il est persuadé qu'il n'a pas d'autre choix – il est terrifié à l'idée de changer. L'individu moyen a peur de soulever certains sujets dans ses relations interpersonnelles. L'individu moyen fréquente l'église, mais il n'ose pas formuler ses questions et ses doutes parce qu'il a peur d'être jugé ou mis de côté par les autres.

L'individu moyen en affaires a peur de perdre le contrôle et essaie de tout faire lui-même. Il est comme le personnage du lion dans *Le magicien d'Oz,* qui tremblait et cherchait à retrouver le courage qu'il croyait avoir perdu. *La bonne nouvelle est que vous avez ce courage*. Tout comme le lion du pays d'Oz et Simba, vous avez déjà le courage en question – mais attendez un peu avant de vous mettre à danser de joie. Vous aussi serez confronté à des défis à relever *qui vous demanderont de faire preuve de courage.*

Comme ces deux lions l'ont fait, vous aurez à faire face à certaines dures réalités vous concernant. D'abord, vous êtes un guerrier et vous êtes appelé à remporter de grandes victoires dans votre vie. Toutefois, une série d'adversités et certains obstacles risquent de se présenter sur votre chemin. Lorsque cela se produira, comment allez-vous réagir? Allez-vous courir vous cacher, ou plutôt vous mettre à courir en direction du danger, sachant que vous avez la capacité intérieure de surmonter tout obstacle qui se présente sur votre route?

Pour le samouraï compatissant, le courage n'est pas une qualité dont il faut faire preuve de temps en temps, mais plutôt une vertu qui transparaît à tous les moments de la vie.

Les samouraïs compatissants s'attaquent aux problèmes à mesure qu'ils se présentent, matin, midi et soir. Ils le font pour le plaisir. Ils voient cela comme faisant partie de leur nature même. Ils considèrent chaque difficulté comme s'il s'agissait de poids et haltères leur permettant de se faire des muscles et de devenir plus forts. Pour le samouraï compatissant, le courage n'est pas une qualité dont il faut faire preuve de temps en temps, mais plutôt une vertu qui transparaît à tous les moments de la vie.

Quand vient le danger, c'est l'occasion de faire preuve de courage

La plupart des gens ont été confrontés à des événements au cours de leur vie qui les ont persuadés qu'ils n'avaient pas le courage nécessaire. Le courage est un animal qui dort paisiblement jusqu'à ce qu'il soit réveillé par un danger quelconque qui le menace et qu'il se doit d'affronter. Les samouraïs compatissants voient le danger comme l'occasion de réveiller leur courage endormi. Autrefois, il y avait une jolie statue du bouddha, en plein centre d'une ville, en Thaïlande. Pour des fins de construction, la statue devait être déplacée. Or, il s'avère que la statue était beaucoup plus lourde que l'on avait d'abord estimé. Lorsque les ouvriers ont fixé des chaînes à la statue et ont tenté de la déplacer en la tirant avec un véhicule, sa surface extérieure s'est fissurée à cause de la pression.

Sous la surface se trouvait un bouddha en or solide, qui avait été recouvert de plâtre et joliment peint à la main. Il avait été là, au milieu de la ville, durant quelques centaines d'années et personne ne s'était rendu compte de la réelle valeur de la statue. Apparemment, des siècles auparavant, le village avait été attaqué par une tribu ennemie. Les gens du village voulaient protéger la statue en or massif qu'ils n'avaient pas réussi à déplacer avant que les ennemis envahissent la région. La solution qu'ils avaient trouvée fut de recouvrir l'or avec du plâtre et de peindre la statue – et le stratagème a fonctionné.

Cette histoire me fait penser à vous et moi. À certains moments, nous ne nous sommes pas comportés en lions. Nous avons accepté que certains événements nous amènent à refouler notre véritable nature. Certains individus finissent par être si couverts de plâtre qu'ils en oublient qu'ils sont des lions, et encore plus qu'ils sont habités par un réel courage. L'élément qui a permis de révéler la statue en or massif, dissimulée à l'intérieur du bouddha de plâtre, a été la pression exercée par les chaînes, lorsque les gens ont essayé de bouger la statue. Les samouraïs compatissants voient la pression comme une occasion rêvée de découvrir leur beauté intérieure et de réveiller l'animal endormi qui se nomme courage.

Une piètre image de soi et le courage

Parfois, une piètre image de soi est attribuable au manque de courage. Nous rencontrons certains échecs en affaires, ou à l'école, une jeune fille refuse notre invitation à sortir, nous avons tendance à manger trop, et tout cela nous confirme que nous sommes faibles. La liste pourrait s'allonger à l'infini. Mon interprétation de tels événements est simplement que nous manquons de courage (lisez le chapitre « Facts Are Meaningless », dans mon livre *When Good*

Intentions Run Smack Into Reality). S'il est vrai qu'une piètre image de soi se trouve directement reliée à un bon vieux manque de courage, alors faire preuve de courage vous permettra sans doute de redécouvrir votre véritable potentiel. Lorsque vous découvrez votre réel potentiel et votre valeur dans la vie, vous êtes alors en mesure d'affronter tout ennemi cherchant à vous dissuader de puiser dans ce précieux potentiel. Les gens qui ne connaissent pas leurs véritables capacités demeurent paralysés par la peur – la peur de l'inconnu, en fait. Cette peur neutralise leur volonté de lutter et de foncer vers l'avant, les gardant dans une position recroquevillée et inefficace. Examinons la définition du courage que donne le dictionnaire anglais *Webster :*

- *Courage* – l'attitude qui permet de faire face et d'affronter tout ce qui est reconnu comme dangereux, difficile ou pénible, au lieu de chercher à l'éviter; qualité qui permet d'être sans peur, brave; bravoure.

Le courage est l'attitude qui permet d'affronter tout danger, ou même notre plus grande peur. Relisez le récit biblique ultra connu de David et Goliath. Je ne crois pas que David soit né avec le courage d'affronter le géant devant lequel ses prédécesseurs tremblaient de peur. En fait, la plupart des versions des Écritures soulignent le fait qu'il a suffi à Goliath de faire acte de présence pour que tout le monde s'enfuie en courant. Tout le monde devrait inclure le roi aussi, n'est-ce pas? Cela devait également inclure les hommes choisis pour se tenir au premier rang ce jour-là. Imaginez la scène. Voici de vrais soldats de carrière, entraînés et censés être prêts à donner leur vie, et les voilà terrifiés!

Le courage n'est pas l'absence de peur. Faire quelque chose lorsque vous n'êtes pas conscient des risques impliqués n'est pas faire preuve de courage. Le courage porte à agir devant la peur, à affronter ce qui nous fait peur sans nous laisser intimider. Si vous avez peur, alors c'est le signe que vous êtes un être humain. Dès que vous aimez, alors naît la peur. C'est normal que ce soit ainsi.

Ce monde est un endroit terrible pour y élever des enfants, quel que soit le quartier dans lequel vous habitez. Et avec environ cinquante pour cent des mariages qui se terminent par un divorce, l'aventure comporte son lot de possibilités terrifiantes également.

Compte tenu du grand nombre d'entreprises qui font faillite, il peut s'avérer inquiétant pour vous de démarrer votre propre affaire. La perspective d'avancer en âge avec une diminution graduelle de vos capacités peut être aussi terrifiante à ses heures. Si rien de tout cela ne vous fait peur, vous êtes probablement sous l'effet d'une drogue quelconque. En fait, même ceux qui font usage d'alcool ou de drogue le font parce qu'ils sont terrifiés, et ils cherchent ainsi un moyen d'anesthésier la douleur intérieure. Tout ce qui reste comme solution réelle est le courage, seule réponse possible à la peur. David avait sans doute peur aussi, mais il a néanmoins choisi d'affronter Goliath. Quels sont les éléments qui lui ont donné le courage de prendre une telle décision?

1. David avait eu d'autres occasions de faire preuve de courage auparavant, avant d'affronter Goliath.
2. David a considéré les récompenses éventuelles et les a gardées bien en vue.
3. David a fait appel à un groupe de soutien.
4. David s'est appuyé sur ses forces et capacités uniques et personnelles, plutôt que d'adopter l'approche d'autrui.
5. David a puisé dans sa relation intime avec le Dieu aux ressources infinies pour surmonter la peur que lui inspirait ce qu'il voyait et entendait.

Quelles que soient vos convictions religieuses, cette histoire est une leçon de vie extraordinaire. Prenez le temps de la méditer en lisant le texte de I Samuel 17.

1. La pratique

David a résisté à sa pauvre image de soi par la pratique. Il était un tout jeune homme et occupait la fonction de berger. Combien de fois nous posons-nous la question : *Qui suis-je au juste pour m'attaquer à ce genre de chose?* Or, le récit biblique souligne que David avait tué un ours et un lion avant de terrasser Goliath. Il a gravi les échelons du courage. Parfois, certaines personnes veulent sauter les étapes et atteindre rapidement le sommet. Si vous possédez une maison familiale mais que vous n'avez pas encore une propriété qui vous sert d'investissement, ne mettez pas tous vos œufs dans le même panier pour votre première transaction immobilière. Tuez un ours avant. Prenez une portion seulement de votre actif et contentez-vous d'une transaction ne comportant aucun risque. Puis, testez vos muscles sur une plus grosse transaction. Avec le temps, vous aurez accumulé suffisamment de courage et d'expérience pour vous attaquer à une occasion spectaculaire à saisir.

Si vous êtes veuf ou veuve, ou si vous n'avez tout simplement pas pratiqué l'art du rendez-vous amoureux depuis des années, tuer un ours pourrait vouloir dire ne pas fixer du tout de rendez-vous encore, mais tenter une sortie en groupe mixte de gens seuls. Les pompiers héroïques qui ont gravi les escaliers des tours du World Trade Center avant qu'elles s'effondrent, lors de la tragédie du 11 septembre 2001, avaient pratiqué ce genre d'intervention très souvent dans des immeubles en flammes. Ils voyaient le défi comme une simple occasion de faire leur boulot. S'il existe une peur qui vous empêche de foncer dans la direction où vous vous sentez appelé à vous diriger dans la vie, il serait sage de vous entraîner à confronter une telle peur. Il serait stupide de vous jeter tout simplement dans la gueule du loup (lion). Il vaudrait mieux y aller par étape, en faisant les choses de manière à relever finalement le défi.

Même l'échec exige du courage. Considérez un instant ce que Michael Jordan, un joueur de basket hors du commun, a à dire à ce sujet :

J'ai dû rater plus de 9000 lancers au cours de ma carrière. Et j'ai perdu environ 300 parties. À 26 occasions, on m'a confié la tâche de faire le lancer qui nous aurait assuré la victoire et j'ai raté la cible. J'ai connu l'échec fois après fois après fois au cours de ma vie. Et c'est la raison pour laquelle je connais la réussite.

Nous vivons dans une société qui méprise et condamne les gens qui ont échoué. Ce que les gens ne comprennent pas est que personne n'atteint la réussite dans la vie sans avoir fait de nombreuses expériences d'échec. Le fait de connaître des ratés ne veut pas dire pour autant que vous en êtes un. Qui oserait qualifier Michael Jordan d'échec ambulant? Thomas Edison a connu de nombreux échecs avant de réussir à faire fonctionner sa première ampoule électrique, et il en a connu de nombreux par la suite, dans ses efforts pour faire connaître son invention. Le colonel Sanders, célèbre fondateur de la chaîne de restauration rapide Kentucky Fried Chicken, a perdu des douzaines d'emplois avant de lancer KFC et de réussir à mettre sur pied une entreprise valant plusieurs millions de dollars.

Les samouraïs compatissants s'entraînent à grimper aux branches des arbres jusqu'à ce qu'une branche casse. Alors, ils secouent la poussière de leurs vêtements, et y grimpent à nouveau.

Mon mentor m'a appelé dans son bureau, quelques semaines après que j'eus commencé à travailler pour lui. Il m'a alors demandé : « Quel a été ton plus gros échec au cours des premières semaines? » J'ai réfléchi durant un moment, me disant que j'avais sans doute fait quelque chose de mal. Puis, comme rien ne me venait à l'esprit, j'ai affirmé avec fierté que je n'avais fait aucune erreur.

Il a dit : « Oh! Je crois que nous avons un sérieux problème. Tu dois savoir que je n'ai jamais renvoyé quelqu'un parce qu'il avait fait une erreur, même lorsque cette erreur avait pu me coûter cent mille dollars. Mais il m'est arrivé de renvoyer des gens parce qu'ils ne prenaient aucun risque. Si tu n'as pas échoué dans un domaine quelconque, alors cela veut dire que tu ne prends pas assez de risques. La mission que je te confie pour les deux prochaines semaines est donc de connaître le plus gros échec possible. »

J'en fus complètement sonné. Ma vie entière avait été vécue jusque-là de manière à éviter tout échec possible. Et voilà que mon patron me demandait non pas d'échouer délibérément, mais il me demandait en fait de prendre des risques jusqu'à ce que j'échoue dans ma tentative.

Tous les fruits dans la vie se trouvent au bout des branches alors que l'individu moyen demeure accroché au tronc. Les samouraïs compatissants s'entraînent à grimper aux branches des arbres jusqu'à ce qu'une branche casse. Alors, ils secouent la poussière de leurs vêtements, et y grimpent à nouveau. Ils deviennent avec le temps des équilibristes habiles à se déplacer sur les branches. S'entraîner, et devenir insensible ou neutre devant les échecs. Le courage est une stratégie qui procure d'énormes bénéfices.

2. Il n'y a rien de mal à désirer la récompense

Dans l'histoire de David et Goliath, David a demandé quelle était la récompense offerte à celui qui tuerait Goliath. Le roi lui a promis une exonération d'impôts à vie (de même qu'à ses descendants) et sa très jolie fille en mariage. David a gardé ces bienfaits éventuels constamment à l'esprit, ce qui lui a permis de maîtriser sa peur et d'agir avec courage. Le mot anglais FEAR (peur) est aussi l'acronyme de Fausse Évidence Apparaissant Réelle. Lorsque vous gardez sans cesse à l'esprit la récompense promise, cette gratification éventuelle agira, dans votre subconscient, de manière à neutraliser l'effet illusoire de la peur. Les samouraïs compatissants font preuve de courage simplement parce que c'est là leur véritable nature, mais il est possible de manifester encore plus de courage lorsque la récompense est des plus tangibles.

3. Compter sur un groupe de soutien

Rappelez-vous, tout bien fera l'objet d'attaques continuelles – et il est inutile de chercher à y résister parce que c'est ainsi que ça fonctionne dans le monde actuel. Apprenez à faire preuve du courage nécessaire pour venir à bout de toute attaque. Vous réussirez dans cette entreprise grâce au soutien des autres. Ne soyez pas seul dans la lutte. Dans un combat entre un lion et un tigre, le tigre l'emporte habituellement, parce qu'il est plus féroce et courageux. Il est prêt à faire n'importe quoi pour gagner. Cependant, dans un combat impliquant cinq tigres contre cinq lions, les lions sont assurés de la victoire, parce qu'ils travaillent en équipe et que les tigres opèrent seuls.

Vous êtes un lion. Faites équipe avec d'autres. Les frères de David se sont moqués de lui en l'accusant de vouloir se mêler aux soldats pour voir la bataille. Il a réagi au commentaire négatif en *tournant le dos à son frère et en allant se renseigner auprès d'un autre soldat* (I Samuel 17.30). Il semble avoir eu le soutien et les réponses qu'il cherchait de ce dernier. Lorsqu'ils sont aux prises avec la peur et les réactions négatives de leur entourage, les samouraïs compatissants cherchent des gens qui vont reconnaître leur grandeur et le fait qu'ils ont la capacité d'avancer sans crainte. Après que mon mentor fut décédé, sa femme a pris la relève de la compagnie et la culture de l'entreprise a alors changé.

Je suis resté en poste durant plusieurs années, en essayant d'amener la dame en question à voir les choses autrement quant à l'orientation à donner à l'entreprise. J'avais peur de quitter mon emploi parce que je n'avais rien fait d'autre dans ma vie que de travailler pour l'armée et ensuite pour Tom. Je ne me percevais pas vraiment comme un entrepreneur. J'avais trois enfants, une femme et des factures mensuelles d'environ sept mille dollars à payer. J'étais terrifié à l'idée de me lancer seul. À mesure que les années ont passé, l'intégrité de la compagnie s'est lentement détériorée. Finalement, ma femme m'a demandé : « Quelle est la pire chose qui puisse arriver si tu décidais de démarrer ta propre affaire? »

J'ai répondu que nous risquions alors de perdre la maison, notre voiture et de ne plus être en mesure de respecter nos échéances. Elle m'a dit alors : « Nous allons survivre. Si jamais la chose arrive, nous achèterons tout simplement une autre maison et une autre voiture. Je veux que tu démarres ta propre affaire. Tu as ça en toi, chéri. »

Son soutien m'a donné le courage qui me manquait. J'ai remis ma démission sans avoir fait de plan d'affaires et je n'ai entraîné personne de l'entreprise avec moi. J'ai démarré ma compagnie en misant sur un secteur d'activités différent, celui des entreprises au lieu des ateliers de formation ciblés pour grand public, et nous avons fait de l'argent – et une différence – dès le premier jour. C'était il y a onze ans. Si vous ne jouissez pas déjà du soutien de votre famille, travaillez à l'obtenir dans votre foyer, de vos proches, et passez à l'action pour le trouver ailleurs également. Il arrive fréquemment que dans le domaine du marketing de réseau et de l'entreprise à domicile, le conjoint constate qu'il voit son ou sa partenaire de vie moins souvent qu'avant. Il n'est pas surprenant alors qu'il ne lui offre pas beaucoup de soutien. C'est dans la nature du samouraï compatissant de donner. Offrez à votre époux, votre épouse ce qu'ils désirent et vous obtiendrez alors tout le soutien dont vous avez besoin. Assistez à des rencontres de présentation et faites-y la connaissance de samouraïs tels que vous. Développez ainsi un réseau d'amis. Apportez-leur votre aide. Créez votre propre troupe de lions.

4. Capitalisez sur vos forces

Dans le récit, David a essayé l'armure du roi. Mais les choses n'allaient pas parce que David n'avait que seize ans et il était d'un plus petit gabarit. David a donc décidé d'utiliser son arme de prédilection : la fronde. Bien que c'était là une arme peu conventionnelle, il a choisi de l'utiliser en misant sur son adresse personnelle. Ce choix a stimulé son courage. Dans la guérilla, les militaires utilisent leur grande mobilité et leur vitesse comme atout. Ils s'appuient sur cette stratégie et évitent les confrontations directes impliquant un équipement sophistiqué et la multitude des combattants, par rapport auxquels ils ne pourraient faire le poids. Il en va de même dans les affaires.

Quel est votre domaine de force en affaires? Est-ce la connaissance du marché? De grandes capacités organisationnelles? La créativité? La motivation de réussir? Comment tirer profit de telles forces et les développer davantage? Je ne suis pas en train de dire que vous devriez prétendre que vous n'avez aucune faiblesse. Bien au contraire, il est important que vous vous connaissiez vous-même et ayez une idée claire de vos faiblesses – tout en cherchant à devenir moins vulnérable sur ces points névralgiques. Quel est votre domaine de force en tant que conjoint ou parent? Comment en tirer parti au maximum? Cela vous donnera confiance en vous et davantage de courage.

5. Si Dieu est pour vous, qui peut tenir contre vous?

Mettez de côté vos croyances religieuses ou doctrinales pour un moment. Dans le récit, Goliath, un soldat bien entraîné et un guerrier professionnel, affronte le jeune David. Goliath avait un meilleur équipement : un javelot et un bouclier. Il dominait son adversaire pour ce qui est de sa stature et de sa force. La seule protection dont jouissait David était Dieu lui-même. Et cela suffisait amplement. Puisque Dieu est infini, quelles que soient vos convictions personnelles à ce sujet, qui pourrait se mesurer à une telle puissance? Vous avez comme atouts votre pensée consciente, votre subconscient et vous êtes « connecté » à Dieu par votre esprit. Dans un bonhomme de neige de trois boules, Dieu est la plus grosse des boules, celle du dessous qui sert de fondation.

Avoir l'infini de son côté procure un regain de confiance très concret qui permet de faire preuve d'encore plus de courage.

Est-il possible d'atteindre la réussite financière sans Dieu? Bien sûr que oui. Votre subconscient est très puissant. Mais pourquoi laisseriez-vous de côté la partie la plus vaste de votre être? Cela n'a pas de sens. Vous êtes un être spirituel doué d'un corps. Les samouraïs compatissants cherchent à découvrir davantage leur nature spirituelle. Ils savent bien composer avec cette partie d'eux-mêmes et ils puisent dans ces ressources pour y trouver direction dans leur vie. Avoir l'infini de son côté procure un regain de confiance très concret qui permet de faire preuve d'encore plus de courage. Vous pouvez affronter n'importe quelle situation, et c'est ce que fait le samouraï compatissant.

Tout le monde a des opinions ou une manière de voir les choses. Nous avons l'habitude de faire référence à ces points de vue comme étant des lentilles par lesquelles percevoir la réalité. Les gens ont des points de vue différents sur à peu près tout dans la vie. Vos lunettes déterminent comment vous voyez différentes questions comme maintenir un poids santé, avoir beaucoup d'argent, cultiver des relations, avoir des enfants, leur offrir une instruction de qualité, rechercher la stabilité d'emploi, posséder une entreprise, prendre des vacances et choisir telle ou telle société aérienne. Les gens acceptent d'apporter des changements majeurs à leur mode de vie lorsqu'ils estiment les avantages de tels changements comme étant supérieurs au prix à payer, toutes choses étant égales.

Des changements positifs ne se produiront alors que si la personne comprend qu'il lui faudra faire preuve de courage. Cela prend vraiment du courage pour apporter des changements à sa vie, surtout lorsque vous avez fonctionné de la même manière depuis des années. Je me suis marié alors que j'étais dans la trentaine. Jusqu'à ce moment, je n'avais eu aucune relation sérieuse avec l'autre sexe – je veux dire des relations qui me semblaient avoir le potentiel de mener au mariage. Cette question était la dernière de mes préoccupations à l'époque. Je portais alors des lunettes en ce qui concerne le mariage.

Pour un samouraï compatissant,
le courage n'est jamais optionnel.

Une des raisons pour lesquelles les samouraïs traditionnels paraissaient si intrépides est le fait qu'ils avançaient dans la vie comme s'ils étaient déjà morts. Ce n'est pas qu'ils étaient sombres et pessimistes de nature – cette attitude avait plutôt un aspect très libérateur. Quelqu'un qui n'a rien à perdre n'a pas peur de mettre sa vie dans la balance. Il joue franc-jeu et donne tout ce qu'il a. Si vous démarrez une entreprise et que vous n'avez pas peur de la perdre, vous jouez alors le tout pour le tout. Cette manière de penser vous pousse à donner le meilleur de vous-même dans la vie. Il en va ainsi dans le mariage ou tout autre projet.

Pour un samouraï compatissant, *le courage n'est jamais optionnel*. Être découragé est une chose, mais ne pas avoir de courage est un prix que le samouraï compatissant ne pourra jamais se résoudre à payer. Le corps est plein de vie – l'esprit est mort. Lorsque vous n'agissez pas sous l'inspiration du courage, une partie essentielle de vous meurt alors. Chaque action que vous posez et qui manque de courage est en quelque sorte une blessure que vous vous infligez avec un couteau. Vous allez finir par ressembler à un zombie à 45 ans. Découvrir ce petit bout d'information vous rendra sans doute plus désireux de poursuivre votre lecture afin de découvrir pourquoi vous n'avez vraiment pas le choix en la matière – si vous désirez vraiment mener une vie significative.

Pour le dire en quelques mots, vous n'avez pas le choix de faire preuve de courage. Et si vous avez des lacunes dans ce domaine, faites tout ce qui est en votre pouvoir pour les combler le plus rapidement possible. Les individus moyens ont l'habitude d'avancer dans la vie lorsque les conditions pour eux d'aller de l'avant sont optimales. Le problème avec cette perspective est que les conditions ne semblent jamais parfaitement favorables à aller de l'avant. Et si mère Teresa avait attendu que les conditions s'améliorent à Calcutta, en Inde, avant qu'elle décide de répondre aux besoins des gens pauvres et nécessiteux de cette région, elle n'aurait jamais commencé son ministère.

Les plus grandes récompenses sont en général précédées par les plus grands défis à relever. Vous ne faites pas la conquête d'un pays rempli de trésors sans devoir vous battre pour l'obtenir, sans que le sang coule. C'est au moment où les gens découvrent le *coût d'une entreprise quelconque* qu'ils ont tendance à courir se cacher, en tentant de fuir la seule option qui pourrait les libérer des liens de la médiocrité. Ils ne veulent pas s'engager dans l'aventure parce qu'ils ont peur. Les gens moyens sont tellement préoccupés par le prix à payer qu'ils en oublient la récompense, le plus souvent.

J'ai rencontré de nombreuses personnes qui ne voulaient pas se marier simplement parce qu'elles avaient peur de s'engager pour toujours à être fidèle à l'amour de leur vie. Je connais des hommes et des femmes pleins d'intelligence et de talent, mais qui sont sans le sou, et pourtant ils ont les connaissances et le savoir-faire pour diriger une entreprise prospère. Ils demeurent insatisfaits tout simplement parce qu'ils ont peur. Ils se disent : *Et si elle n'était pas la personne pour moi?* Ou ils se demandent : *Et si l'entreprise est un échec? Et si je fais faillite? Supposons que personne ne veut le service que j'offre?* Ou ils se questionnent : *Comment savoir si c'est la bonne chose à faire?* Voilà les questions que se posent en général les personnes médiocres. Les samouraïs compatissants se demandent plutôt : *Que se passera-t-il si je ne fais pas ce geste courageux?*

Peu importe le scénario, que ce soit votre timidité devant la possibilité de faire l'acquisition d'une propriété, ou d'une nouvelle voiture, ou de vous marier, de vous lancer en affaires, de vous joindre à une Église, d'accepter un poste de direction, ou même d'investir dans le marché des valeurs boursières. Lorsque vous décidez de ne pas avancer dans la direction dans laquelle vous aviez choisi de vous élancer, c'est sans doute parce que vous ne voyez pas que vous avez le courage d'avancer bien au-delà des obstacles que vous avez élaborés dans votre pensée. Le seul remède est le suivant : *Foncez, même si vous avez peur!* Vous apprendrez ce que vous avez à faire en le faisant, même si vous avez peur. La peur comme telle n'est pas un problème. Votre problème est plutôt de ne pas affronter vos peurs.

Juste avant votre plus grande percée

Avez-vous déjà entendu l'histoire de Chuck Yeager, lorsqu'il a brisé le mur du son? Ce récit illustre mon point à merveille. Yeager est membre de la National Speakers Association. Au cours de ses conférences, il reconnaît sans hésiter qu'il a fait l'expérience de la peur. Alors qu'il était pilote de la U.S. Air Force, Yeager a été la première personne à voler à une vitesse supérieure à celle du son. Il a démontré un réel courage ce faisant. Tous les pilotes qui ont essayé de briser le mur du son avant lui savaient qu'ils pouvaient y laisser leur peau en cours d'accélération s'ils ne parvenaient pas à maîtriser l'avion tandis qu'il était secoué violemment, à cause de la vitesse excessive.

Si Yeager n'avait pas poussé ses limites au-delà de la peur de mourir, il n'aurait jamais brisé le mur du son. Pour le samouraï compatissant, le but de la vie n'est pas de s'assurer le maximum de confort là où il se trouve, dans le moment présent. Les individus moyens ont comme objectif d'avoir une retraite dorée et confortable. Pour le samouraï compatissant, la vie est un appel constant à franchir les limites et à atteindre le prochain niveau. Lorsque vous aurez eu le courage d'arriver à ce niveau, il vous faudra faire vos valises et vous remettre en route. Le courage a plusieurs endroits où demeurer. C'est une quête continuelle qui requiert que l'on demeure continuellement en mouvement.

Yeager connaissait deux pilotes qui avaient dirigé le même genre d'avion dont il allait prendre bientôt les commandes et qui étaient morts en essayant de briser le mur du son. À mesure que ces hommes avaient accéléré, leur appareil s'était mis à trembler de plus en plus violemment. Persuadés qu'ils ne pouvaient voler plus rapidement, les deux hommes avaient alors tenté de ralentir et s'étaient écrasés au sol juste après. Yeager a fait la même expérience. Plus il accélérait, et plus l'avion était secoué. La seule différence est qu'il a pensé : *Si je dois mourir, je veux le faire avec classe.* Il a choisi d'accélérer davantage au lieu de ralentir. Boom! Il a réussi à briser le mur du son et la vibration de son appareil a cessé presque immédiatement.

La plupart du temps, juste avant de faire une percée vers un niveau supérieur, votre appareil ou votre corps est secoué violemment. Réfléchissez au moment où vous avez fait l'acquisition de votre première maison. Votre main tremblait sans doute un peu lorsque vous avez signé les papiers pour un emprunt d'une telle envergure. Après coup, par contre, vous avez commencé à vous détendre. Réfléchissez au temps où vous avez eu votre premier rendez-vous amoureux. Vous aviez accumulé le courage d'inviter la personne à sortir et vos lèvres tremblaient sans doute un peu lors de la demande. Lorsqu'elle a dit oui, vous étiez émerveillé par le fait que la chose se soit avérée si facile, en fin de compte, et vous vous êtes demandé pourquoi vous ne l'aviez pas fait avant. Le courage consiste à affronter ce qui fait peur en passant à l'action. Les samouraïs compatissants comprennent ce principe et ils ne se laissent jamais distraire par l'idée d'abandonner la lutte lorsque le fleuve de la vie devient turbulent et que la peur augmente en intensité. Ceci fait partie de l'ordre naturel des choses, et différencie les individus moyens des samouraïs compatissants à cause des extraordinaires résultats que ces derniers obtiennent.

Lorsque vous êtes terrifié et avez envie de reculer, c'est justement le temps d'accélérer la cadence, d'aller de l'avant et d'accomplir bien davantage. Les gens qui ont peur ont tendance à ralentir, parce qu'ils ont le sentiment qu'ils sont incapables de faire vraiment ce qu'ils ont entrepris, c'est pourquoi ils reculent. Quand la peur vous assaille, vous devez trouver la motivation intérieure pour aller plus vite que vous n'êtes encore jamais allé jusqu'ici. Mon ami Aaron D. Lewis aime bien dire : « La peur court beaucoup plus vite que le courage, mais elle n'a jamais assez d'énergie pour terminer la course. »

Les nombreux visages du courage

Le courage est la détermination à ne pas se laisser intimider par quoi que ce soit, cette puissance de la pensée capable de faire fi des fantômes du passé.
Martin Luther King, fils

Le courage se présente sous différents emballages et il a de multiples visages. Un de ces visages est celui de mon père. Il n'était ni entrepreneur ni auteur d'ouvrages à succès. Néanmoins, c'était un homme hors du commun qui a fait preuve d'un courage exemplaire. Alors que la vie de ma mère déclinait peu à peu, mon père s'est occupé d'elle durant environ deux ans. Elle était malade au point d'exiger des soins presque constants, un peu comme un jeune enfant. Mon père a changé ses couches, l'a lavée et s'est tenu à ses côtés jusqu'à la fin. À un certain moment, il aurait été compréhensible qu'il trouve une maison de soins prolongés pour elle, mais ce n'était pas ce qu'elle souhaitait. C'est pourquoi mon père a fait le nécessaire pour que tout soit conforme à sa volonté. Il a eu le courage d'affronter la corvée quotidienne sans rechigner.

Le comédien, Michael J. Fox, qui lutte avec une lente détérioration de l'usage de ses membres à cause de la maladie de Parkinson, est une source d'inspiration pour des millions d'individus. D'autres personnes doivent affronter des événements traumatisants tels que le 11 septembre 2001, moments où elles font preuve de courage ou pas. Qui que vous soyez, vous avez le potentiel de vous montrer à la hauteur, puisque ce courage est en vous, d'une manière ou d'une autre.

Le courage n'a pas toujours besoin d'être manifeste ou tonitruant. Ce qui semble facile à faire pour une personne peut s'avérer terrifiant pour une autre, et vice versa. Telle personne peut relever certains défis physiques avec brio, tout en étant terrorisée à l'idée de s'ouvrir dans une relation d'intimité. Une autre trouve facile de partager ses sentiments, mais elle tremble à l'idée de démarrer sa propre entreprise, ou d'accepter un poste de commande comportant de lourdes responsabilités. Tout le monde a peur de quelque chose, incluant tous ceux qui refusent de le reconnaître. La peur que vous portez est la vôtre. Ne cherchez pas à en comprendre le sens ou à vous comparer aux autres.

Comment gagner au jeu de la vie

Se montrer raisonnable ou logique nous amène souvent à perdre courage. La plupart des Américains enseignent à leurs enfants à réagir en survivants, sans reconnaître qu'un tel processus entraîne plutôt leur mort. Les gens moyens se préoccupent énormément de l'état émotionnel et mental de leurs enfants; ils ne veulent pas les voir souffrir. Ils ont donc tendance à les surprotéger. L'enfant commence alors à croire qu'il vaut mieux pour lui jouer de prudence et s'économiser, au lieu de donner le meilleur de lui-même. Il se dit : *Je dois avant tout m'assurer que je ne perdrai pas mon travail.* Ou il pense : *Je vais être franc avec vous si vous me donnez l'assurance que vous n'allez pas me faire de mal.*

Impossible de gagner au jeu de la vie lorsque l'on cherche constamment à se protéger des coups venant dans sa direction. Certains parents conseillent à leurs enfants devenus adultes de ne pas s'engager dans des aventures d'affaires potentiellement très profitables, mais de garder plutôt leur emploi à cause des avantages sociaux et de la pension dont ils pourront jouir dans trente ans. Gagner au jeu de la vie requiert le courage de tenter le coup, sans d'abord en connaître tous les tenants et aboutissants. Vous avez une décision à prendre à ce sujet et elle exige d'avoir du cœur au ventre. Faites confiance à vos capacités personnelles et gardez aussi confiance que Dieu vous dirige exactement là où vous devez aller.

Vous avez sans contredit tout ce qu'il faut. La personne qui tente le coup et continue d'essayer finira par se rendre à destination. Cette personne deviendra un samouraï compatissant. La personne qui reste assise et ne fait rien vivra toujours une vie plutôt médiocre. Monsieur et madame Moyen peuvent être définis comme les meilleurs des pires, ou les pires des meilleurs. Cela prend énormément de courage pour admettre un échec, et recommencer à zéro. Les leçons apprises d'un échec vous permettent d'emprunter une voie bien différente.

Un mot de mise en garde

Parfois, ce qui nous apparaît comme du courage est en fait une action posée en vue de dissimuler une certaine lâcheté ou de l'insécurité. Le fils de mon ami Azim Khamisa, Tariq, était livreur de pizza pour gagner un peu d'argent durant ses études. Un soir, il a été accosté par un gang de rue, mais il a refusé de leur remettre la pizza. Le leader du groupe a ordonné à un des jeunes de quatorze ans de descendre Tariq avec son arme à feu. Peut-être l'adolescent a-t-il cru que c'était un acte courageux que d'obtempérer et de tuer Tariq. En réalité, il avait plus peur du leader du gang et était terrifié à l'idée d'être rejeté par ses pairs plus qu'il ne l'était d'aller en prison. L'acte vraiment courageux aurait été de refuser d'agir ainsi et de se tenir debout devant ses pairs.

Plusieurs actions sont commises au nom du courage, mais elles s'avèrent, au bout du compte, n'avoir rien de courageux du tout. Il faut examiner non seulement le geste fait, mais encore la motivation derrière l'action en question. Azim a agi comme un véritable samouraï compatissant : il a pardonné publiquement à l'adolescent de quatorze ans, puis il a tendu la main à l'homme qui avait la garde du garçon et à son grand-père, partageant avec eux la douleur qu'entraîne la perte d'un membre de la famille. Ensemble, ils ont mis sur pied une fondation dont le but est d'empêcher que des enfants tuent d'autres enfants. C'est là une manifestation extraordinaire de courage. Vous pouvez en savoir davantage en visitant leur site Web, au www.tkf.org.

Les samouraïs compatissants sont satisfaits
sans rechercher la stabilité.

Les gens moyens recherchent la stabilité
sans être satisfaits.

Chapitre dix

LA CONNAISSANCE

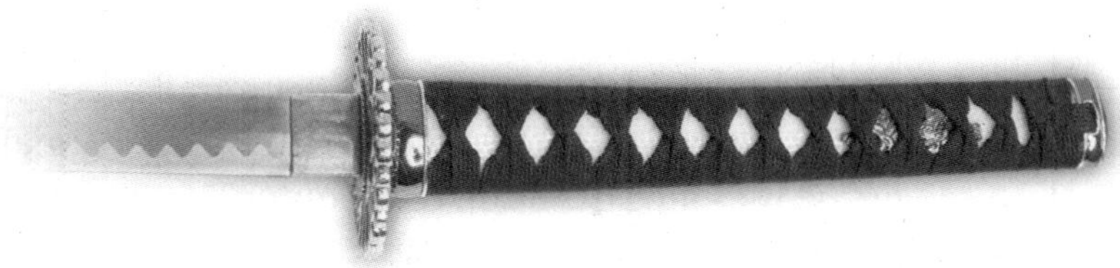

Voulez-vous découvrir le secret de la vraie connaissance? Le voici : chaque homme que je rencontre est un maître en quelque chose et j'essaie d'apprendre de lui dans ce domaine.
Ralph Waldo Emerson

Quelle est la chose qui vous vient à l'esprit lorsque vous pensez à quelqu'un qui est savant ou cultivé? L'individu moyen pensera tout de suite à quelqu'un qui lit beaucoup, ou dont les résultats académiques sont au-dessus de la moyenne, ou qui a étudié à Yale ou à Harvard et qui a terminé ses études premier de sa classe. D'autres penseront sans doute aux gens qui ont des vocations très spécialisées, comme les ingénieurs de la NASA, par exemple, qui préparent les vols dans l'espace, ou encore les grands chirurgiens, capables de séparer des siamois.

Le dixième trait de caractère d'un samouraï compatissant comporte tellement plus que cela. Ce trait transcende le savoir spécifique, mais il implique tout autant un profond désir d'apprendre et la sagesse de mettre en pratique les connaissances de manière à obtenir le résultat désiré. Les samouraïs compatissants savent que tout savoir spécifique procure un certain pouvoir dans la vie. C'est pourquoi ils cherchent constamment à apprendre, et leur quête les pousse vers des personnes d'expérience capables de les instruire sur des sujets aussi variés que la technologie ou les finances, les relations interpersonnelles ou la croissance individuelle, la santé ou le leadership.

Ne vous contentez pas de ce que vous avez

Les individus moyens sont soit arrogants, et alors ils ne croient pas qu'ils aient besoin d'apprendre, soit complaisants, et ils ne voient pas l'utilité ou la nécessité d'enrichir leurs connaissances. Au cours de mes voyages à travers le monde, je croise des milliers de gens qui ne voient pas l'intérêt d'assister à nos ateliers de formation sur la maîtrise personnelle (*Personal Mastery*), ou à d'autres ateliers que nous offrons sur le leadership (voir www.klemmer.com), parce qu'ils ont l'impression d'être très bien comme ils sont. En réalité, ces gens se posent la mauvaise question. Peut-être, en effet, *sont-ils* très bien comme ils sont, mais pourquoi se contenter d'en rester là? Est-ce qu'il faut absolument être sans le sou pour désirer faire plus d'argent? Est-ce nécessaire d'avoir un mariage qui bat de l'aile pour décider de faire quelque chose pour le rendre meilleur?

Laissez-moi vous poser une seule question. Est-il vrai que les chiens adorent les os? La plupart des fois où j'ai posé la question aux participants lors de mes exposés, quelqu'un a répondu : « Bien sûr que si. » Mais ils ne les aiment pas vraiment. Les chiens adorent plutôt le steak, c'est pourquoi ils sont heureux d'avoir un simple os à gruger. Réfléchissez à cela. Si l'on demandait aux chiens de servir les plats à la table, qui croyez-vous se retrouverait avec les os? Je suis persuadé qu'ils nous lanceraient les os et se réserveraient le steak en priorité, ne croyez-vous pas? Ce qui se passe est que nous donnons au chien des os, des os, des os, et ils finissent par se persuader que c'est ce qu'ils préfèrent.

Les chiens en viennent à se contenter des os au lieu du steak. Ce n'est pas qu'ils détestent vraiment les os, ou que les os soient mauvais en soi. Le point à retenir est qu'ils *se contentent* d'avoir des os à gruger. Prenez quelqu'un qui est heureux en mariage depuis une quinzaine d'années – il jouit d'une bonne relation avec sa femme, et le mariage n'a rien d'ardu. Ce que l'homme et la femme expérimentent, année après année, est un bon mariage, un bon mariage et encore un bon mariage. Il peut devenir facile alors de se contenter de la situation, au lieu de chercher à la transformer en un mariage spectaculaire (du steak).

Les samouraïs compatissants recherchent l'excellence,
aspirant toujours à se dépasser, à atteindre un niveau supérieur.

Je ne *suis pas* en train de suggérer ici que vous changiez de partenaire. Je parle plutôt de travailler à rendre la relation que vous avez déjà, meilleure. Si vous possédez une maison, vous avez un emploi et une belle voiture et que vous gagnez un salaire égal ou légèrement supérieur à celui de la plupart de vos voisins, il peut s'avérer facile de vous contenter d'un bon salaire, alors que vous pourriez vous créer un revenu spectaculaire. Les samouraïs compatissants recherchent l'excellence, aspirant toujours à se dépasser, à atteindre un niveau supérieur.

Être satisfait sans se complaire dans la situation

Une partie du défi semble être que les individus moyens font l'erreur de réfléchir ainsi : *Pour en vouloir davantage, il faut être insatisfait de ce que l'on a.* Non seulement cette affirmation est-elle fausse, mais encore elle nous oblige à conclure qu'il est impossible d'être motivé *sans être* insatisfait. Réfléchissez un instant au caractère insensé de l'affirmation qui associe, en fait, le bonheur à l'insatisfaction. Vous parlez d'un rat prisonnier d'un labyrinthe!

Les individus moyens croient qu'une *chose* pourrait les rendre heureux. Ils se lancent alors à la poursuite de cette chose, et une fois qu'ils la possèdent, ils se rendent compte qu'ils n'en sont pas plus heureux. Le problème réside dans le fait que la satisfaction ne se trouve pas dans le même univers que le *davantage* et le *meilleur.* C'est là une question profonde que certaines personnes ne comprendront vraiment qu'une fois l'expérience vécue.

C'EST VRAIMENT ÇA	DAVANTAGE, MEILLEUR, DIFFÉRENT
Je suis satisfait	*Je suis comblé (enthousiaste)*

Définissons les termes utilisés dans ce schéma. Dans la boîte de gauche, la *satisfaction* est le sentiment d'être en accord avec votre but dans la vie, votre raison d'être. « C'est vraiment ça et je suis satisfait. » Dans la boîte de droite, cependant, la *gratification* est le sentiment qui accompagne l'accomplissement de quelque chose. « Je suis comblé de recevoir davantage, ou quelque chose de meilleur, de différent de ce que je possède déjà ».

Pensez à quelque chose dans votre vie que vous n'aimez pas. Peut-être que votre relation avec votre conjoint vous ennuie? Peut-être trouvez-vous que votre emploi n'est pas assez valorisant sur le plan financier? Peut-être traînez-vous un surplus de poids? Ou peut-être êtes-vous atteint d'une maladie chronique telle que le cancer? Choisissez la chose que vous n'aimez pas et dites-vous à vous-même : *Mon mariage est ennuyant et je suis satisfait.* Ou, *Je suis obèse et je suis satisfait.* Si vous êtes une personne ordinaire, vous aurez probablement la nausée en répétant cela. Vous penserez sans doute : *Je ne peux pas dire cela car ce n'est pas vrai.* Pourtant, vous pouvez le faire et il *importe que vous le fassiez.*

Vous hésitez à faire de telles affirmations parce qu'au fond de vous-même, vous croyez que votre résistance changera les choses. Mais il n'en sera rien. *Votre résistance non seulement ne changera pas les choses, mais elle vous empêchera de créer ce que vous souhaitez.* La non-résistance ne signifie pas nécessairement baisser les bras, ou encore vous résigner. Par exemple, dans les arts martiaux, vous ne résistez pas au coup qui vous est donné. Le coup de poing existe, c'est tout. Vous vous ajustez à lui et cherchez à composer avec le mouvement, et alors vous êtes en mesure de faire pivoter votre adversaire et de reprendre la maîtrise de la situation.

Lorsque vous résistez, vous perdez le contrôle. Vous perdez votre pouvoir d'imagination, lequel se situe dans la sphère du *davantage, meilleur, différent*. Considérez la satisfaction comme le fait de reconnaître une chose pour ce qu'elle est (le coup de poing) en faisant preuve de zéro résistance. *La satisfaction ou le contentement se trouvent dans le fait d'être qui nous sommes censés être.* Ce contentement se produit lorsque vous vous trouvez en symbiose avec votre raison d'être. Cela requiert que (1) vous connaissiez déjà votre raison d'être, et (2) que vous reconnaissiez qu'il existe une infinité de mécanismes derrière toute intention.

Pouvez-vous trouver un moyen de tirer profit de votre obésité pour soutenir votre raison d'être? Supposons que votre raison d'être est de faire une différence autour de vous ou d'être l'ami de quelqu'un; sauriez-vous utiliser la circonstance d'être obèse pour nouer des relations interpersonnelles avec davantage de gens? Vous pourriez faire une différence alors ou avoir plus d'amis. Ainsi, vu sous cet angle, vous pourriez être alors incroyablement satisfait. Vous perdriez du poids non pour vous sentir satisfait, parce que vous le seriez déjà. Perdre du poids vous procurerait un sentiment de gratification et d'accomplissement personnel. Comprenez-vous la différence entre les deux?

Un tel point de vue permet aux samouraïs compatissants d'être satisfaits ou contents, que la situation dans laquelle ils se trouvent en soit une qu'ils apprécient ou non. Quelle incroyable liberté. Les individus moyens résistent aux situations qu'ils n'aiment pas parce que leur vision étriquée les pousse à croire qu'il ne leur est pas possible d'atteindre leur but suprême dans la vie en dehors de certaines conditions spécifiques. Placez ce sentiment, que nous avons appelé « satisfaction » ou « contentement », dans la boîte qui se trouve à gauche.

Maintenant, discutons de la boîte intitulée *davantage, meilleur, différent*. Vous est-il déjà arrivé de conduire une voiture neuve?

Comment vous êtes-vous senti alors? Plutôt euphorique? Appelons cela « gratification ». Combien de temps ce sentiment a-t-il duré? Probablement à peine quelques mois. Peut-être avez-vous ressenti de la frustration liée au fait que l'euphorie n'avait pas duré. Imaginons que moins d'une année après, vous fassiez l'acquisition d'une nouvelle voiture parce que vous voulez éprouver la même euphorie. Nous nous créons de sérieux problèmes lorsque nous confondons gratification et satisfaction ou contentement.

Lorsque vous êtes aligné sur votre raison d'être, les choses n'ont pas d'importance, à moins qu'elles ne soutiennent cette raison d'être.

Les individus moyens cherchent leur satisfaction dans les régimes amaigrissants, les voitures neuves ou de plus gros salaires. Lorsqu'ils ne goûtent pas de réelle satisfaction à la suite de telles expériences, ils sombrent dans la dépression. Ils confondent la gratification, qui est un sentiment d'accomplissement, avec le fait d'être aligné sur sa raison d'être. Lorsque vous êtes aligné sur votre raison d'être, les choses ne comptent pas vraiment, à moins qu'elles ne soutiennent cette raison d'être.

Gratification et satisfaction se trouvent dans deux sphères ou boîtes différentes. C'est un sujet qui peut exiger parfois des années pour en comprendre les dynamiques, c'est pourquoi ne vous en faites pas si vous ne saisissez pas du premier coup. Comme toujours, l'apprentissage par l'expérience est le meilleur moyen de saisir ces choses avec le cœur, plutôt qu'avec la tête. Les gens demandent, lorsqu'ils commencent à explorer le présent sujet : « Si la satisfaction ne dépend pas du fait que les choses soient différentes, alors quel est l'intérêt de la sphère du davantage, meilleur, différent? » C'est là une bonne question. La boîte davantage, meilleur, différent parle de créativité. Elle provoque un certain dynamisme, et une ivresse passagère que nous appelons « gratification ».

Dans les affaires, le mariage et la santé, les samouraïs compatissants entrent dans le jeu du davantage, meilleur, différent pour le simple but de créer. Le défi est d'opérer à partir des deux boîtes, simultanément, au lieu de le faire à partir de l'une ou l'autre boîte, à cause de la peur de manquer de quelque chose. La boîte de gauche implique d'être dans le moment présent, alors que celle de droite se profile dans le futur, créant de nouvelles possibilités. Le fait de jouer sur les deux tableaux à la fois s'avère nettement plus efficace. Pensez aux athlètes qui ont fait leur marque. En général, ils adorent la pratique de la discipline sportive autant que le jeu lui-même. Les maîtres aiment s'exercer jusqu'à ce que l'exercice devienne une habitude de vie.

Une grande vedette du football américain telle que Jerry Rice est généralement la première personne présente à l'entraînement sur le terrain, et la dernière à quitter le vestiaire ensuite. L'homme adore s'entraîner. C'est la raison pour laquelle les samouraïs compatissants *s'entraînent*, et adoptent des habitudes quotidiennes qui reflètent les dix traits de caractère. Pensez aux athlètes professionnels lorsqu'ils parlent d'être « dans la zone ». Ils sont totalement impliqués dans le moment présent (boîte gauche); ils sont passés maîtres dans l'art de s'ajuster à n'importe quelle circonstance et de produire ce qui nous apparaît comme des résultats miraculeux. En même temps, ils jouent le jeu du davantage, meilleur. Ce davantage, meilleur ne concerne pas seulement le joueur adverse ou l'autre équipe; ils sont toujours en quête d'un meilleur *steak* (rappelez-vous les chiens avec les os).

Les gens moyens tentent de remplir leur boîte de satisfaction avec la sphère du davantage, meilleur, différent. Cela est carrément impossible. C'est la raison pour laquelle certaines personnes qui ont de l'argent, ou qui jouissent de la célébrité et de la réussite matérielle demeurent toujours très insatisfaites ou malheureuses. Elles ne sont pas remplies. Les gens moyens se refusent à orienter leurs circonstances selon leur raison d'être; ils se perdent plutôt dans les dédales du davantage, meilleur, différent. Si c'est dans la case de droite que la satisfaction ou le contentement se trouvent confinés, vous créez alors un contexte ou une situation où vous devez toujours être malheureux pour être motivé! Réfléchissez à cela comme étant une boîte dans laquelle vivre. Rappelez-vous ceci : pour avoir le bon équilibre dans la vie, les deux boîtes doivent fonctionner toujours simultanément en vue de produire le contentement et la gratification.

Garder une mentalité de débutant

Exceller du côté du davantage, meilleur, différent veut dire exceller dans le domaine de la créativité. Faire cela et être un samouraï compatissant exige de garder une mentalité de débutant. Je ne veux pas dire par cela que vous devez répéter le même apprentissage, fois après fois. Reprendre indéfiniment la même leçon n'est pas ce que signifie avoir une mentalité de débutant. Répéter la même leçon *ad nauseam* me semble davantage comme quelque chose d'aliénant, de la folie.

> *La folie, c'est de refaire la même chose, fois après fois,*
> *et espérer que les résultats seront différents.*
> Albert Einstein

Il n'y a rien de mal à connaître l'échec. En fait, les samouraïs compatissants ne cherchent pas à résister aux échecs qu'ils connaissent; ils les voient plutôt comme l'occasion de se rapprocher davantage de leur raison d'être. Ils apprennent une leçon. L'individu moyen résiste lorsque confronté à l'échec et il rate ainsi la leçon. Par exemple, lorsqu'une personne sans envergure rate son coup au golf, comme elle réagit négativement devant l'échec, elle tournera alors ses émotions et sa concentration sur le passé et ratera ainsi fort probablement son prochain coup. Les samouraïs compatissants se dégagent émotionnellement de l'échec, ils apprennent une leçon, et réalisent ensuite un coup spectaculaire. Lorsque vous vous refusez à reconnaître le pourquoi de votre échec, vous risquez fort alors d'en répéter l'expérience.

Celui qui garde une mentalité de débutant affirme : « Il me reste encore tellement de choses à apprendre. » C'est la posture de l'humilité. Quel que soit notre niveau de connaissances, il y a toujours plus à découvrir. Affirmez-le maintenant, haut et fort : *Il me reste encore tellement de choses à apprendre*. Faire une telle affirmation risque d'avoir comme effet que vous vous sentiez merveilleusement bien, ou pas bien du tout. Si vous ne vous sentez pas bien du tout, c'est sans doute parce qu'un brin d'orgueil vous porte à croire que vous en savez déjà assez et que vous n'avez vraiment pas besoin d'en apprendre davantage. L'histoire qui suit illustre à merveille le point soulevé.

Un jour, un jeune vendeur d'encyclopédies frappa à la porte d'un client potentiel. Après deux ou trois minutes, un homme de plus de quatre-vingts ans a ouvert la porte et a demandé au jeune homme la raison de sa visite. Celui-ci a répondu qu'il désirait lui vendre une encyclopédie en plusieurs volumes, à laquelle s'ajoutaient des livres sur les meilleurs climats en Amérique du Nord. « Si vous vous procurez l'ensemble, vous obtiendrez les autres livres en prime. »

Sans perdre une seconde, le vieillard dit au jeune homme : « Inutile de sortir les bouquins. À mon âge, je n'ai vraiment plus rien à apprendre. J'ai fait le tour de cette montagne à quelques reprises et j'ai à peu près tout vu. De plus, j'ai des problèmes respiratoires qui sont causés par le temps froid qui règne ici, en Nouvelle-Angleterre, ce qui fait que j'ai le souffle court. Ceci excepté, je vais très bien. Je suppose que je devrai apprendre à composer avec ce problème respiratoire puisque dans cette région, le temps ne se réchauffe pas vraiment avant l'été. » Après ces mots, il salua le jeune homme, lui souhaita bonne chance et ferma la porte.

Le vieillard était loin de se douter que la même offre avait été faite à plus d'une douzaine d'hommes et de femmes souffrant de la même insuffisance que lui, que ces personnes avaient acheté les livres, lu le livre en prime sur les meilleurs climats en Amérique, ciblé la ville de leur choix en fonction de leur condition particulière, déménagé et qu'elles avaient pu profiter ainsi de 25 années de vie supplémentaires. Le vieillard qui a refusé l'offre est décédé au cours du mois qui a suivi.

Les autres octogénaires ont vu en ce jeune vendeur quelqu'un qui avait quelque chose dont ils avaient besoin, malgré leur âge. Ils avaient toujours soif d'apprendre. Ils avaient conservé une mentalité de débutant. Si pour en savoir davantage, il leur fallait apprendre de quelqu'un qui avait le quart de leur âge, cela n'avait aucune importance. Le vieil homme est décédé pour la même raison que la plupart des gens : il avait cessé d'apprendre. Vous pouvez mourir physiquement, et vous pouvez mourir aussi émotionnellement, spirituellement et mentalement.

Voici l'épitaphe de la femme ou l'homme moyens : *Jean Moyen. Né en 1900, mort en 1940. Mis en terre en 1983.* Son corps se déplace ici et là, mais la personne qui l'habite est morte il y a longtemps. Autant au sein d'entreprises que dans les foyers, j'ai vu tellement de gens dans la cinquantaine – des zombis sans aucune passion – qui avaient cessé de vivre et qui se contentaient d'exister. Certains de ces individus en tiraient même une certaine fierté : ils vous confiaient qu'ils se voyaient comme des morts en sursis. Les samouraïs compatissants ne se contentent pas simplement de survivre, ils déploient leurs ailes et planent.

À l'inverse des personnes sans envergure, les samouraïs compatissants consacrent leur énergie à toujours en apprendre davantage parce qu'ils ont compris qu'il y aura toujours plus à découvrir. Selon certaines sources, il semble que l'individu moyen lise moins d'un livre de croissance personnelle par an, une fois le diplôme obtenu. Une telle performance me semble plutôt médiocre. Ces gens se disent sans doute : *J'ai dû me taper trop de livres au cours de mes études. Je ne lirai désormais plus rien à moins d'y être obligé.* Les samouraïs compatissants ont un appétit vorace pour la lecture de livres éducationnels, pour l'audition de CD de formation et pour les conférences et ateliers de formation sur le leadership.

Quand vous conservez une mentalité de débutant, l'âge que vous avez n'a aucune importance, tout comme le poste que vous occupez au sein de la compagnie. La pensée d'un débutant opère à un haut degré de maturité. À ce niveau, l'image personnelle ne compte plus vraiment. Les samouraïs compatissants se préoccupent surtout des moyens à prendre en vue de s'améliorer. Vous demeurez ouvert quant aux domaines où vous avez besoin de progresser, mais vous risquez d'être aveugle à vos points faibles, si vous n'avez pas une mentalité de débutant. Il n'est pas très facile de garder l'attitude d'un néophyte dans votre soi-disant domaine d'expertise. L'individu moyen préfère croire qu'il n'a vraiment plus rien à apprendre dans son secteur de compétence et cela flatte son ego. Les samouraïs compatissants sont plus intéressés à en apprendre davantage qu'à protéger leur ego.

Garder une mentalité de débutant ne veut pas dire que vous ne connaissez rien. Cela signifie plutôt qu'en dépit de ce que vous savez déjà, vous abordez tel ou tel sujet autant que possible avec des yeux neufs. Par exemple, si vous avez occupé la fonction de dirigeant depuis une dizaine d'années, il y a bien des chances que vous n'ayez plus vraiment une mentalité de débutant. Cela risque de faire de vous quelqu'un de dépassé. Il est risqué de ne pas demeurer un débutant. Lorsque vous croyez tout savoir, vous vous coupez ainsi de la source, parce que vous vous forcez à ne vous fier qu'à la pensée consciente, qui est le siège de la connaissance. Et alors, quelle que soit votre conception de Dieu, les conclusions que vous en tirez ne sauraient refléter, ne serait-ce que très partiellement, sa véritable nature. Ce n'est là qu'un concept qui limite Dieu.

Le succès est une bonne chose, mais la réussite suscite parfois des attitudes fausses et des mauvaises manières. Le succès peut vous rendre effronté. Lorsque cela se produit, vous commencez inévitablement à faiblir parce que vous n'accordez plus d'importance à l'écoute d'autrui, et surtout de ceux qui occupent une position subalterne. Avoir la sagesse d'un samouraï compatissant requiert une bonne dose d'humilité. Rappelez-vous, le samouraï compatissant cherche toujours à apprendre davantage parce qu'il sait qu'il lui reste tant de choses à découvrir. Et ce savoir peut venir de plusieurs sources possibles – de ceux qui occupent une position inférieure, des personnes qui ne semblent pas aussi brillantes que nous parfois, et même des étrangers.

L'aïkido révèle ce principe probablement mieux que n'importe quelle autre discipline sportive. Personne ne porte de ceinture dans le dojo où l'on pratique l'aïkido. Il y a une raison pour cela. Les titres que l'on donne au-dehors du dojo ne veulent rien dire. Les années d'expérience à pratiquer cette discipline sportive ne veulent rien dire. La pratique du sport repose essentiellement sur l'humilité. Tout le monde se trouve au même niveau. Au Japon, il n'y a aucune ceinture – les ceintures sont une particularité américaine. Les Japonais ne mesurent pas le progrès de la même manière que nous le faisons en Amérique. Le fait de ne pas porter de ceinture et d'éviter de déterminer des niveaux spécifiques élimine toute possibilité de comparaison, ce qui force les adeptes de la discipline à considérer les autres pour ce qu'ils sont.

Vous vous montrerez beaucoup plus ouvert à une recommandation ou à un conseil de quelqu'un si vous croyez que cette personne a quelque chose de valable à vous dire. Lorsque vous finissez par être complètement infatué de votre propre personne, il devient alors difficile de recevoir un conseil d'autrui, même si cette suggestion avait le potentiel de transformer votre vie. Il importe d'avancer avec humilité dans ce processus. Il arrive parfois que des pasteurs à la tête de congrégations de plus de dix mille membres ne prennent pas la peine d'écouter d'autres pasteurs d'Églises plus modestes. C'est là une grave erreur! C'est possible que le pasteur de la petite communauté n'ait pas encore la capacité de diriger dix mille personnes, et peut-être n'est-ce tout simplement pas là son appel.

Soyez assez humble pour accueillir les conseils de ceux de qui vous ne vouliez peut-être pas les recevoir.

Toutefois, rien n'empêche qu'il ait des connaissances très judicieuses à offrir à ses collègues dans le ministère. Il a peut-être vécu certaines expériences pastorales qui ont autant de valeur que celle de diriger une énorme congrégation. L'orgueil peut pousser un leader chrétien à se fermer aux autres, en concluant qu'ils ne sont tout simplement pas au même niveau que lui. Un tel comportement se voit dans toutes les professions. Soyez assez humble pour accueillir les conseils de ceux de qui vous ne vouliez peut-être pas les recevoir.

L'ennemi suprême du savoir est une faible image de soi

Une piètre image de soi constitue l'écueil majeur quant à la mentalité du débutant. Pour traiter adéquatement de ce sujet, il me faudrait tout un chapitre, voire un livre entier. Une faible image de soi peut s'avérer, en soi, un réel problème. Mais le lien qui existe entre une piètre image de soi et la tendance chez quelqu'un à ne pas se montrer ouvert à apprendre d'autrui est quelque chose de très intéressant. Les gens qui ont une pauvre estime d'eux-mêmes ont tendance à chercher à dissimuler la chose de nombre de manières. Certains s'affichent dans des vêtements griffés pour rehausser leur piètre image. D'autres adoptent l'attitude de la personne qui sait tout, pour masquer leurs sentiments intérieurs véritables. Lorsque quelqu'un n'a pas une mentalité de débutant, c'est souvent lié à certains problèmes psychologiques qui ont trait à la manière dont il se sent.

Le paradigme vrai/faux

Lié étroitement à la résistance à apprendre d'autrui en gardant une mentalité de débutant, est le paradigme vrai/faux. Un samouraï compatissant vit en dehors des catégories du bien et du mal en tant qu'expérience. Ceci est très différent de la moralité. Le samouraï compatissant adhère à un code d'honneur très élevé, comme nous l'avons déjà mentionné. Sa conduite est jaugée d'après ce code d'éthique, et elle est jugée bonne ou mauvaise en rapport avec le code. Ce dont nous voulons parler ici est plutôt du bien et du mal *en tant qu'expérience.*

Si le samouraï se trouve en situation de pauvreté, il ne voit pas la chose comme étant mauvaise; il applique simplement le code d'éthique à ces circonstances particulières. S'il se trouve au milieu d'un conflit, il ne voit pas le fait de se trouver dans cette lutte comme mauvais; il cherche plutôt à mettre en pratique les traits de caractère requis par le code d'éthique touchant le combat. S'il est célibataire, il n'en conclura pas pour autant que le fait de l'être soit mauvais; il cherchera plutôt à appliquer le code d'éthique à sa condition de célibat. De cette manière, le samouraï ne résiste jamais, quel que soit l'endroit où il se trouve, ce qui fait qu'il a toute son énergie à sa disposition.

En aïkido, si quelqu'un vous donne un coup de poing, vous ne répondez pas que c'est injuste. Vous dites simplement : « Oh! Voici comment répondre à un coup de poing. » Si c'est un coup de pied qui est donné, ce n'est rien de plus qu'un coup de pied, et telle est la manière de répondre. L'individu moyen a tendance à qualifier les circonstances qui l'entourent de mauvaises et il cherche à y résister. Il n'accepte pas ces circonstances comme étant ce qui est, et il gaspille son énergie en y opposant une résistance farouche, ce qui lui laisse peu de possibilité de faire preuve de créativité. Les samouraïs compatissants ne considèrent pas leurs propres points de vue comme étant bons et ceux des autres mauvais. Cela ressemblerait à se tenir sur le côté d'une montagne dont le sol est vert et humide, et à parler à quelqu'un qui se trouve sur le côté sec et désertique de la même montagne, en essayant de déterminer qui des deux a raison. Le samouraï compatissant écoute le point de vue de l'autre, mais sans avoir besoin de faire valoir *le sien*. Il ne porte aucun jugement sur le point de vue de l'autre. Il ne fait que le recevoir et cherche à déterminer ce qui est utile et pertinent pour lui.

C'est la raison pour laquelle les samouraïs compatissants apprécient tellement quand les autres leur partagent leurs impressions. Supposons qu'une enfant dise à ses parents : « Papa, tu ne m'aimes pas vraiment. » Le samouraï compatissant ne se mettra pas à argumenter. Il se dira plutôt : *Tiens, voilà un point de vue intéressant. Pourquoi ma fille parle-t-elle ainsi? Qu'ai-je fait ou dit qui lui donne cette impression? Ai-je besoin de changer la façon dont je communique mon amour, en sorte qu'il soit perçu et qu'il n'y ait plus aucun malentendu à ce sujet?*

Il en va de même dans les affaires, dans le mariage et dans tout autre domaine. Les gens moyens argumentent pour faire la preuve qu'ils ont raison, et leur situation ne change jamais.

Demeurez à l'affût des dangers suivants

Il y a certains dangers rattachés au fait de ne pas être disposé à apprendre des autres, et à ne pas avoir une mentalité de débutant. Méfiez-vous de ces écueils et persévérez dans vos efforts de rechercher la croissance et le développement personnel dans tous les domaines de votre vie. Aspirez à progresser dans la connaissance, la sagesse et la compréhension des choses.

1. Nous demeurerons fermés à la leçon qui nous est offerte si nous croyons que nous savons tout cela. Ne soyez pas suffisant. Lorsque nous sommes persuadés que nous n'avons plus besoin d'apprendre, nous ratons vraiment de belles occasions de le faire.
2. Lorsque nous ne sommes pas disposés à progresser et à conserver une mentalité de débutant, nous avons tendance

à nous aliéner les autres. Lorsque nous nous fermons aux possibilités d'apprendre, les gens gardent leur distance et se montrent hésitants à nous offrir leur point de vue.

3. La vie est quelque chose de cyclique. Après un moment, les gens sous notre leadership commencent à croire qu'ils en savent autant que nous, sinon plus. Ils se ferment alors à ce que nous avons à offrir.
4. Lorsque nous avons l'impression que nous avons maîtrisé un quelconque domaine de connaissance, nous commençons alors à faire preuve d'une certaine désinvolture et nous perdons de vue notre raison d'être. Cela diminue notre capacité d'affronter les défis qui se présentent à nous.
5. Nous perdons alors notre candeur et notre passion pour tout ce qui vit.

Le savoir spécialisé

Avoir une mentalité de débutant et une soif d'apprendre nous permet d'acquérir un savoir spécialisé. N'avez-vous pas déjà entendu ceci : *Si j'avais su alors ce que je sais maintenant!* Cette phrase est souvent utilisée pour expliquer le pourquoi d'un échec ou d'un comportement qui semble stupide à la lumière de nouvelles informations. Lorsque la décision a été prise à l'époque, sans l'apport de ces informations, elle n'apparaissait pas comme telle. Toutefois, le savoir accru apporte à celui qui a pris la décision un certain recul.

Lorsque j'ai démarré ma compagnie au début, j'ai vendu une propriété et j'ai inutilement déboursé un supplément de soixante mille dollars d'impôts. Je ne savais tout simplement pas que j'aurais pu économiser un tel déboursé lors de la transaction. J'étais entouré de personnes capables de bien me conseiller, mais je n'ai pas fait appel à elles parce que je n'avais pas encore la mentalité d'un samouraï compatissant. Par conséquent, j'ai perdu beaucoup d'argent en frais d'impôts sur le gain de capital lors de la vente de la propriété.

Mon comptable m'a alors suggéré que, puisque je devais payer cette somme tôt ou tard, aussi bien le faire tout de suite. Je croyais que tous les comptables se ressemblaient. En fait, tous les comptables sont censés connaître les lois et règlements, mais ils n'ont pas tous le même savoir-faire pour les appliquer. J'ai suivi la recommandation et j'ai fait un chèque sur-le-champ. Environ un an plus tard, j'ai commencé à chercher un autre comptable, et j'en ai interviewé quelques-uns qui étaient à l'emploi de quelques amis fortunés. À ma grande surprise, j'ai découvert qu'il y avait plusieurs moyens légaux d'éviter de devoir payer cet impôt sur gain de capital.

Ce fut une leçon difficile à prendre que de découvrir que tous les comptables ne sont pas également doués. Ils ont différents domaines d'expertise et différents niveaux de créativité. Si j'avais eu une mentalité de débutant, je me serais montré désireux d'en apprendre davantage au sujet des impôts, non pour commencer à m'occuper de ma propre comptabilité, mais pour comprendre pourquoi agir de telle ou telle manière. J'aurais pu interroger les gens de mon entourage et faire appel à leur expérience pour voir si cette démarche était vraiment justifiée, ou si j'étais en train de me faire voler mon argent. C'est pourquoi je vous recommande fortement de faire appel à des professionnels, car l'argent dépensé pour cela en vaut vraiment la peine.

Les individus moyens, à cause de leur peur de manquer de quelque chose, n'oseraient jamais débourser pour consulter un spécialiste. Ils préfèrent faire le travail eux-mêmes ou embaucher le professionnel qui leur coûte le moins d'argent possible. Dans leur pensée, les vrais experts sont trop chers. Les samouraïs compatissants sont heureux de payer le « gros prix » pour l'avis d'un expert. Ils s'assurent, par ailleurs, qu'il s'agit bien d'un expert qualifié et non simplement de quelqu'un dont les honoraires ne correspondent pas à ses compétences. Si je décidais de faire moi-même ma déclaration de revenus, je devrais y mettre plus de temps qu'un professionnel, je ne connaîtrais pas toutes les mesures fiscales qui me permettent d'économiser de l'argent et je perdrais des occasions de faire de l'argent parce que je serais en train d'utiliser mon temps pour faire ma déclaration de revenus. Je connais les domaines dans lesquels je peux donner le meilleur de moi-même.

Avoir une mentalité de débutant ne veut pas dire qu'il faut tout faire soi-même. Cela signifie simplement qu'il est sage de faire appel à l'expertise des gens qui ont des connaissances au-dessus des nôtres et qui pourraient nous être utiles. Même si un comptable ou une autre personne assure la gestion de votre entreprise, vous devriez quand même avoir les connaissances suffisantes en la matière pour savoir où va votre argent et comment il est dépensé. Le fait de chercher à acquérir ces connaissances confirmera que vous avez bien une mentalité de débutant parce que vous puisez dans les ressources qui se trouvent tout autour. Pour le samouraï, le savoir mène à la réussite.

En réalité, il existe deux domaines différents de connaissance : le savoir spécifique et les changements de paradigmes, ou révélations. Le savoir spécifique nous permet de demeurer à la fine pointe de domaines comme les finances, les relations interpersonnelles, la santé et la spiritualité. Examinons celui des finances un moment. N'aimeriez-vous pas découvrir comment faire plus d'argent? N'aimeriez-vous pas apprendre comment réduire vos contributions à l'impôt parce que vous savez comment tirer le maximum d'avantages de la législation fiscale? N'aimeriez-vous pas savoir comment protéger vos investissements? Avez-vous examiné quelle est la meilleure façon de maximiser la valeur de vos dons? Alors, je vous conseille fortement de faire appel à des experts en la matière pour vous aider.

Si vous n'êtes pas vous-même dans la profession, il n'y a aucune chance que vous soyez au courant des plus récentes informations, mais si vous ne vous renseignez pas sur le sujet, vous ne saurez même pas quelles questions poser pour trouver l'expert qualifié, et vous pourrez encore moins lui expliquer ce que vous attendez de lui. Quelle est la dernière fois où vous avez lu un ouvrage traitant des relations interpersonnelles? Êtes-vous engagé dans une nouvelle étape de votre vie avec de nouveaux défis à relever comme celui d'être parent pour la première fois ou au contraire de vous retrouvez devant un nid vide, ou d'avoir à vous occuper de parents âgés? Quelle somme de nouvelles informations ont été découvertes depuis les derniers dix ans, à votre avis? Par exemple, que disent les experts au sujet des vitamines?

Savez-vous même ce que veut dire un taux normal de cholestérol? Et que dire de la pression artérielle? Ce qui est étonnant, c'est le peu de temps qu'il faut pour s'informer. Si vous consacriez une demi-heure par jour à la lecture, cinq jours par semaine, vous deviendriez au bout de cinq ans une des personnes les mieux informées de votre quartier. Bien sûr, cela requiert de la discipline. Les samouraïs compatissants sont des gens disciplinés. Mettez-vous-y dès maintenant. Réservez du temps chaque jour pour la lecture et trouvez-vous un coin tranquille pour le faire de façon régulière. Tout le monde n'a pas les mêmes horaires ou rythmes intérieurs.

Ma femme se lève chaque matin vers 5 h 30 et lit durant une heure au moins. Cela fait partie de son mode de vie, et j'ai entendu de nombreux conférenciers souligner que c'est ainsi qu'il faut commencer la journée. Je n'y suis jamais parvenu, pour ma part. Je suis davantage comme un train. J'ai de la peine à me mettre en route le matin, mais une fois parti, je peux rouler pendant longtemps. Je préfère lire durant la soirée. Si ma femme essaie de lire durant la soirée, elle ne réussira pas à dépasser une page ou deux. Patrick Dean, qui est cadre dans notre entreprise et responsable actuel de l'équipe de nos *facilitateurs*, préfère lire durant la journée. Cela correspond mieux à son style de vie et à son horaire quotidien.

Trouvez le temps qui vous convient le mieux et un endroit approprié, et adonnez-vous régulièrement à la lecture; ne prétextez pas que votre mode de vie vous empêche de vous organiser.

Élaborez ensuite une méthode de lecture pour les différents sujets qui vous intéressent. Aimeriez-vous étudier un thème pendant une année ou préférez-vous changer de sujet chaque mois? Faites le choix des ouvrages à lire dès maintenant. Efforcez-vous de bien gérer votre temps en planifiant soigneusement vos lectures en vue d'élargir vos connaissances. Cela ne vous empêche pas de lire sur d'autres sujets durant la semaine. Toutefois, « si vous n'établissez pas de plan d'action, vous vous préparez à connaître la défaite », dit l'adage.

Si vous n'aimez pas lire, écoutez des enregistrements sur CD ou DVD. Sans doute pourriez-vous télécharger le matériel de formation sur votre lecteur MP3 ou votre DJ Ditty. Les gens me taquinent depuis des années sur la quantité de CD que je traîne dans mon auto. Mais lorsque je me rends à l'aéroport ou que j'en reviens, ce qui se produit souvent, ou encore lorsque je fais des courses en ville, je peux écouter des choses édifiantes. À l'évidence, il m'est impossible de prendre des notes, mais je réussis quand même à faire bon usage de mon temps. Une partie des exercices auxquels je m'adonne régulièrement à la maison consiste à faire trente minutes de vélo stationnaire suivis ou précédés d'une période d'étirements, de redressements assis et de pompes. C'est pour moi le moment idéal pour écouter des conférences de formation sur CD.

Jusqu'ici, nous avons parlé surtout du savoir spécialisé. Tournons-nous maintenant vers l'autre type de savoir : les changements de paradigmes ou moments de révélation touchant notre système de croyances personnelles. On acquiert ce type de savoir en en faisant l'expérience. En d'autres mots, vous participez à une activité au cours de laquelle vous avez une expérience qui transforme votre point de vue sur quelque chose. Allez-vous attendre que la vie vous procure l'expérience dont vous avez besoin pour améliorer votre carrière, vos relations interpersonnelles, votre santé et votre vie spirituelle?

La vie est généralement l'enseignant le plus onéreux pour ce qui est du temps, de l'argent et des relations interpersonnelles. C'est la raison pour laquelle je vous recommande de participer à des ateliers expérientiels. C'est le moyen le plus rapide, le moins cher et le plus agréable d'accélérer le processus de votre croissance. L'occasion de faire la connaissance de gens de qualité qui partagent les mêmes valeurs que vous vaut à elle seule largement le temps et l'argent que vous y consacrerez. Certains des paradigmes – les valeurs – que j'avais acquis dans l'armée et qui ont contribué à ma réussite dans ce milieu n'ont pas du tout favorisé mon succès en tant qu'entrepreneur. Cela ne veut pas dire que ces croyances étaient mauvaises. Je n'avais tout simplement pas la bonne carte routière, le bon paradigme, pour le nouveau territoire que j'avais à explorer, avec son lot de situations à gérer.

Les paradigmes qui ont assuré ma réussite en tant qu'entrepreneur ne s'avéreront pas tous efficaces pour transformer une entreprise de quelques millions de dollars en une société valant plus de cent millions. Toute croissance repose sur un processus continuel de découverte. C'est la raison pour laquelle j'encourage les gens à participer à un de nos ateliers de formation au moins *deux fois par an. Y participer chaque trimestre s'avérerait encore plus efficace pour la plupart des gens.* C'est ainsi qu'agirait un débutant; c'est aussi ce que ferait un samouraï compatissant. L'individu moyen assiste à un atelier, en conclut qu'ils reviennent tous au même, puis abandonne.

Pensez à vous-même comme si vous étiez une entreprise, *Vous inc.,* même si vous travaillez actuellement pour quelqu'un d'autre. Dans ce cas, votre emploi constitue votre principale source de revenus, mais vous êtes tout de même votre propre entreprise. Les bons dirigeants d'entreprise vous diront qu'ils mettent à part une portion du budget annuel pour le développement de leur personnel. La théorie des contraintes organisationnelles affirme simplement que la grosseur et l'efficacité d'une entreprise se mesurent d'après deux facteurs : ses systèmes d'opération et les personnes qui y travaillent. C'est pourquoi, prenez un pourcentage de votre revenu brut et allouez-le à la croissance de votre personnel. C'est une sage mesure à prendre.

Investissez au moins cinq pour cent de votre revenu dans votre développement personnel. Si vous gagnez cinquante mille dollars par an, alors il faut dépenser annuellement deux mille cinq cents dollars sur des ouvrages, des enregistrements sur CD et des ateliers de formation. Si cela vous est possible, augmentez légèrement ce pourcentage, tout comme le font les sociétés à haut niveau de croissance, qui investissent davantage dans ce secteur. Généralement, plus la formation coûte cher, plus les gens qui y participent auront atteint la réussite sur le plan financier, et de telles personnes sont des gens clés à fréquenter.

Puisez dans les ressources qui sont autour de vous

Les samouraïs compatissants voient toujours le potentiel chez autrui parce que cette force leur est d'un précieux secours. Ils ont compris que les autres peuvent les aider à relever les défis les plus exigeants. Les samouraïs recherchent l'apport des personnes qui leur offrent des avantages inespérés et qui passent souvent inaperçues. Souvent, les sources de savoir les plus exceptionnelles dans lesquelles puiser se trouvent dans votre propre cercle d'influence. Il est inutile de voyager à l'autre bout du monde pour avoir accès à un bagage de connaissances, surtout si vous êtes tout disposé à apprendre. Trop souvent, le savoir qui se trouve à portée de main passe tout à fait inaperçu. Lorsque vous négligez une telle occasion d'apprendre, vous risquez de répéter sans cesse les mêmes erreurs et aussi de manquer une occasion extraordinaire.

Les sources de savoir les plus exceptionnelles dans lesquelles puiser se trouvent souvent dans votre propre cercle d'influence.

Ma femme, Roma, partage continuellement avec moi des informations qu'elle glane sur toutes sortes de sujets, de la spiritualité au domaine des affaires. J'ai parfois tendance à ne pas accorder suffisamment d'importance à ses opinions, surtout lorsqu'elles concernent des questions d'affaires, puisqu'elle ne dirige pas sa propre entreprise. Ce n'est pas vraiment ce qui l'intéresse. Son cœur et ses talents sont investis dans une démarche artistique et la production de tableaux. Aussi étrange que cela puisse paraître, ses suggestions et ses commentaires s'avèrent à peu près toujours en plein dans le mille, et si je ne les écoute pas, je me prive alors d'une aide dont j'ai peut-être désespérément besoin. Ce dont vous avez besoin pourrait fort bien se trouver dans votre entourage aussi, mais la chose risque de vous échapper parce qu'elle n'a pas l'aspect ou ne prend pas la forme à laquelle vous vous attendez. Roma n'a nullement besoin d'être une experte en affaires pour me prodiguer de précieux conseils. Parfois, quelqu'un qui n'est pas directement lié à votre entreprise ou à votre vocation peut vous apporter d'excellents avis sur un sujet particulier.

Et ces observations sont souvent impartiales. Les gens d'affaires réfléchissent en fonction des affaires. Les athlètes pensent en fonction de leur discipline sportive. Les prédicateurs pensent en fonction du défi d'évangéliser le monde entier. Les professeurs pensent en fonction d'enseigner aux autres et de trouver le financement nécessaire pour le faire de la manière la plus efficace possible. Il y a cependant de réels avantages à discuter avec des gens qui ont une perspective totalement différente de la nôtre.

La perspicacité et la vision d'avenir

Même le fait de posséder un savoir spécialisé ne suffit pas. Vous connaissez sans doute des gens qui ont très bien réussi leurs études au collège ou à l'université et qui n'arrivent pourtant pas à joindre les deux bouts. Ils sont incapables de se trouver un emploi décent. Comment se fait-il qu'une personne avec un savoir livresque si étoffé ne puisse pas s'acquitter des simples défis de la vie courante? Plusieurs ont acquis des connaissances, mais ils n'arrivent tout simplement pas à en faire bon usage dans leurs circonstances particulières. D'autres ont accumulé un savoir qui s'avère inapplicable dans leur vie. Et pourtant, d'autres encore ont le courage et la ténacité de maximiser le savoir qu'ils ont acquis en l'appliquant dans leur contexte particulier.

Les statistiques démontrent que la plupart des gens qui participent à des formations qui concernent le marché des actions ou l'immobilier ne concluent jamais même une seule transaction. Les samouraïs compatissants ont les connaissances appropriées, l'intelligence pour en voir l'application éventuelle dans leur vie et le courage de passer à l'action. La perspicacité est la capacité de voir au-delà de ce qui frappe le regard. L'individu moyen voit une maison à vendre et il connaît le prix de départ et la condition de la maison. C'est ce qui frappe le regard. Une personne perspicace voit tout cela, mais elle fait également des liens avec d'autres éléments d'information.

La perspicacité permet d'envisager l'avenir, avec la capacité de voir comment les choses vont évoluer avant même que cela ne se produise. Le savoir et l'expérience augmentent le niveau de perspicacité chez un individu. Après s'être investie dans de nombreuses transactions immobilières ou boursières, une personne peut développer une certaine perspicacité qui lui permet de juger si une propriété ou une valeur boursière peut lui rapporter de l'argent. Sa pensée consciente et son inconscient travaillent de concert, et elle devient alors capable d'avoir accès à bien plus que ce que lui communiquent ses cinq sens.

Le rameur et le conseiller

Il était une fois, à l'époque des grands voiliers, des rois et des reines, deux hommes. Ils avaient grandi sur la même rue et fréquenté les mêmes écoles. Ils étaient sortis plus ou moins avec les mêmes jeunes filles et avaient participé aux mêmes activités sociales. Un jour, ils avaient tous deux déménagé ailleurs, mais, après plusieurs années, le hasard avait fait en sorte qu'ils s'étaient retrouvés à travailler ensemble sur le même navire. Le premier était rameur et le deuxième, conseiller du roi. Le rameur était jaloux du bon emploi du conseiller et il croyait qu'il méritait aussi d'être conseiller. Après tout, ils avaient tous deux la même instruction! La situation lui semblait totalement injuste.

Le roi entendit les récriminations du rameur. Aussi, lorsque le navire eut accosté, il lui dit : « Peux-tu grimper jusqu'au sommet de cette colline et me dire ce que tu vois? » Le rameur courut jusqu'au sommet de la colline, jeta un coup d'œil aux alentours, redescendit et répondit que des chats étaient en train de se battre. Le roi demanda : « Combien de chats? » Après avoir gravi la colline une deuxième fois, le rameur répondit qu'il y avait cinq chats. « De quelle couleur sont les chats? » demanda le roi. Le rameur grimpa la colline une troisième fois et, à son retour, il dit qu'il y avait deux chats noirs et trois marrons. « De quelle race de chats s'agit-il? » Après être allé une fois de plus sur la colline, le rameur affirma qu'il s'agissait de chats Manx.

Le roi fit venir son conseiller et lui dit : « Peux-tu grimper jusqu'au sommet de cette colline et me dire ce que tu vois? » Une fois revenu, le conseiller répondit : « Il y a cinq chats Manx en train de se battre. Deux sont noirs et trois sont marron. Ils appartiennent à un homme qui habite de l'autre côté de la colline. Celui-ci a dit que si les chats vous dérangent, il va les enfermer. Toutefois, si vous posez la question parce que vous les aimez, il vous en offrira un. » Êtes-vous un rameur ou un conseiller?

Un rameur fait ce qu'on lui dit. Il fait un bon travail, mais il ne fait que son travail. Le samouraï compatissant est un conseiller et il examine le plan d'ensemble; en plus de faire son travail, il pose les questions qu'il juge pertinentes en fonction de ce que son patron aimerait probablement savoir. Quel que soit votre emploi ou votre position, vous pouvez vous comporter comme un rameur ou comme un conseiller. Les organisations excellent lorsqu'elles jouissent de la présence de plusieurs conseillers. J'espère avoir le privilège de voir nos routes se croiser un jour, en tant que samouraïs compatissants, et que vous puissiez me raconter le récit de certaines batailles et contributions que vous avez faites.

Les samouraïs compatissants disent ce qu'ils pensent et font ce qu'ils ont dit. Ils font hardiment des promesses et se font un honneur de les tenir.

Les individus moyens font ce qu'ils disent seulement lorsque cela leur chante.

Chapitre onze

TERMINER EN BEAUTÉ

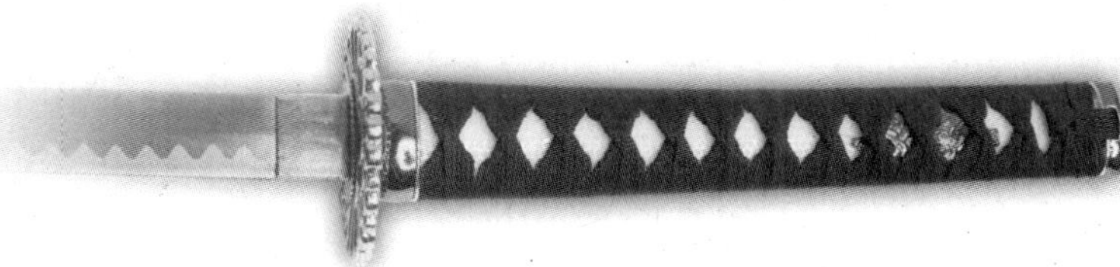

Le courage est la première des vertus humaines parce qu'elle est la qualité qui soutient toutes les autres.

Aristote

Félicitations! Vous avez réussi à couvrir les dix traits de caractère d'un samouraï compatissant. Je suis encore plus convaincu maintenant que vous avez ce qu'il faut pour poursuivre la noble tradition des samouraïs et faire preuve d'intégrité et de rigueur, tout en vous révélant intrépide et courageux en affaires autant que dans votre vie personnelle. Une chose que je n'ai pas mentionnée jusqu'ici est que le samouraï compatissant termine toujours ce qu'il a entrepris. Voyez tout ce que vous avez appris jusqu'ici comme un simple commencement, une aventure que vous vous devez de terminer. Vous avez les outils – les munitions, si vous préférez – pour vous tailler une place de choix dans le marché qui vous intéresse, en menant une lutte déterminante.

N'allez pas vous persuader à tort que nous ne sommes pas en guerre. Le conflit fait rage entre deux cultures qui s'affrontent. C'est une guerre qui oppose la rapacité à la compassion pour tous. C'est une guerre qui oppose la tromperie à l'honnêteté. C'est une guerre qui oppose la domination d'un petit nombre au respect à l'égard de tous. C'est une guerre entre le confort personnel de l'apathie et le courage de se préoccuper d'autrui. La lutte est déjà en train de se faire au sein des médias, dans le monde du spectacle, en politique, en éducation et dans des foyers comme le vôtre.

Le temps est venu pour vous d'acquérir de plus en plus ces dix traits de caractère en vue de devenir un phare dans ce monde, quelqu'un qui se tient debout avec courage et intégrité, et qui est une inspiration pour tous ceux qui l'entourent. Vous n'êtes pas seul. Nous sommes des milliers un peu partout sur la planète, dans chaque culture et chaque nation, mais nous sommes une minorité. Il est temps de vous lever contre la quête égoïste de la multitude. Il est temps de vous démarquer de la normalité médiocre. Il est stérile de comparer nos réussites à celles des autres.

Il ne sert à rien de comparer notre nation aux autres. Au lieu de cela, formons une nouvelle génération de samouraïs compatissants. Qu'il soit dit et écrit dans les livres d'histoire qu'au début du XXIe siècle, des gens se sont levés qui n'appartenaient pas tous à la même nation, n'avaient pas la même couleur de peau ou ne partageaient pas la même religion. Mais ces gens cultivaient les mêmes valeurs et traits de caractère – et ces valeurs ont pris racine si profondément en eux qu'ils ont été en mesure de transformer l'histoire pour des générations.

Vous savez maintenant qu'il est bien de faire du profit dans la vie. C'est là votre droit et votre obligation. Mais le but de cette prospérité est de pouvoir aider les autres. Cette richesse ne devrait pas être accumulée au détriment des autres, mais plutôt servir à les favoriser. Il y a plus qu'assez de toutes les bonnes choses qui nous entourent. À mesure que vous deviendrez un guerrier au cœur compatissant, vous comprendrez que vous n'êtes pas tenu de suivre le modèle trompeur que l'on vous a appris, qui veut que, pour être fortuné, il faut vous montrer égoïste et radin. Vous êtes appelé à briser ce moule et à donner naissance à un tout nouvel ensemble d'idées, de concepts et de réflexions perspicaces sur la manière de diriger une affaire et de vivre votre vie de façon optimale.

Quelqu'un a dit déjà : « Ce n'est pas comment vous commencez la course, mais comment vous la finissez qui fait la différence au bout du compte. » La vie est une collection d'expériences variées. Certaines de ces expériences sont formidables; d'autres le sont moins. Cependant, toutes ces expériences que vous faites dans la vie peuvent servir à votre plus grand bien, si vous apprenez les leçons qu'elles vous enseignent. Les samouraïs compatissants sont en mode continuel d'apprentissage, ce qui veut dire qu'ils laissent de la place pour les erreurs – surtout au début.

Lorsqu'un bébé apprend à marcher et qu'il tombe continuellement, ses parents ne le disputent pas pour cela. Ils prennent plutôt l'enfant dans leurs bras, lui prodiguent une caresse, le rassurent en lui disant qu'il fait du bon boulot et lui laissent le temps de continuer à essayer jusqu'à ce qu'il réussisse. Dans un même enchaînement de pensées, vous devez, vous aussi, continuer à intégrer les traits de caractère d'un samouraï compatissant de manière à devenir de plus en plus compétent en la matière. Le chemin d'un samouraï compatissant est généralement parsemé d'embûches et de complications. De tels écueils ne méritent pas qu'on les redoute : ils doivent être accueillis pleinement. Ne soyez pas effrayé par le mot *maîtrise.*

Je souhaite de tout cœur que vous ne voyiez pas le fait de maîtriser quelque chose comme un but difficile ou impossible à atteindre. La maîtrise n'est rien d'autre que la compétence, par la pratique répétitive, à appliquer les dix traits de caractère dans n'importe quelle circonstance. Maîtriser une chose ne signifie pas pour autant la fin de l'apprentissage. Vous avez toujours la possibilité d'élargir vos connaissances dans n'importe quel domaine, et même dans ceux où vous excellez. Il vous suffit alors de passer au prochain niveau dans la vie. Le point à retenir est que vous n'obtiendrez jamais votre diplôme. Vous ne ferez que passer d'un niveau à un autre.

Il n'y a que deux couleurs de ceinture en aïkido traditionnel : une blanche, portée par ceux qui sont de niveau *kyu (mudansha)* et une noire, portée par ceux qui sont passés au *dan (yudansha)*. Contrairement au karaté et au taekwondo, certaines personnes s'entraînent en aïkido depuis trois ou quatre ans et portent toujours la ceinture blanche. Aux yeux de la plupart des amateurs de sport américains enthousiastes, cela paraîtra sans doute une perte de temps. En réalité, l'élève progresse toujours plus près de son objectif après chaque leçon. Le but n'est pas de porter une ceinture de couleur ou d'obtenir un trophée à exhiber. L'objectif est de parvenir à maîtriser davantage cette discipline. Les élèves sérieux sont désireux d'investir le plus d'heures possible en vue de concrétiser cet objectif.

La maîtrise n'est pas une habileté inaccessible ou un concept vague. Vous êtes sans doute déjà un maître dans certains domaines. Vous savez lire, vous avez lu ce livre jusqu'à ce point, ce qui fait de vous un maître en lecture. Bien évidemment, cela ne signifie pas pour autant que vous n'ayez pas besoin de conseils à l'occasion pour vous permettre de devenir un meilleur lecteur. Cela veut simplement dire que la lecture est devenue, en quelque sorte, une seconde nature pour vous. Mettre vos vêtements, prendre un bain et voir à votre alimentation sont aussi des activités qui sont devenues une seconde nature pour vous.

Vous ne passez pas des heures à méditer devant elles, vous les faites, un point c'est tout. Votre subconscient, qui est la partie la plus importante de votre pensée, traite ces consignes comme des fonctions naturelles intégrées à votre quotidien. Comment l'inconscient sait-il ce qu'il faut faire? Vous n'avez pas besoin de vous rappeler continuellement comment lire, manger, prendre une douche ou vous occuper de votre santé. Ces activités se font instinctivement parce que vous les avez répétées des centaines, voire des milliers de fois. Si vous voulez apporter des changements durables à votre vie, vous devrez le faire par la répétition, par un engagement émotionnel, ou encore par un savant mélange des deux.

Si vous voulez apporter des changements durables à votre vie, vous devrez le faire par la répétition, par un engagement émotionnel, ou encore par un savant mélange des deux. Oh! est-ce que je ne viens pas tout juste de répéter la phrase précédente? Vous l'avez noté aussi? La répétition et l'émotion sont ce qui imprime les traits de caractère dans votre subconscient. Ce n'est pas ce que vous faites de temps en temps qui compte. C'est ce que vous vous êtes engagé à faire régulièrement qui affectera vraiment votre démarche. Je sais très bien qu'un changement peut se produire en un instant. Toutefois, un changement durable se produit avec le temps et par le biais d'actions intentionnelles et répétitives.

Conscients de cela, les samouraïs compatissants s'engagent à accorder à ces traits non seulement un intérêt passager, mais ils aspirent à ce qu'ils fassent partie de leur vie de tous les jours. Grâce à la répétition, ces dix traits deviendront en quelque sorte une seconde nature chez vous. Vous vous mettrez désormais à réfléchir, à ressentir et à agir en fonction de ces vertus, sans même y penser. Prenez l'habitude de relire certaines sections du présent ouvrage de manière répétée et mémorisez-en les points principaux touchant les différents traits. Ce chapitre est conçu de manière à vous aider à trouver des façons de mettre en pratique chacun des traits. Je vous suggère de concentrer vos énergies sur un trait à la fois tous les jours durant une semaine complète.

La répétition vous permettra de faire un travail en profondeur. Après chacun des traits, j'ai indiqué un domaine sur lequel réfléchir et passer à l'action. Que comptez-vous faire pour saisir cette occasion de mettre en pratique chacun de ces traits? La chose que vous allez choisir devra devenir l'élément sur lequel vous concentrer et pour lequel vous engager par rapport à vous-même. Si vous avez de la difficulté à vous montrer fidèle à vos engagements envers vous-même, faites appel à un partenaire qui vous aidera à agir de façon responsable et à fournir l'effort nécessaire vis-à-vis de chaque trait. Au bout de dix semaines, vous aurez couvert tous les traits. Pouvez-vous prendre un tel engagement? *Allez-vous* vous engager à faire cet exercice?

L'engagement

L'individu moyen croit en l'importance de faire ce qu'il a dit uniquement lorsque les conditions sont optimales ou propices à ce qu'il tienne parole. Mais très honnêtement, l'engagement n'est jamais conditionnel. Habituez-vous à prendre des engagements qui ne sont pas nécessairement confortables, et tenez-les. Parfois, il faut se jeter à l'eau. Si vous êtes le genre de personne qui hésite à vous engager parce que vous craignez de ne pas pouvoir fournir la marchandise, alors vous avez besoin de prendre de gros engagements et d'investir toute votre énergie à faire en sorte de les respecter.

Si vous êtes le genre de personne qui s'engage trop, et qui ne respecte jamais les grands engagements que vous vous êtes vanté d'avoir pris, vous avez peut-être besoin de réduire vos déclarations irréalistes et de prendre des engagements plus modestes que vous serez en mesure de tenir. Faites quelques promesses simples et tenez-les. Puis construisez sur la fondation des engagements tenus. Un proverbe affirme : « Vous ne valez pas plus que votre parole. » J'aimerais le reformuler ainsi : « Vous ne valez pas plus que la dernière fois où vous avez tenu parole. »

Exercice

Sur une feuille de papier, complétez ce qui suit :

- Énumérez trois engagements que vous auriez dû prendre, mais que vous avez remis à plus tard.
- Décrivez quel est votre plan d'action pour tenir vos engagements.
- Si vous avez tendance à trop vous engager, quels sont les trois derniers engagements pris que vous n'avez pas respectés? Repensez à chacun de ces engagements. Pourquoi ne les avez-vous pas respectés? Et qu'avez-vous obtenu en échange de chacun de ces engagements non tenus? Quel

est le prix que vous avez dû payer? Que pouvez-vous faire dorénavant pour commencer à mieux tenir vos engagements?

- Énumérez trois engagements que vous avez pris et que vous n'avez pas tenus.
- Chaque jour de cette semaine, tenez un registre des engagements que vous avez pris et notez si vous les avez tenus ou non. Aucun engagement n'est trop insignifiant pour ne pas être noté.

La responsabilité personnelle

Les samouraïs compatissants choisissent d'agir.
Les gens moyens y sont obligés.

Les samouraïs compatissants croient que l'endroit où ils se trouvent – et celui où ils ne se trouvent pas – est directement lié aux choix qu'ils font. Les individus moyens adoptent le point de vue de la *victime,* voulant que la vie leur tombe tout simplement dessus. Non seulement la vie est-elle une suite d'expériences que nous faisons, mais elle est également une compilation de tous les choix que nous avons faits, les bons comme les mauvais. Le seul moyen de parvenir à contrer la tendance naturelle si répandue de blâmer autrui lorsque vous n'avez pas atteint vos objectifs est de devenir personnellement responsable.

Qu'il s'agisse de vos relations interpersonnelles, du genre d'emploi que vous avez, du salaire que vous gagnez ou de votre niveau de scolarité, vous avez toujours la possibilité de choisir. Vous pouvez toujours opter pour la voie de la responsabilité personnelle et modifier de manière draconienne le cours des choses. Personne n'est condamné à l'échec perpétuel. Vous n'êtes condamné à un échec que si c'est le choix que vous avez fait. Vous devenez quelqu'un qui a échoué lorsque vous optez pour la défaite et que vous niez que vous aviez le choix.

Repensez à l'histoire de Viktor Frankl. Il aurait pu choisir de nier sa responsabilité personnelle et de devenir une victime des camps de concentration. S'il avait choisi de sombrer devant cette horrible situation, la plupart des gens ne l'auraient pas condamné. En fait, la plupart des gens l'auraient pris en pitié et auraient compati de tout leur cœur devant les raisons qui l'auraient poussé à adopter une telle attitude. Mais Frankl n'en avait rien à cirer. Il a choisi de fixer son attention sur les choses qui représentaient la vie et il l'a fait sans aucune prétention. Il a choisi de se concentrer sur sa capacité de décider de son attitude et sur la valeur de la vie elle-même.

Peut-être n'êtes-vous pas aussi déterminé que Viktor Frankl! J'admets que l'homme avait une force intérieure que la majorité des gens ne peuvent même pas imaginer. Que vous ayez ou non sa détermination, vous jouissez néanmoins de la capacité remarquable d'assumer votre responsabilité personnelle pour tout ce qui se passe dans votre vie. Faites un bref « inventaire » et dressez la liste de tout ce que vous désirez, mais n'avez pas encore. Appropriez-vous les choix que vous avez faits. Si quelque chose *est* dans votre vie, c'est parce que vous avez choisi qu'il y soit. Si cette chose n'est pas dans votre vie, c'est parce que vous ne lui avez pas accordé la permission d'y entrer. En dernière analyse, tout dépend de vous : c'est cela, être personnellement responsable.

Exercice

Sur une feuille de papier, complétez ce qui suit :

- Dans quels domaines de votre vie avez-vous eu tendance à mettre le blâme sur autrui?
- Notez chaque fois que vous avez senti que vous deviez faire quelque chose et que vous vous êtes dit sur-le-champ : « Je choisis de faire cela. »

- Quels sont les choix à faire aujourd'hui qui pourraient opérer une différence majeure dans votre vie et dans celle d'une autre personne?

Contribution

Les samouraïs compatissants donnent sans jamais penser au gain qu'ils pourraient en tirer sur le plan personnel. Les gens moyens donnent lorsqu'ils y trouvent leur avantage et lorsque cela ne leur coûte pas trop.

Disons les choses clairement ici : donner en vue de recevoir n'est pas mauvais en soi. Les gens le font tous les jours, partout, et cela fonctionne. Vous offrez votre temps à votre employeur et vous vous attendez à recevoir un chèque de paie à la fin de la semaine. Vous donnez en vue de recevoir. Quel que soit le niveau du don, il comporte toujours un gain personnel, même si ce gain se résume au sentiment de satisfaction d'avoir aidé les autres à réaliser leurs rêves dans la vie. Le samouraï compatissant donne sans jamais penser au gain qu'il pourrait en tirer sur le plan personnel. Ce n'est pas qu'il n'y aura pas de gain personnel au bout du compte. Chacun récolte ce qu'il a semé. Mais la motivation pour donner n'est pas centrée sur le gain éventuel. On ne devient pas expert du jour au lendemain dans l'application de ces notions. La pratique de donner est une vertu, une vérité par laquelle vivre au quotidien. Vous n'avez pas besoin d'avoir la richesse pour agir à ce niveau élevé de motivation. Tout ce que vous devez comprendre, c'est que donner pour recevoir est bien, mais donner sans s'attendre à recevoir est encore mieux.

Lorsque vous donnez de cette manière, vous maîtrisez les désirs intérieurs et les tendances qui vous poussent à la cupidité et à la complaisance. Il n'existe aucun moyen pour empêcher le facteur de réceptivité d'agir. Ce que vous donnez vous est toujours retourné, mais à plus grande échelle. Warren Buffet a fait le plus énorme don jamais enregistré – 30,7 milliards de dollars en actions de Berkshire Hathaway, la société qu'il dirige – à la fondation Bill et Melinda Gates, pour aider à nourrir, vêtir, abriter, éduquer et fournir des soins médicaux aux enfants et aux familles en Afrique.

Bien que Warren Buffet n'ait pas besoin de plus d'argent, selon le principe des semences et de la récolte, des milliards de dollars sont en réserve pour lui dans son organisation actuellement. Il n'y a rien qu'il puisse faire à ce sujet. C'est une loi immuable. Pour ce don, sa motivation n'avait pas pour objectif de flatter son ego, mais plutôt celui d'aider des gens qui ne peuvent vraiment rien faire pour lui rendre la pareille. C'est dans ces moments que vous savez que le geste de donner est du plus haut niveau, parce que vous donnez de tout cœur et que vous n'attendez rien en retour. Vous ne donnez pas en vue de recevoir. Vous donnez parce que vous choisissez de faire preuve de générosité.

Exercice

Chaque jour de cette semaine, concentrez-vous sur un type de don différent.

	Contexte où contribuer	**À qui avez-vous donné, et comment?**	**Évaluez le niveau de risque de 1 à 5**
1. L'encouragement			
2. Le temps			
3. L'argent			
4. La connaissance			
5. Votre cœur			

- Que pouvez-vous faire aujourd'hui pour avancer dans votre désir de devenir un contributeur majeur au soutien de la bonne œuvre de votre choix?

La concentration

Les samouraïs compatissants ancrent la réalité à leur vision.
Les individus moyens ancrent leur vision à la réalité.

Être concentré se définit comme la capacité de fixer son attention, d'orienter ses efforts ou son activité dans une direction déterminée ou sur un objectif quelconque sans se laisser distraire. La concentration est sans l'ombre d'un doute la qualité qui fait de quiconque un véritable samouraï compatissant. Elle est également le facteur qui détermine s'il atteindra la grandeur ou non dans sa vie. Si je pouvais résumer ce qu'est la réussite, voici à quoi cela ressemblerait : *la réussite est la capacité de ne pas se laisser distraire dans la vie.* Aussi simpliste que la chose puisse paraître, elle demeure vraie. Votre capacité de vous concentrer sur ce à quoi vous aspirez vous procurera ce que votre cœur désire.

Votre capacité de vous concentrer sur les bienfaits que vous voulez que la vie vous procure aura un poids nettement plus grand que le processus par lequel vous serez forcé de passer en vue de *recevoir* ces bienfaits. Mon ami Bob Harrison raconte souvent l'histoire de David et Goliath. David, un adolescent maigrelet travaillant comme berger, était prêt à affronter un géant de 2,75 m nommé Goliath. Goliath était réputé pour avoir décimé des armées entières à cause de sa grande force physique. Le jeune homme n'était pas de taille devant le tueur expérimenté. Tandis que les soldats fuyaient parce qu'ils avaient peur d'un géant qu'ils croyaient trop grand pour pouvoir le tuer, David a réagi tout autrement. Ce géant était trop grand *pour ne pas* être tué.

David a réussi à maîtriser sa peur en fixant son attention sur la récompense promise par le roi à quiconque tuerait le géant : une jolie femme, un domaine et une exemption d'impôts à vie. Lorsque vous concentrez votre attention sur les bienfaits que la vie vous apporte, vous en obtenez toujours davantage. Lorsque vous la fixez sur les problèmes, vous allez inévitablement en avoir davantage aussi. Les samouraïs compatissants ont acquis la discipline de demeurer concentrés sur la chose de leur choix. La vie vous fournira de multiples distractions. Votre capacité de résister à leur attrait vous rendra capable de terrasser plus de géants que vous ne l'auriez jamais cru possible.

Exercice

Sur une feuille de papier :

- Résumez votre raison d'être dans la vie en un paragraphe. Pourquoi êtes-vous en vie?
- Commencez chaque journée en notant les trois choses importantes que vous devez accomplir.
- Chaque jour, rédigez un paragraphe décrivant les principales distractions qui vous ont empêché de vous acquitter de vos trois choses les plus importantes. Quelles sont-elles au juste : vos émotions, les autres personnes, une habitude?

L'honnêteté

Les samouraïs compatissants disent ce qu'ils pensent et pensent ce qu'ils disent.
Les individus moyens se montrent honnêtes lorsque cela fait leur affaire.

L'honnêteté est une vertu maintenant disparue dans le monde occidental. Aussi dépassée qu'elle puisse paraître, l'honnêteté demeure néanmoins la règle la plus sûre. Au début, il peut sembler que vous allez réussir à vous en tirer en étant malhonnête, mais votre propre injustice finira par vous atteindre tôt ou tard. Même lorsque cela comporte des inconvénients et vous cause de l'inconfort, il vaut toujours mieux choisir d'être honnête. La confiance est le fondement de toute relation. L'honnêteté est le carburant qui permet aux relations de progresser et d'aller de l'avant.

L'honnêteté est aux relations ce que l'essence est à l'automobile. Le samouraï compatissant choisit l'honnêteté en tout temps. Certaines personnes cherchent à établir des niveaux d'honnêteté. Ces gens croient que certaines situations exigent qu'ils fassent preuve d'honnêteté, alors que dans d'autres circonstances, ils ne s'y sentent pas tenus. Mais être honnête signifie simplement dire toujours la vérité, au meilleur de vos capacités et en fonction de ce que vous savez.

Récapitulons si vous le voulez bien et examinons les manières dont les gens tentent de dissimuler leur malhonnêteté :

1. Dire à quelqu'un quelque chose qui n'est pas vrai. C'est la forme la plus évidente. Ici, les gens choisissent de mentir ouvertement.

2. Donner l'illusion que les choses sont telles, alors qu'elles ne le sont pas. C'est un peu plus clandestin comme approche. Vous n'êtes pas vraiment en train de mentir ouvertement, mais vous présentez les choses comme si elles étaient vraies alors qu'elles ne le sont pas.

3. Ne pas dire ce qui est. Bien des gens tombent dans la catégorie qui consiste à ne pas nécessairement dire ce qui n'est pas, mais à ne pas dire ce qui est. Le soleil ne brille pas dans le ciel ce soir, mais la lune, oui. N'omettez pas de parler de la lune lorsque sa présence est évidente. Ne

gardez pas sous silence les informations qui vont aider à donner une crédibilité à votre honnête confession.

4. Prétendre que l'on ne savait pas. Tout le monde connaît ce petit jeu. Si je prétends ne pas savoir quelque chose, et que je n'en dis mot à quiconque, alors personne ne pourra m'accuser de ne pas être honnête.

Exercice

Jour 1 : Notez sur une page ce que vous avez prétendu ne pas savoir.

Jour 2 : Notez sur une page les moments où vous avez senti le besoin de retenir une partie de la vérité. Quand n'avez-vous pas avoué ce que vous aviez l'intention de dire?

Jour 3 : Notez sur une page les moments où vous n'avez pas été sincère dans ce que vous avez dit.

Jour 4 : Quel est votre niveau de transparence aujourd'hui? Quels sont les moments où cela vous a aidé, et aussi les moments où vous vous êtes retenu de dire toute la vérité?

Jour 5 : Quand vous êtes-vous montré plutôt vague en vue de dissimuler la vérité?

L'honneur

Les samouraïs compatissants placent les principes au-dessus de leur intérêt personnel. Les individus moyens font tout ce qui semble être dans leur meilleur intérêt.

Les samouraïs traditionnels avaient pour principe d'honorer les autres, même lorsqu'il s'agissait de leurs ennemis. Lorsqu'un samouraï en tuait un autre, il s'inclinait ensuite devant la dépouille de son adversaire pour manifester son respect au code d'éthique auquel tous les samouraïs étaient tenus d'obéir. Notre société a terriblement besoin de gens capables d'enseigner à leur entourage comment honorer les autres, quelle que soit la situation. Les enfants sont tenus d'honorer leurs parents, non parce que ceux-ci sont parfaits et ne commettent jamais d'erreurs, mais parce que c'est là un principe qui élève l'ensemble de l'humanité. Notre volonté d'honorer la personne chargée de veiller sur nous, de nous protéger et de pourvoir à nos besoins quotidiens établit un fondement qui assure le respect mutuel.

Les parents doivent honorer leurs enfants. Le premier modèle qu'un enfant a dans la vie est celui de ses parents. L'unique base permettant de comprendre ce que veut dire honorer les autres vient des parents. Si les parents manifestent peu de reconnaissance et de respect à l'égard de leurs enfants, ceux-ci commenceront alors à montrer le même manque de respect à l'égard de leurs parents et des autres personnes. Les samouraïs compatissants encouragent tous ceux avec qui ils entretiennent des relations à honorer tous ceux qui occupent une position d'autorité. L'honneur que nous rendons aux autres est en relation directe avec la manière dont nous nous voyons nous-mêmes.

Faites de cela une priorité devant vos enfants, avec vos collègues de travail et dans la société en général, en vous efforçant sans cesse de rendre honneur à chacun. Honorez les gens qui occupent des positions d'autorité et honorez également ceux qui se trouvent dans les strates inférieures de la société. Le simple fait que quelqu'un soit pauvre ne vous donne pas le droit de ne pas tenir compte de lui d'aucune manière. Le simple fait qu'un individu ne soit pas instruit ne vous donne pas le droit de lui manquer de respect. Soyez enclin à démontrer que vous honorez votre pays. Nombreux sont ceux qui ont tendance à dénigrer la façon dont les choses se passent aux États-Unis. D'autres parlent toujours en termes négatifs du Royaume-Uni ou encore de l'Australie.

C'est toujours un peu bizarre d'entendre les gens discréditer le lieu où ils ont choisi de vivre. N'oubliez pas votre responsabilité personnelle : *vous vous trouvez à l'endroit où vous êtes à cause des choix que vous avez faits.* En vérité, le milieu où vous vivez est de loin un bien meilleur endroit que celui où vivent des millions de personnes sur la planète. Il est possible que les choses ne marchent pas exactement comme vous le souhaiteriez, mais ces conditions de vie sont optimales pour votre croissance et votre développement.

Trois domaines où rendre honneur est toujours de mise

1. Honorez toute personne avec qui vous êtes en interaction. Vous n'avez pas à juger du mérite de ceux à qui vous rendez honneur. L'honneur n'a rien à voir avec le statut d'une personne ou son niveau de notoriété. Il reflète en premier lieu la manière dont vous vous percevez vous-même. Le manque de respect que les gens témoignent aux autres est directement lié à ce qu'ils ne valorisent pas en eux-mêmes.

2. Honorez-vous vous-même. Ne sous-estimez pas la personne que vous êtes et les efforts que vous faites. Vous avez autant à offrir que les autres à la société. Votre contribution est différente, un point c'est tout. L'estime de soi et la suffisance sont deux choses distinctes. Vous devriez estimer grandement la personne que vous êtes et devenez, et porter sur vous-même un regard positif. Traitez-vous comme le roi ou la reine que vous êtes, sans toutefois exiger que les autres vous voient ou vous traitent comme tel.

3. Parlez toujours en bien de vos mentors. Ce que vous dites à leur sujet vous honore en réalité. La vie de vos mentors vous donne un aperçu de votre propre destination. Vous pouvez ainsi soit accélérer le processus de votre croissance

vers la grandeur, soit le saboter tout simplement, en ne rendant pas à votre mentor l'honneur qui lui est dû. Ne parlez jamais de manière méprisante de ceux qui vous instruisent. Lorsque vous le faites, vous vous coupez d'une source vitale de directives et de recommandations, source dont vous avez terriblement besoin pour la suite de votre voyage.

Exercice

Jour 1 : Pratiquez l'écoute comme un moyen d'honorer les autres aujourd'hui et pour noter l'impact que vous avez.

Jour 2 : Rédigez un paragraphe sur la manière dont vous pourriez vous honorer aujourd'hui. Pouvez-vous le faire?

Jour 3 : Voyez si vous arrivez à honorer dix personnes aujourd'hui en disant du bien à leur sujet aux gens qui vous entourent.

Jour 4 : Honorez trois personnes aujourd'hui en sollicitant leur opinion.

Jour 5 : Dressez une liste de vos actions au travail aujourd'hui et notez si elles ont contribué à honorer vos collègues ou non.

La confiance

Les samouraïs compatissants ont la capacité de mettre leur confiance en autrui et en eux-mêmes pour ce qui touche leur vie, et ils ont la sagesse de savoir quand le faire.

Les individus moyens se montrent ou bien récalcitrants à voir les autres comme étant aussi dignes de confiance qu'ils le sont eux-mêmes, ou bien ils leur accordent une confiance aveugle sans faire preuve de discernement.

La confiance s'établit avec le temps et peut se perdre en un instant. Pensez à un gratte-ciel en construction. Le processus s'avère assez impressionnant. Il faut souvent plus d'une année pour préparer et constituer les fondations de l'édifice. Dans certains cas, il faut encore plus de temps pour préparer et établir les fondations qu'il n'en faudra pour ériger la structure de l'édifice. C'est parce que c'est la solidité des fondations qui va déterminer la stabilité de l'édifice une fois érigé. Plus haut est le gratte-ciel et plus profondes doivent être les fondations. Le même concept s'applique lorsqu'il est question d'établir un climat de confiance.

Lorsqu'une personne vous rencontre pour la première fois, la confiance qu'elle vous témoigne est limitée puisque vous ne lui avez pas encore donné l'occasion de vous faire confiance. Les gens sages n'accordent pas leur confiance à n'importe qui. D'abord, ils accordent leur confiance aux gens avec qui ils sont intéressés à développer une relation d'un certain type. Ce peut être une relation d'affaires, d'amitié, de partenariat ou autre. La confiance repose sur le désir d'une personne d'établir une relation. Il n'est pas nécessaire que vous soyez l'ami de quelqu'un pour sentir que votre confiance a été trahie.

Si le président des États-Unis commet un crime quelconque et viole le serment qu'il s'est engagé à respecter, la plupart des Américains auront le sentiment que la confiance qu'ils avaient en lui s'est érodée. La confiance n'est pas seulement une question d'engagement personnel. Elle concerne l'intégrité d'une personne quant à ses paroles et à ses actions. Une fois que la confiance a été trahie, elle est difficile à regagner. La construction d'un gratte-ciel a beau avoir demandé un an ou deux de travail, il est possible de le réduire en miettes en une minute avec quelques bâtons de dynamite. Il en va de même lorsque la confiance a été trahie.

Si vous avez brisé la confiance que quelqu'un mettait en vous, il y a toujours de l'espoir, mais il vous faudra du temps et des efforts pour rétablir ce qui a été tenu pour acquis. Le gratte-ciel peut être reconstruit, mais le processus exigera autant de soin et de temps que la première fois. Il est possible même que cela en exige encore davantage, considérant les débris qu'il faudra enlever avant que ne débute la nouvelle construction. Les samouraïs compatissants savent cela et ils vivent en respectant le code de confiance en tout temps.

Exercice

Jour 1 : Trouvez trois manières de témoigner votre confiance aux autres aujourd'hui. Peut-être s'agit-il de leur accorder l'autorité de prendre une décision quelconque.

Jour 2 : Trouvez trois manières de témoigner de la confiance que vous avez en vous-même aujourd'hui.

Jour 3 : À quelle tâche devriez-vous vous astreindre aujourd'hui, qui vous aiderait à avoir davantage confiance en vos capacités? Cette tâche devrait vous pousser à dépasser vos capacités actuelles.

Jour 4 : Ayez une conversation franche avec quelqu'un qui a trahi votre confiance. Après avoir exprimé vos craintes et vos préoccupations, discutez d'une tâche à accomplir ou d'un défi à relever par lesquels la confiance pourrait commencer à se rétablir entre vous.

Jour 5 : Ayez une conversation franche avec quelqu'un dont vous avez trahi la confiance. Le bris de confiance était-il lié à une attente exprimée ou non exprimée, une entente formelle ou informelle? Après avoir exprimé vos sentiments à ce sujet, passez un accord qui permet de rétablir graduellement la confiance initiale.

L'abondance

Les samouraïs compatissants se demandent :
« Comment faire cela? »
Les individus moyens se demandent : « Peut-on faire cela? »

L'abondance est un point de vue selon lequel votre sentiment de plénitude et de bien-être ne dépend pas des circonstances extérieures. La disette est un point de vue selon lequel il n'y a jamais assez de ressources. Il repose en général sur le sentiment qu'a une personne de ne pas faire vraiment le poids.

L'abondance va au-delà ce que vous avez et de ce que vous faites. C'est un mode de pensée, un style de vie. Pour parler une langue parfaitement, vous devez avoir la capacité de penser dans cette langue jusqu'à ce que cela devienne une seconde nature. Pour refléter l'abondance, vous devez penser abondance à tout moment. Votre connexion avec un Dieu infini vous donne accès à des ressources illimitées. Cela signifie que vous ne craignez jamais la disette même lorsque les circonstances semblent vous persuader du contraire.

La peur de manquer de quelque chose (disette) vous pousse à croire qu'il n'y a pas assez de ressources disponibles et qu'il vaut mieux garder jalousement le peu que vous avez par crainte de le perdre. Qui plus est, si vous perdez ce que vous avez, vous ne serez pas en mesure de le récupérer, puisqu'il y a si peu de ressources disponibles dans le monde qui vous entoure. L'esprit d'abondance affirme au contraire qu'il y a plus que ce qui est nécessaire pour tout le monde. Parce qu'ils adhèrent à ce point de vue, les samouraïs compatissants cherchent les moyens de rendre le gâteau sans cesse plus gros, au lieu de se préoccuper de la part qu'il leur restera au bout du compte. Un des moyens privilégiés pour savoir si vous vivez dans un esprit d'abondance est de vous évaluer. Demandez-vous : *Ai-je le sentiment que j'ai plus qu'assez de ressources, ce qui me permet de les partager avec les autres?* Si c'est le cas, alors cela confirme que votre démarche reflète un véritable esprit d'abondance.

Exercice

1. Comment agir dans un esprit d'abondance en ce qui concerne votre gestion du temps, aujourd'hui? Prenez quinze minutes pour trouver des moyens de maximiser votre temps en réglant quelque chose que vous ne croyiez pas avoir le temps de faire.
2. Agissez aujourd'hui dans un esprit d'abondance, d'amour et d'estime de soi. Notez les fois où vous vous êtes senti rejeté de quelque façon. Pouvez-vous réagir comme si vous aviez une infinie quantité d'amour, d'amis ou de clients? Faites un compte rendu de vos expériences.
3. Agissez aujourd'hui dans un esprit d'abondance financière. Donnez à une personne dans le besoin une somme d'argent qui exige de vous un sacrifice. Invitez quelqu'un au restaurant et réglez la note. Prenez quinze minutes pour réfléchir à des manières de générer des revenus additionnels.
4. Voyez quels sont les domaines où vos façons de faire les choses sont limitées, que ce soit dans votre manière de vous acquitter de votre travail ou dans l'achat d'une maison. Relevez le défi de résoudre cette difficulté d'une toute nouvelle manière. Agissez aujourd'hui pour trouver des solutions. Faites un compte rendu de vos expériences.
5. Agissez aujourd'hui dans un esprit d'abondance d'énergie. Si vous aviez deux fois plus d'énergie, à quoi vous attaqueriez-vous? Maintenant, pensez à la manière dont vous devriez vous y prendre pour y parvenir. Faites un compte rendu de vos expériences.

La hardiesse

Le samouraï compatissant demande :
« Que se passera-t-il si je ne relève pas ce défi? »
L'individu moyen demande : « Que se passera-t-il si j'échoue? »

Pour les samouraïs compatissants, le courage n'a rien d'optionnel. C'est le credo qui inspire leur démarche au quotidien. Ils sont constamment à l'affût de situations où ils pourront faire preuve de hardiesse et prendre des risques. Ils ne reculent pas devant les aventures hasardeuses, ils les saisissent pleinement, bien au contraire. Ils n'ont pas peur de la mort, ni de mourir, parce qu'ils se considèrent déjà comme morts. C'est ce qui provoque chez eux encore plus de hardiesse, puisqu'ils savent bien qu'ils n'ont rien à perdre. Cela ne veut pas dire pour autant qu'ils ne font aucun cas de leur vie. Les samouraïs compatissants accordent une grande valeur à la vie et ils se donnent totalement. Les samouraïs compatissants voient la vie en tenant compte de ce que seront les conséquences s'ils ne font pas quelque chose.

La saveur de l'existence pour un samouraï compatissant vient des occasions qu'il a de faire preuve de courage. Le samouraï traditionnel savait qu'il n'était pas comme le reste de l'humanité. Son mandat dans la vie était différent. Il savait qu'il était différent. Montrer ses capacités n'était pas pour lui un acte de courage. Le courage venait avec la cause à défendre. Il se sentait appelé à faire plus parce qu'il avait à cœur le bien-être de l'humanité tout entière.

Les gens courageux obtiennent le meilleur de ce que la vie peut offrir parce qu'ils font des demandes que les mauviettes n'oseraient jamais faire. La vie n'apporte pas ses bienfaits à ceux qui le méritent. Nous méritons tous les meilleures choses de la vie. La vie apporte ses bienfaits à ceux qui ont suffisamment de hardiesse pour *demander* ce qui leur revient de droit.

Exercice

Jour 1 : Ayez une conversation courageuse avec un collègue ou votre patron. Notez les détails de votre expérience.

Jour 2 : Dans quel projet plutôt risqué au travail pourriez-vous investir vos énergies aujourd'hui?

Jour 3 : Qu'est-ce qui constitue un risque pour vous, actuellement, dans votre vie personnelle? Vous sentez-vous disposé à le relever aujourd'hui? Notez les détails de votre expérience, que vous ayez accepté de le relever ou non.

Jour 4 : Combien de fois et de combien de manières êtes-vous prêt à risquer de vous tromper aujourd'hui?

Jour 5 : Combien de fois et de combien de manières êtes-vous prêt à ce que l'on vous prenne pour un insensé aujourd'hui?

Le savoir

Les samouraïs compatissants sont satisfaits
sans rechercher la stabilité.
Les individus moyens recherchent la stabilité
sans être satisfaits.

Conservez en tout temps une mentalité de débutant. Qui que vous soyez et quel que soit votre degré d'expérience de la vie, il y a toujours plus à découvrir. Cela n'a rien à voir avec votre diplôme. Ce bout de papier a une certaine utilité, et j'encourage tout le monde à s'offrir des études de qualité. Toutefois, le savoir auquel vous devez sans cesse aspirer est celui qui fera de vous une meilleure personne, en formant votre caractère pour en augmenter la valeur. Je suis toujours un peu nerveux en présence de quelqu'un qui croit tout savoir. Ces personnes sont dangereuses parce qu'elles demeurent fermées à la possibilité de recevoir de l'aide.

Personne ne connaît tout. Vous pouvez apprendre de la personne la plus modeste. Les enfants sont souvent les meilleurs professeurs quant à la manière de profiter de la vie au maximum, de pardonner et de foncer. Les samouraïs compatissants consacrent leur vie entière à apprendre et à enrichir leurs connaissances, et ils ont la sagesse de savoir comment bien les utiliser. Dans le domaine du savoir, le samouraï compatissant ne se sent jamais « arrivé ». Il y a toujours plus à apprendre, plus à découvrir et plus à vivre.

Les samouraïs compatissants ne se contentent pas de ce qui est bien. Le bien peut s'avérer l'ennemi du grandiose. Lorsque les samouraïs compatissants ont à choisir entre ce qui est bien et ce qui est grandiose, ils optent toujours pour ce qui est grandiose. Cependant, on ne parvient jamais à la grandeur par hasard, et il en coûte toujours quelque chose. La grandeur, quelle que soit sa forme, est intentionnelle. Michael Jordan a atteint la grandeur au basket parce qu'il n'a pas cessé de chercher des moyens d'utiliser ses talents au maximum et qu'il était prêt à en payer le prix en temps et en énergie, tout en conservant une mentalité de débutant. Bill Gates a atteint la grandeur en tant que génie de l'informatique parce qu'il n'a pas cessé de chercher des moyens d'améliorer ses produits et qu'il était prêt à en payer le prix en temps et en énergie, tout en conservant une mentalité de débutant.

Les samouraïs compatissants sont capables de maintenir cette quête incessante pour que tout fonctionne mieux, sans jamais sentir qu'ils en ont fait assez, parce que leur satisfaction est en complète synergie avec leur raison d'être. Puisqu'ils n'offrent aucune résistance quant à la manière dont les choses fonctionnent, ils sont libres de consacrer toute leur énergie à la créativité. Les samouraïs compatissants n'entretiennent aucun doute quant au fait d'être déjà pleinement eux-mêmes, et ils s'inventent des jeux de « plus et mieux » pour les aider dans le processus de création.

Voilà quel est le type de savoir que vous devez rechercher. Il exige une attitude intellectuelle et une démarche qui vous placeront en tête de tous vos compétiteurs. Ne vous méprenez pas sur le sens du message que je lance ici. Je ne parle pas de compétitivité pour le simple plaisir d'être compétitif. Ce dont je parle est de compétition qui vous permet, en tant que samouraï compatissant, de donner le meilleur de vous-même.

Exercice

Jour 1 : Prenez quinze minutes et notez chacun des domaines où vous vous contentez du bien que vous faites au lieu de vous efforcer d'atteindre le prochain niveau de grandeur. Réfléchissez à votre travail, à vos relations avec vos collègues, à la relation avec votre partenaire de vie, à votre santé, à votre croissance spirituelle ou à toute autre chose qui vous vient à l'esprit. Choisissez un domaine pour lequel vous vous engagez plus particulièrement à atteindre un niveau de réussite spectaculaire.

Jour 2 : Pensez à un domaine où vous vous considérez comme un expert. Allez vers trois personnes qui n'ont peut-être pas votre niveau d'expertise et donnez-vous le défi de vous montrer ouvert au point de recevoir de judicieux conseils de leur part.

Jour 3 : Pensez à un domaine où vous avez commis l'erreur de confondre vos résultats avec la personne que vous êtes. C'est un domaine où l'image que vous avez de vous-même est grandement affectée par le fait que vous n'obtenez pas les résultats que vous souhaitez.

Il peut s'agir de votre poids, de la qualité d'une relation, d'une évaluation de votre performance au travail, et ainsi de suite. Écrivez la phrase : « C'est ainsi et je suis satisfait. » Notez également comment la non-résistance à cette circonstance est bien différente de la résignation. Prenez dix minutes pour vous demander en quoi cette circonstance pourrait s'avérer en parfaite synergie avec votre raison d'être.

Jour 4 : Pensez à une discussion que vous avez eue aujourd'hui et où vous vouliez avoir raison à n'importe quel prix. Notez sur une page comment vous auriez pu avoir la même discussion sans inclure le paradigme *avoir raison/avoir tort* et sans pour autant renoncer à votre point de vue.

Jour 5 : Quel est le domaine de connaissance qui pourrait faire une différence déterminante pour vous dans la poursuite de votre raison d'être, de vos objectifs personnels? Notez sur une page les mesures que vous comptez prendre pour améliorer vos connaissances dans ce domaine au cours du prochain mois. Cela pourrait être de demander l'avis d'un expert en la matière, chaque semaine. Ou de lire sur le sujet durant vingt minutes, cinq jours d'affilée. Quelle que soit l'approche choisie, tenez-vous-y. Sans démarche précise, il y a très peu de chances qu'un changement substantiel se produise.

Gardez chacun de ces traits en mémoire. Faites-en l'expérience avec conviction. Vivez votre vie non pas au hasard, mais d'une manière intentionnelle. Terminez en beauté!

REMERCIEMENTS

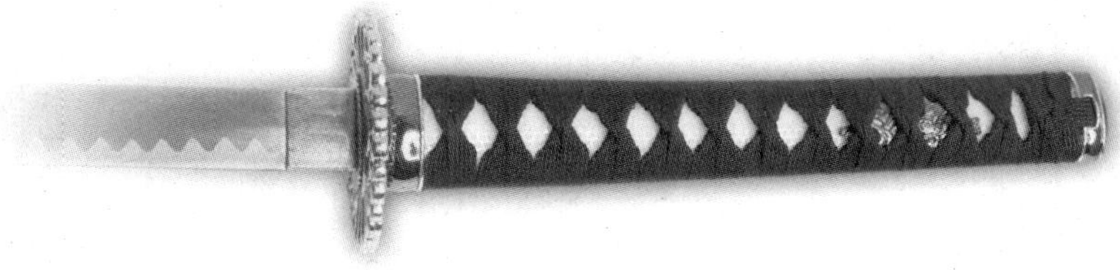

En premier lieu, j'aimerais reconnaître l'apport de tous les samouraïs compatissants qui ont consacré leur vie professionnelle à diriger, à animer et à faire la promotion des conférences de leadership de Klemmer & Associates partout dans le monde. En faisant des choix coûteux et volontaires, ils aspirent à ce que leur vie soit vécue selon les principes et standards les plus élevés, pour le bénéfice des autres autant que pour le leur. Le témoignage de leur vie m'a grandement aidé à donner aux pages du présent ouvrage une profondeur qui en fait un manuel à consulter fréquemment, à intégrer dans sa vie et à utiliser comme outil de transformation, plutôt qu'un simple assemblage de mots couchés sur le papier. Ces gens n'ont pas demandé que leur nom soit mentionné. Leur seul désir était que vous, lecteur, puissiez voir votre vie propulsée vers de nouveaux sommets, à la suite de la lecture de cet ouvrage. Il y a quelques samouraïs compatissants que je suis fier d'appeler des amis; ce sont des gens ordinaires qui accomplissent des exploits extraordinaires.

1. Jim Stovall (www.theultimategift.com)
2. Bob Harrison (www.increase.org)
3. Azim Khamisa (www.tkf.org)

J'aimerais dire un merci tout spécial à mes parents, Ken et Alice Klemmer, ainsi qu'à ma femme, Roma Klemmer, qui m'a apporté son soutien indéfectible au cours des 22 années de notre mariage. J'aimerais aussi remercier mes enfants pour la manière dont ils mènent leur vie, compte tenu des attentes élevées auxquelles ils sont soumis. Je réserve un merci très particulier au Dr Aaron D. Lewis pour la rédaction et la réécriture du présent manuscrit. Merci aussi à l'équipe de Hay House (éditeur de la version anglaise) qui a vu la valeur de ce livre et compris qu'il allait toucher et enrichir la vie de nombreux individus.

J'aurais aimé mentionner beaucoup d'autres personnes, mais la liste serait trop longue. Je peux affirmer toutefois que, sans leur précieuse contribution, le présent ouvrage n'aurait jamais vu le jour. Être entouré de tant de samouraïs compatissants me permet de constater à quel point je suis une personne vraiment bénie.

Lectures recommandées

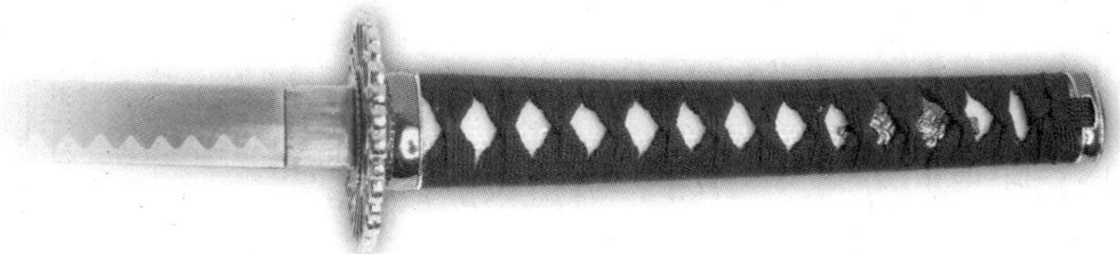

CLEARY, Thomas. *Code d'honneur du samouraï : une traduction moderne du Bushidô Shoshinshû de Taïra Shigésuké*, France, Alphée, 2005, 154 p.

FRANKL, Viktor. *Découvrir un sens à sa vie avec la logothérapie*, Montréal, Actualisation, 1988.

GOLDRATT, Eliyahu M. *Theory of constraints*, North Barrington, MA, North River Press, 1999.

GUTTERIDGE, Rene. *The Ultimate Gift (movie edition with promotional CD)*, Nashville, Westbow Press, 2007.

KEGAN, Robert, et Lisa LASKOW LAHEY. *How the Way We Talk Can Change the Way We Work*, San Francisco, Jossey-Bass, 2001.

KLEMMER, Brian. *Eating the elephant one bite at a time*, Tulsa, Insight, 2006.

KLEMMER, Brian. *If how-to's were enough, we would all be skinny, rich & happy!*, Tulsa, Insight, 2005.

KLEMMER, Brian. *When Good Intentions Run Smack into Reality: Twelve lessons to coach yourself and others to peek performance*, Tulsa, Insight, 2004.

LEONARD, George. *The way of Aikido: Life Lessons from an American Sensei*, New York, Plume, 1999.

LEONARD, George. *Mastery: The Keys to Success and Long Term Fulfillment*, New York, Plume, 1992.

MUNROE, Myles. *The Burden of Freedom*, Lake Mary, FL, Creation House, 2000.

STOVALL, Jim. *Le Don Ultime*, Gatineau, Trésor caché, 1991.

THURMAN, Howard. *Disciplines of the Spirit*, New York, Harper & Row, 1963.

TRUMP, Donald, et Robert KIYOSAKI. *Why We Want You to Be Rich: Two Men One Message*, Scottsdale, Rich Press, 2006.

TWIST, Lynne. *L'âme de l'argent : transformer sa relation avec l'argent et la vie*, Outremont, QC, 2004.

WELCH, Jack et Suzy. *Winning*, New York, Harper Collins, 2005.

À PROPOS DE L'AUTEUR

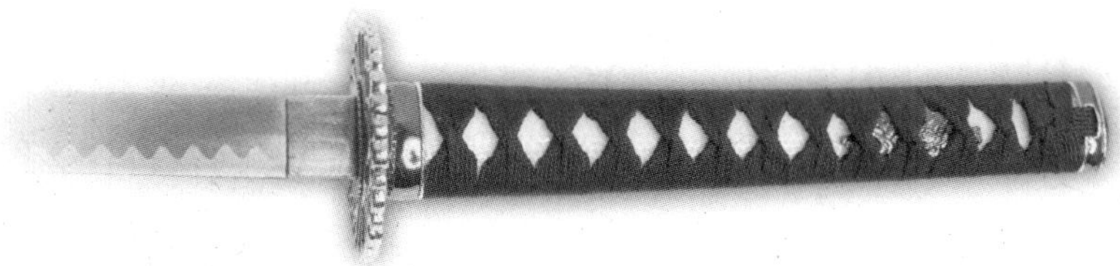

Brian Klemmer s'intéresse au leadership depuis qu'il a reçu son diplôme de la United States Military Academy (1968-1972). Il est l'auteur de plusieurs *best-sellers* en anglais tels que *If how-to's were enough, we would all be skinny, rich & happy*; *When Good Intentions Run Smack into Reality* et *Eating the Elephant One Bite at a Time*. Reconnu pour son humour et son style unique de communication, Brian est l'un des conférenciers les plus en demande aujourd'hui.

Son entreprise, Klemmer & Associates Leadership Seminars Inc., organise des formations et des ateliers sur le développement du caractère et sur le leadership. Plus de cent mille personnes dans le monde ont eu recours à ses services et ont été influencées positivement. Ces gens proviennent de pays aussi divers que les États-Unis, l'Arabie saoudite, l'Australie, le Mexique, l'Espagne, les Philippines et la Scandinavie. Parmi les clients de Brian se trouvent des entreprises bien connues telles que Aetna Life Insurance, American Suzuki Corporation, General Electric, Walt Disney Attractions, de même que des distributeurs de plus d'une douzaine d'organisations de marketing de réseau et de vente directe.

Les ateliers de formation de Klemmer & Associates produisent des changements majeurs chez les gens, changements qui sont bien documentés. Pour en savoir davantage sur le sujet, visitez le site Web www.klemmer.com ou téléphonez au 1 800 577-5447.

NOTES

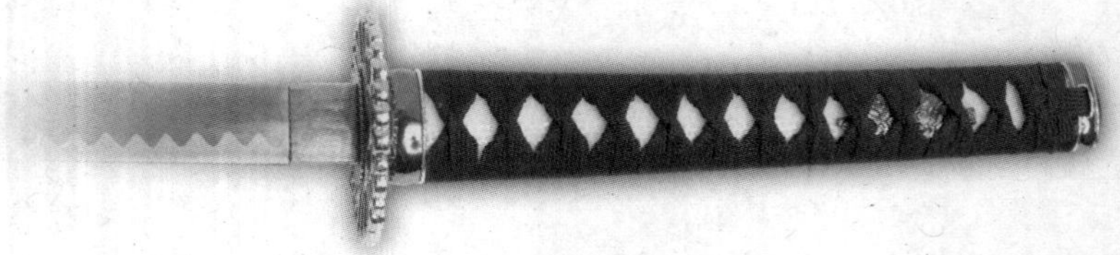